भारतीय संस्कृति

भारतीय संस्कृति

डॉ. सन्तोष कुमार चतुर्वेदी
अध्यक्ष, इतिहास विभाग, एम.पी.पी.जी. कॉलेज
मऊ, चित्रकूट (उ.प्र.)

लोकभारती प्रकाशन
पहली मंजिल, दरबारी बिल्डिंग, महात्मा गांधी मार्ग, इलाहाबाद-1

लोकभारती प्रकाशन
पहली मंजिल, दरबारी बिल्डिंग, महात्मा गांधी मार्ग
इलाहाबाद-211 001

वेबसाइट : www.lokbhartiprakashan.com
ईमेल : info@lokbhartiprakashan.com

शाखाएँ : 1-बी, नेताजी सुभाष मार्ग, दरियागंज
नई दिल्ली-110 002
अशोक राजपथ, साइंस कॉलेज के सामने
पटना-800 006 (बिहार)

प्रथम संस्करण : 2011

मूल्य : 325.00

इण्डियन प्रेस प्रा.लि.
इलाहाबाद-211 001 द्वारा मुद्रित

आवरण : लोकभारती स्टूडियो

BHARTIYA SANSKRITI
by Dr. Santosh Kumar Chaturvedi

ISBN : 978-81-8031-593-0

अनुक्रम

भूमिका

संस्कृति शब्द अपने आकार-प्रकार में जितना छोटा है मायने के सन्दर्भ में उतना ही बड़ा एवं व्यापक आधार वाला दिखायी पड़ता है। दैनिक व्यवहार में संस्कृति का तात्पर्य मनुष्य की मानसिक उन्नति से है,संस्कार युक्त उसकी आचरण पद्धति से है। वस्तुतः संस्कृति वह सामाजिक विरासत है जिससे परम्परा से कला-कौशल, विचार-व्यवहार, आदतें, नैतिक मूल्य आदि समावेशित हो जाते हैं। संस्कृति से हीन परिवार, समाज या राष्ट्र की कल्पना करना गप्प हाँकने जैसा है। इन संस्थाओं की निर्मिति में संस्कृति आधाररूप में कार्य करती है। संस्कृति के माध्यम से ही समाज के नवयुवक अपने देश की परम्परा-धर्म, दर्शन, इतिहास, ज्ञान-विज्ञान एवं विरासत से परिचित हो पाते हैं।

अगर हम विश्व-सभ्यता के इतिहास के पन्नों को पलट कर देखें तो यह दिखायी पड़ेगा कि मानव जाति को विशिष्टता प्रदान करने में संस्कृति की भूमिका महत्त्वपूर्ण रही है। संस्कृति ही उसे सामाजिक एवं ऐतिहासिक धरातल प्रदान करती है। संस्कृति की रश्मियों से ही किसी भी व्यक्ति का व्यक्तित्व सजता, संवरता एवं निखरता है। भारतीय संस्कृति का विश्व संस्कृति में अपना अनुपम स्थान है। यह जीवन के भौतिक पक्ष की अपेक्षा आध्यात्मिक पक्ष पर बल देती है। साथ ही यह व्यक्तित्व के एक कल्पनाशील एवं भावना-प्रवण, उदार एवं सौम्य आदर्श पर जोर देती रही है। यह आदर्श अत्यन्त प्राचीन काल से लेकर आज तक किसी-न-किसी रूप में स्पष्ट दृष्टिगोचर होता रहा है। अपनी ग्रहणशीलता एवं समन्वय की प्रवृत्ति के चलते यह हमेशा परिष्कृत होती रही है एवं समय के साथ चलती रही है।

संस्कृति के आशय को लेकर विद्वानों के मत में एकरूपता नहीं है। विद्वानों के विचारों की यह वैभिन्नता संस्कृति के सन्दर्भ में अपना आशय

स्वयं ही स्पष्ट कर देता है। फिर भी आचार्य हजारी प्रसाद द्विवेदी का संस्कृति के सन्दर्भ में यह विचार सहज ही आकृष्ट करता है कि गुलाब का फूल सभ्यता है जबकि उसका सुगन्ध उसकी संस्कृति। डी० डी० कोसम्बी के अनुसार कुछ लोग संस्कृति को धर्म, दर्शन, कानून-व्यवस्था, साहित्य, कला-संगीत आदि के साथ जोड़कर इसे नितान्त बौद्धिक तथा आध्यात्मिक मूल्यों के रूप में ही ग्रहण करते हैं। कभी-कभी इसका विस्तार करके शासक वर्ग के शिष्टाचारों का समावेश कर लिया जाता है। इन विद्वानों का ऐसा मानना है कि इतिहास में केवल इसी संस्कृति का विवरण होना चाहिए। अन्य किसी भी बात का खास महत्त्व नहीं। परन्तु इस प्रकार की संस्कृति को इतिहास का प्रेरणास्रोत मानने में कई कठिनाइयाँ हैं। विश्व की तीन महानतम संस्कृतियों भारतीय, चीनी एवं यूनानी का मध्य एशिया में सम्मिलन हुआ। साथ ही दो बड़े धर्मों बौद्ध एवं ईसाई धर्म का भी मिलन हुआ। व्यापारिक एवं राजनीतिक दृष्टि से इस केन्द्रीय क्षेत्र का बहुत महत्त्व था। परन्तु मानव संस्कृति और मानव इतिहास को इस सुविकसित मध्य-एशिया का मौलिक योगदान काफी कम रहा। अरबों का उत्थान निश्चय ही कम सांस्कृतिक परिवेश में हुआ परन्तु उन्होंने यूनानी एवं भारतीय विज्ञान के महान आविष्कारों को सुरक्षित रखने, विकसित करने एवं भावी पीढ़ियों तक पहुँचाने का महत्त्वपूर्ण कार्य किया। निश्चित रूप से पूर्वमध्यकाल तक आते-आते भारतीय मानस थका-थका-सा दिखायी पड़ने लगा था। जीवन में एकरूपता एवं जड़ता आने लगी थी जबकि रूढ़ियाँ पूरी तरह अपना पाँव पसार चुकी थीं। इसी समय समुद्र पार जाने को धर्मच्युत होने से जोड़कर हमने स्वयं को और अधिक संकुचित कर लिया था। ऐसे में संस्कृति की अजस्र एवं प्रवाहमयी धारा के साथ जो भी चलता, संस्कृति का वाहक निश्चित रूप से वही बनता।

भारत विभिन्नताओं से भरा हुआ देश है। चाहे प्रकृति हो, भौगोलिक संरचना हो, जलवायु हो, लोगों का रहन-सहन, रूप-रंग एवं परिवेश हो, बोली एवं भाषा हो सब में यह विभिन्नता सहज ही दिखायी पड़ती है। मोटेतौर पर भारत को उत्तर भारत एवं दक्षिण भारत के रूप में बाँटकर सांस्कृतिक तौर पर इसका अध्ययन करने की परम्परा रही है। उत्तर भारत वह क्षेत्र है जहाँ वेदों, उपनिषदों, महाकाव्यों की रचना हुई, जो राम, कृष्ण एवं बुद्ध, महावीर जैसी विभूतियों की जन्मस्थली रही है। संस्कृति के आधार सृजन में इस क्षेत्र का बहुत बड़ा योगदान रहा है। फिर भी दक्षिण

भारत की अपनी विशिष्ट संरचना एवं सांस्कृतिक परिवेश रहा है, जिसने अपने प्रभाव से सम्पूर्ण भारत को आच्छादित किया है, समुद्र से घिरे होने के कारण यह क्षेत्र प्रायः सामुद्रिक सम्पर्कों का केन्द्र बना। सामुद्रिक व्यापार का आरम्भ इसी क्रम में हुआ, जिससे भारत का सम्पर्क चीन, दक्षिण-पूर्व एशिया एवं पश्चिम एशिया से हुआ। इस विदेशी व्यापार से धन-धान्य में प्रचुर बुद्धि हुई और इससे एक ऐसे व्यापारी वर्ग का जन्म हुआ, जिसने दक्षिण भारत की ही नहीं बल्कि उत्तर भारत की नैतिक मान्यताओं को भी प्रभावित किया। इसका प्रभाव तत्कालीन साहित्य एवं ललित कलाओं पर स्पष्टरूप से देखा जा सकता है, जिसमें श्रृंगार रस की बहुलता है।

धर्म और दर्शन की दृष्टि से भी दक्षिण भारत ने भारतीय संस्कृति को समृद्ध किया। भारत में शैव धर्म एवं उनकी विभिन्न शाखाओं (लिंगायत, पाशुपति, कापालिक आदि) को लोकप्रिय बनाने में दक्षिण भारत का महत्त्वपूर्ण योगदान है। मन्दिरों में एकत्रित होना, पूजा करना, धार्मिक वाद-विवाद करना और भक्ति आन्दोलनों के पश्चात, कथा-कीर्तन आदि करना दक्षिण भारत की ही देन है, जिसके कारण मन्दिर धार्मिक संगठनों के केन्द्र बन गये। हिन्दू दर्शन के पुनरुत्थान का श्रेय 8वीं शती में दक्षिण भारत में हुए कुमारिल भट्ट एवं शंकराचार्य को है। भक्ति आन्दोलन के सूत्रपात की भूमि भी दक्षिण भारत ही है। उत्तर भारत में इसका प्रचार-प्रसार करने वाले रामानन्द का जन्म मैसूर में हुआ, जबकि बल्लभाचार्य का मूल वंश आन्ध्र का था। इन सभी ने हिन्दू धर्म को बौद्ध धर्म एवं जैन धर्म की तुलना में श्रेष्ठ बनाने का कार्य किया।

ललित कला की दृष्टि से भी दक्षिण भारत का योगदान अप्रतिम हैं। चित्रकला के क्षेत्र में अजन्ता, सित्तनवासन एवं तंजौर मन्दिर के चित्र अद्‌भुत हैं। मन्दिरों, मूर्तियों, चैत्यगृहों एवं गुफा-मन्दिरों की दृष्टि से भी दक्षिण भारत का योगदान अद्वितीय है। अमरावती का बौद्ध स्तूप, मीनाक्षी मन्दिर, ऐहोल का विष्णु मन्दिर, एलोरा का कैलाश मन्दिर, मामल्लपुरम के रथ मन्दिर, काञ्ची का कैलाश मन्दिर, तंजौर का राजराजेश्वर मन्दिर इस काल के भारत की अपूर्व निधियाँ हैं। वास्तु एवं तक्षण कला की दृष्टि से अद्वितीय दक्षिण भारत के मन्दिरों में प्रतिष्ठित मूर्तियाँ, दीवारों पर अलंकृत मूर्तियाँ, मैसूर की गोमतेश्वर की मूर्ति और मुख्यतः काँसे की नटराज मूर्ति का भारतीय मूर्तिकला में विशेष स्थान है। मूर्तिकला की प्राचीनतम शैलियों में से एक अमरावती शैली का विकास दक्षिण भारत में

ही हुआ। नृत्य कला एवं गायन कला के क्षेत्र में भारत-दक्षिण भारत का ऋणी है।

परम्परा से जुड़े होने के बावजूद संस्कृति हमेशा नवीन होती है तरोताजा दिखायी पड़ती है। समय के साथ सामंजस्य स्थापित कर यह अपनी चिर नवीनता बनाये रखती है। राहुल सांकृत्यायन के शब्दों में कहें तो, 'संस्कृति वस्तुतः देश-जाति से सम्बन्धित है, धर्म के साथ उसका नाता जोड़ना गौण रीति से ही हो सकता है। जाति के साथ संस्कृति या संस्कार का सम्बन्ध वैसे ही है जैसे नये घड़े में घी या तेल भरकर कुछ दिन रखकर उसे निकाल देने पर घड़े के भीतर प्रविष्ट स्नेह का अंश बच रहता है एक पीढ़ी जाती है, वह अपने आचार, रुचि-अरुचि, कला-संगीत भोजन-छाजन या किसी और आध्यात्मिक धारणा के बारे में कुछ स्नेह की यात्रा अगली पीढ़ी के लिए छोड़ जाती है। एक पीढ़ी के बाद दूसरी, दूसरी के बाद तीसरी और आगे बहुत-सी पीढ़ियाँ आती-जाती रहती हैं और सभी अपना प्रभाव या संस्कार अपने से अगली पीढ़ी पर छोड़ती जाती है। यही प्रभाव संस्कृति है।'

15 अगस्त, 2009
इलाहाबाद

—सन्तोष कुमार चतुर्वेदी

अध्याय-1

संस्कृति : सामान्य परिचय

मानव द्वारा अपने जीवन को सुसंस्कारित रूप से जीने की प्रविधि है—संस्कृति। आदिम से आदमी बनने की प्रक्रिया में संस्कृति मुख्य कारक रही है। आदमी बनने की प्रक्रिया एक लम्बे अरसे से अनवरत चली आ रही है जिसे व्याख्यायित कर पाना आसान नहीं है। वस्तुतः संस्कृति का जुड़ाव विचार के साथ है। वह विचार जो न केवल अपनी अभिव्यक्ति अपितु ग्रहणशीलता के गुण के कारण ही समृद्ध से समृद्धतर होता चला जाता है। जो 'जियो और जीने दो' का परिवेश सृजित करता है और अनेकानेक विभिन्नताओं के बीच से ही एकता का परिवेश सृजित करता है।

'संस्कृति' शब्द की निर्मिति संस्कृत भाषा के दो शब्दों 'सम' और 'कृति' से हुई है। उसका मूल 'कृ' धातु में है जिसका अर्थ है—'मूल क्रिया'। संस्कृत व्याकरण के अनुसार 'कृ' धातु में 'सम' उपसर्ग लगाकर भूषण अर्थ में 'सुट्' प्रत्यय होने से संस्कृति शब्द बनता है। इस प्रकार संस्कृति का अर्थ हुआ—शुद्ध किया हुआ, परिष्कृत एवं परिमार्जित करना। 'संस्कृति' शब्द का अर्थ वे सभी मानवीय विचार 'चेष्टाएँ, कर्म आदि हैं जो उसके धार्मिक, आध्यात्मिक, लौकिक, राजनैतिक क्रिया-कलापों के कारण परम्परा का रूप धारण कर लेते हैं। अंग्रेजी भाषा में संस्कृति के लिए कल्चर (Culture) शब्द व्यवहृत किया जाता है। Culture शब्द लैटिन के 'कलचुरा' तथा 'कोलियर' शब्दों से निकला है जिनका अर्थ क्रमशः 'उत्पादन' एवं 'परिष्कार' है अर्थात 'उत्पादन के फलस्वरूप परिष्कार'। विश्व की दो प्राचीनतम भाषाओं (लैटिन एवं संस्कृत) में संस्कृति के व्युत्पन्नात्मक शब्दों के अर्थ पर अगर हम गौर करें तो संस्कृति का सम्बन्ध

किसी न किसी क्रिया अथवा व्यवहार से स्थापित होता दिखायी पड़ता है। इस आधार पर यह कहा जा सकता है कि संस्कृति के द्वारा किसी व्यक्ति समाज अथवा राष्ट्र के लक्षणों को परखा जा सकता है। इस प्रकार संस्कृति समस्त कालों के समाज एवं सभ्यता की ऐसी संचित निधि है जो परिष्कार द्वारा निरन्तर प्रगति करती हुई अथवा एक पीढ़ी से दूसरी पीढ़ी को उत्तराधिकार स्वरूप प्राप्त होती रहती है।

अन्य सामाजिक विषयों की तरह ही संस्कृति की परिभाषा के बारे में विद्वानों मतैक्य नहीं है। क्रोबर (Kroeber) और क्लुखोन (Kluckohn) प्रभृति विद्वानों ने अपनी पुस्तक 'A critical Review of Concepts and definitions.' में संस्कृति के 108 परिभाषाओं की चर्चा की है। अन्य विद्वानों ने भी अन्यत्र अपनी-अपनी परिभाषाएँ दी हैं जिन्हें कमतर नहीं आँका जा सकता। संस्कृति की कुछ महत्त्वपूर्ण परिभाषाएँ इस प्रकार हैं।

डॉ० ए० व्हाइटहैड के अनुसार 'संस्कृति विचार तथा सुन्दरता एवं मानवीय अरबों की ग्राह्यता की 'क्रिया है।'

टेलर महोदय के अनुसार 'संस्कृति वह मिश्रित एवं पूर्ण व्यवस्था है जिसके अन्तर्गत वे सभी ज्ञान, विश्वास, कला, नैतिकता के सिद्धान्त विधि-विधान; प्रथाएँ तथा अन्य क्षमताएँ आती हैं जिन्हें व्यक्ति समाज के सदस्य के नाते समाज से प्राप्त करता है।'

एम० जे० हर्सको विट्स के विचार में संस्कृति पर्यावरण का मानव निर्मित भाग है। इसके विपरीत ई० ए० हावेल की धारणा है कि 'संस्कृति सीखे हुए व्यवहार प्रतिमानों का कुल योग है जो किसी समाज के सदस्यों की विशेषता है जो प्राणिशास्त्रीय विरासत का परिणाम नहीं है।'

अंग्रेजी के विख्यात कवि मैथ्यू आर्नाल्ड ने जीवन के आलोक एवं कोमलता को ही संस्कृति की संज्ञा दे डाली है। प्रख्यात दार्शनिक एवं समाजशास्त्री केसिरर तथा सोरोकिन ने मानव की नैतिक, बौद्धिक तथा आध्यात्मिक उपलब्धियों को संस्कृति शब्द से सम्बोधित करना यथोचित बताया है।

उपर्युक्त पाश्चात्य विद्वानों के साथ-साथ कुछ भारतीय विद्वानों की संस्कृति से सम्बन्धित परिभाषाएँ इस प्रकार हैं।

पण्डित जवाहर लाल नेहरू के शब्दों में 'संस्कृति क्या है?' शब्दकोष में इसकी अनेक परिभाषाएँ मिलती हैं। एक बड़े लेखक का कहना है कि

'संसार में जो भी सर्वोत्तम बातें जानी या कही गयी हैं उनसे स्वयं को परिचित कराना संस्कृति है।' एक अन्य परिभाषा में कहा गया है—'संस्कृति शारीरिक या मानसिक शक्तियों का प्रशिक्षण, दृढ़ीकरण या विकास अथवा उससे उत्पन्न अवस्था है। यह मन, आचार अथवा रुचि का परिष्कार अथवा शुद्धि है।' यह सभ्यता का भीतर से प्रकाशित हो उठना है। इस अर्थ में संस्कृति किसी ऐसी चीज का नाम हो जाता है जो बुनियादी तथा अन्तर्राष्ट्रीय हैं। फिर संस्कृति के कुछ राष्ट्रीय पहलू भी होते हैं और इसमें सन्देह नहीं कि अनेक राष्ट्रों ने अपना कुछ विशिष्ट व्यक्तित्व तथा अपने भीतर कुछ खास ढंग के मौलिक गुण विकसित कर लिये हैं।

रामधारी सिंह दिनकर संस्कृति को परिभाषित करते हुए अपनी पुस्तक 'संस्कृति के चार अध्याय' में लिखते हैं—'असल में संस्कृति जीवन का एक तरीका है जिसमें हम जन्म लेते हैं।... .... अपने जीवन में हम जो संस्कार जमा करते हैं वह भी हमारी संस्कृति का अंग बन जाता है और मरने के बाद हम अन्य वस्तुओं के साथ-साथ अपनी संस्कृति की विरासत भी अपनी सन्तानों के लिए छोड़ जाते हैं। इसलिए संस्कृति वह चीज मानी जाती है जो हमारे सारे जीवन में व्यापे हुए है तथा जिसकी रचना एवं विकास में अनेक सदियों के अनुभवों का हाथ है। यही नहीं, अपितु संस्कृति हमारा पीछा जन्म-जन्मान्तरों तक करती है। अपने यहाँ एक आम कहावत है कि जिसका जैसा संस्कार होता है वैसा उसका पुनर्जन्म भी होता है।.... ..... संस्कार या संस्कृति असल में शरीर का नहीं आत्मा का गुण है।

एन० के० देवराज ने संस्कृति को व्याख्यायित करते हुए उसे 'मानव व्यक्तित्व और जीवन को समृद्ध करने वाले चिन्तन तथा कलात्मक सृजन की......क्रियाएँ अथवा मूल्यों का अधिष्ठान' बताया है।

कन्हैया लाल माणिकलाल मुन्शी के विचार में 'संस्कृति जीवन की उन अवस्थाओं का नाम है जो मनुष्य में व्यवहार ज्ञान तथा विवेक पैदा करती है। यह मनुष्य के व्यवहारों को निश्चित करती है, उनकी संस्थाओं को संचालित करती है, उनके साहित्य और भाषा को बनाती है तथा उनके जीवन के आदर्श और सिद्धान्तों को प्रकाश देती है।'

उपर्युक्त परिभाषाओं के आलोक में संस्कृति की परिभाषा के सन्दर्भ में यह कहा जा सकता है कि 'संस्कृति किसी एक समाज में पायी जाने वाली

उच्चतम मूल्यों की वह चेतना है जो सामाजिक प्रथाओं, व्यक्तियों की चित्तवृत्तियों, भावनाओं, मनोवृत्तियों, आचरण के साथ-साथ उसके द्वारा भौतिक पदार्थों को विशिष्ट स्वरूप दिये जाने में अभिव्यक्त होती है।' संस्कृति जीवन जीने का एक विशिष्ट दृष्टिकोण है अनुभव के मूल्यांकन और व्याख्या का एक विशिष्ट और मूलभूत प्रकार है।

'सभ्यता' और 'धर्म' दो ऐसे पद (Term) हैं जिनसे संस्कृति को प्रायः जोड़ा जाता है। दूसरे शब्दों में कहें तो संस्कृति के लिए इन पदों का प्रयोग किया जाता है। बाहरी तौर पर संस्कृति और सभ्यता एवं धर्म में भले ही एकरूपता दिखायी पड़ती हो परन्तु आन्तरिक तौर पर दोनों में कुछ मूलभूत अन्तर हैं, दोनों की अपनी-अपनी विशिष्टताएँ हैं और इन्हीं अर्थों में संस्कृति अपना वह वितान निर्मित करती है जिस पर सभ्यता एवं धर्म की इमारत तैयार होती है।

संस्कृति एवं सभ्यता

संस्कृति और सभ्यता एक-दूसरे से इस तरह आबद्ध हैं कि आमतौर पर इन्हें एक ही अर्थ में प्रयुक्त किया जाता है एवं समझा जाता है। अंग्रेजी भाषा में सभ्यता के लिए Civilization शब्द का प्रयोग किया जाता है, जिसकी निष्पत्ति लैटिन भाषा के Civis एवं Civitas शब्दों से हुई है। इन शब्दों का अर्थ है—नगर निवासी एवं नगर इस प्रकार सभ्यता मनुष्य के सांस्कृतिक विकास की वह स्थिति है, जिसमें वह अपना घूमन्तू जीवन छोड़कर नगर कहे जाने वाले क्षेत्रों में रहना प्रारम्भ कर देते हैं। (यहाँ नगर का अभिप्राय सामूहिक रूप में एक स्थान पर लोगों के स्थायी निवास से है।) तथा उच्च श्रेणी के भौतिक जीवन या उच्च स्तर के प्रतीक बन जाते हैं। इसी क्रम में जे० एच० फिशर महोदय इस तरह के समाज में जरूरतों के अनुसार एक लिखित भाषा तथा उसकी व्यापकता की परिकल्पना करते हैं।

संस्कृत भाषा में सभ्यता शब्द की उत्पत्ति 'सभाकृ' शब्द से हुई है जिसका अर्थ है—'सभा में बैठने की योग्यता'। निश्चित तौर पर इस तरह की संस्थाओं में शामिल होने वाले लोगों को आत्मानुशासन का परिचय देना होता है। इन संस्थाओं के लिए सामाजिक भावनाओं के अनुरूप ही शिष्टाचार के नियम बनाये गये जिसके अनुपालन का आग्रह इसमें भाग लेने वाले सभी लोगों से किया जाता था। इस अर्थ में सभ्यता शब्द से

नागरिकता का बोध होता है जिसमें बौद्धिक विकास, भौतिक सुख-समृद्धि के साधनों में उन्नति तथा उच्च नैतिक विचारों को प्रश्रय दिया जाता है।

संस्कृति एवं सभ्यता में अन्तर

एकमेव दिखायी पड़ने के बावजूद संस्कृति एवं सभ्यता में कुछ मूलभूत अन्तर है। संस्कृति मानसिक क्षेत्र की समुन्नति की द्योतक है जबकि सभ्यता भौतिक क्षेत्र की उन्नति का द्योतक। सभ्यता और संस्कृति दोनों ही मानव मन की सर्जनात्मक गतिविधियों का परिणाम होती हैं। जब ये सर्जनात्मक विधियाँ उपयोगिता की दृष्टि से परिचालित होती हैं तब सभ्यता की वृद्धि होती है और जब ये जीवन के अन्तर्मूल्यों के प्रति जागरूक होकर परिचालित होती हैं तब संस्कृति का निर्माण होता है।

संस्कृति मनुष्य में सुप्त पड़ती मानवीय भावनाओं को जागृत करने में सहायता देती है। संस्कृति के ही सहारे मनुष्य मानवता का व्यवहार सीखता है। इस तरह संस्कृति जीवन की आन्तरिक जबकि सभ्यता बाह्य तत्त्व है। यही दोनों का स्थूल भेद है। मनुष्य का मन और बुद्धि परिष्कृत करना संस्कृति का कार्य है। सभ्यता उस मानसिक और बौद्धिक परिष्कार के परिप्रेक्ष्य में बनी जीवन-प्रणाली का नाम है।

रामधारी सिंह दिनकर ने संस्कृति एवं सभ्यता के अन्तर को सुस्पष्ट करते हुए लिखा है—संस्कृति एक ऐसी चीज है जिसे लक्षणों से तो हम जान सकते हैं, किन्तु उसकी परिभाषा नहीं दे सकते। अंग्रेजी में कहावत है कि सभ्यता वह चीज है जो हमारे पास है, संस्कृति वह गुण है जो हममें व्याप्त है। मोटर, महल, सड़क, हवाई जहाज, पोशाक और अच्छा भोजन—ये तथा इनके समान सारी अन्य स्थूल वस्तुएँ संस्कृति नहीं, सभ्यता के सामान हैं। मगर पोशाक पहनने और भोजन करने में जो कला है वह संस्कृति की चीज है। इसी प्रकार मोटर बनाने और उसका उपयोग करने, महलों के निर्माण में रुचि का परिचय देने और सड़कों तथा हवाई जहाजों की रचना में जो ज्ञान लगता है, उसे अर्जित करने में संस्कृति अपने को व्यक्त करती है। हर सुसभ्य आदमी सुसंस्कृत ही होता है, ऐसा नहीं कहा जा सकता, क्योंकि अच्छी पोशाक पहनने वाला आदमी भी तबियत से नंगा हो सकता है और तबीयत से नंगा होना संस्कृति के खिलाफ बात है। और यह भी नहीं कहा जा सकता कि हर सुसंस्कृत आदमी सभ्य भी होता है, क्योंकि सभ्यता की पहचान सुख-सुविधा और

ठाट-बाट है। मगर बहुत-से ऐसे लोग हैं जो सड़े-गले झोपड़ों में रहते हैं, जिनके पास काफी कपड़े भी नहीं होते और न कपड़े पहनने के अच्छे ढंग ही उन्हें मालूम होते हैं, लेकिन फिर भी उनमें विनय और सदाचार होता है, वे दूसरों के दुख से दुखी होते हैं और दूसरों का दुख दूर करने के लिए खुद मुसीबत उठाने को भी तैयार रहते हैं।

संस्कृति और धर्म

संस्कृति का धर्म के साथ गहरा जुड़ाव है। यह जुड़ाव इस प्रकार का है जिसे अलग कर पाना दुष्कर है। एस० आबिद हुसैन के अनुसार धर्म अपने विस्तृत अर्थों में संस्कृति के समान है और उससे बाहर भी है तथा संकुचित अर्थों में उसका महत्त्वपूर्ण अंग बनता है। जहाँ धर्म, आन्तरिक अनुभूतियों के महत्त्व को प्रकट करता है, जिससे जीवन के अर्थ और उद्देश्य का ज्ञान हो, वह संस्कृति की मूल आत्मा है, किन्तु जहाँ धर्म का प्रयोग बाह्य रूप में होता है, जिसमें आन्तरिक अनुभूतियाँ प्रतिबिम्बित होती हैं, वह संस्कृति का एक अंश मात्र रह जाता है। धर्म उच्चतम सत्य की आन्तरिक उपलब्धि के रूप में संस्कृति का सहचर होता है। इन दोनों के बीच टकराव की स्थिति तभी बनती है जब वास्तविक धर्म अपनी पतनशीलता की ओर अग्रसर होता है और उसमें उन नैतिक मूल्यों का क्षरण हो जाता है जो उसे ह्रास के मार्ग की ओर ले जाती है।

सांस्कृतिक ज्ञान के साधन

भारत का इतिहास सांस्कृतिक दृष्टि से अत्यन्त समृद्ध रहा है। हमारे प्राचीनतम साहित्यिक ग्रन्थ संस्कृति जानने के क्रम में अत्यन्त महत्त्वपूर्ण हैं। इसके साथ-साथ भारत में समय-समय पर विदेशों से आने वाले यात्रियों के यात्रा-वृत्तान्त भी संस्कृति सम्बन्धी उपयोगी सामग्रियाँ प्रदान करते हैं। पुरातत्त्ववेत्ताओं ने पुरातन ध्वंसावशेषों से अनेक ऐसी खोजें की हैं जिससे संस्कृति विषयक बहुमूल्य सूचनाएँ प्राप्त होती हैं। भारतीय संस्कृति को जानने के लिए महत्त्वपूर्ण स्रोतों को निम्नवत रूप से वर्गीकृत किया जा सकता है।

(i) साहित्यिक स्रोत

(ii) विदेशी यात्रियों के विवरण

(iii) पुरातात्त्विक साक्ष्य

संस्कृत, प्राकृत, तमिल और आधुनिक भारतीय भाषाओं में लिया गया भारत का साहित्य मुख्य रूप से दो प्रकार का है—(i) धार्मिक साहित्य तथा (ii) लौकिक साहित्य। धार्मिक साहित्य में ब्राह्मण एवं ब्राह्मणेत्तर ग्रन्थ रखे जाते हैं। ब्राह्मण ग्रन्थों में चारों वेद (ऋग्वेद, यजुर्वेद, सामवेद, अथर्ववेद) ब्राह्मण ग्रन्थ (ऐतरेय, कौषीतकी, तैत्तिरीय, शतपथ, पंचविश, गोपथ आदि), वेदांग (शिक्षा, ज्योतिष, कल्प, व्याकरण, निरुक्त, छन्द) उपनिषद ग्रन्थ, महाकाव्य (रामायण, महाभारत), पुराण ग्रन्थ, स्मृति ग्रन्थ (मनु, नारद, बृहस्पति, कात्यायन) देवल आदि स्मृतियाँ आदि आते हैं।

ब्राह्मणेत्तर साहित्य में प्रमुख रूप से बौद्ध एवं जैन ग्रन्थों को रखा जाता है। बौद्ध साहित्य की रचना पालि में जबकि जैन ग्रंथों की रचना प्राकृत में प्रमुख रूप से हुई। त्रिपिटक—विनय पिटक, सुत्त पिटक तथा अभिधम्म पिटक, निकाय तथा जातक ग्रन्थ, दीपवंश, महावंश, मिलिन्दपण्हो, ललित विस्तर, दिव्यावदान आदि प्रमुख बौद्ध ग्रन्थ हैं। जैन ग्रन्थों में परिशिष्टपर्वन, भद्रबाहु चरित, आवश्यक सूत्र, आचारांग सूत्र, भगवती सूत्र, कालिकापुराण, कल्पसूत्र। भगवती सूत्र विशेष उल्लेखनीय है। प्राकृत, संस्कृत तथा अपभ्रंश तीनों भाषाओं में लिखे गये जैन पुराण जिन्हें 'चरित' कहा जाता है। भी महत्त्वपूर्ण हैं। इनमें पद्मपुराण, हरिवंशपुराण आदि पुराण प्रमुख ग्रन्थ हैं।

ऐतिहासिक, अर्द्धऐतिहासिक ग्रन्थों तथा जीवनी-साहित्य को लौकिक साहित्य के अन्तर्गत रखा जाता है। ऐतिहासिक ग्रन्थों में कौटिल्य अर्थशास्त्र, कामन्दक के नीतिशास्त्र कल्हण की राजतंरगिणी, सोमेश्वर की रसमाला एवं कीर्ति कौमुदी, मेरुतुंग की प्रबंधचिंतामणि, राजशेखर का प्रबन्धकोश आदि उल्लेखनीय हैं। अर्द्धऐतिहासिक ग्रन्थों में पाणिनी की अष्टाध्यायी, कात्यायन का वार्तिक, गार्गी संहिता, पतंजलि का महाभाष्य, विशाखदत्त का मुद्राराक्षस तथा कालिदास की मालविकाग्निमित्रम् प्रमुख हैं।

ऐतिहासिक जीवनियों में अश्वघोष कृत बुद्धचरित, बाणभट्ट का हर्षचरित, वाक्पति का गौड़वहो, विल्हण का विक्रमांकदेव चरित पद्मगुप्त का नवसाहसांकचरित, संध्याकर नन्दी कृत रामचरित, हेमचन्द कृत कुमारपाल चरित, जयानक कृत पृथ्वीराज विजय आदि उल्लेखनीय हैं।

वैदेशिक यात्रियों के विवरण

विभिन्न समयान्तरालों में भारत में आने वाले विदेशी यात्रियों एवं लेखकों के विवरणों से भी भारतीय संस्कृति को जानने में पर्याप्त सहायता मिलती है। इन विदेशी यात्रियों में से कुछ तो भारत आये और यहाँ विभिन्न स्थलों पर भ्रमण करते हुए अपना यात्रा-वृत्तान्त लिखा जबकि कुछ विदेशी यात्रियों ने जनश्रुतियों एवं भारतीय साहित्य के आधार पर भारत सम्बन्धित विवरण को लेखबद्ध किया है। यूनानी-रोमन, चीनी तथा अरबी यात्रियों ने मुख्यतया भारत को अपने लेखन का विषय बनाया। यूनानी-रोमन (क्लासिकल) लेखकों में टीसियस, हेरोडोटस, नियार्कस, आनेसिक्रिटस, अरिस्टोबुलस, मेगास्थनीज, डाइमेकस, डायोनिसियस, चीनी लेखकों में फाह्यान, सुंगयुन, ह्वेनसांग, इत्सिंग, व्ही-ली, मा-त्वा-लिन, चाऊ-जू-कूआ; जबकि अरबी लेखकों में अल्बरूनी, अल बिलादुरी, सुलेमान, अलमसूदी, हसन निजाम, फरिश्ता आदि महत्त्वपूर्ण हैं। इन विदेशी लेखकों-यात्रियों की रचनाओं से भारतीय इतिहास तथा संस्कृति के सम्बन्ध में अनेक अमूल्य जानकारियाँ प्राप्त होती हैं।

पुरातात्त्विक साक्ष्य

पुरातत्त्व ऐतिहासिक ज्ञान को पुष्ट आधार प्रदान करने वाला वह साक्ष्य है जिससे इतिहास की भूली-बिसरी तस्वीरें पुनर्निर्मित होती हैं। जहाँ साहित्यिक साक्ष्य चुप्पी साध लेते हैं। या अपने हाथ खड़े कर देते हैं वहाँ पुरातात्त्विक सक्ष्य आगे आकर उस समय की कहानी बयाँ करते हैं। पुरातत्त्व के अन्तर्गत मुख्य रूप से तीन प्रकार के साक्ष्य रखे जाते हैं।

(i) अभिलेखीय साक्ष्य

(ii) स्मारक सम्बन्धी साक्ष्य

(iii) मौद्रिक साक्ष्य

इतिहास के पुनर्निर्माण में अभिलेखों का अहम् स्थान है। पाषाण शिलाओं, स्तम्भों, ताम्रपत्रों, दीवारों, मुद्राओं तथा प्रतिमाओं पर जो लेख खुदे हुए मिलते हैं उन्हें अभिलेखीय साक्ष्य की कोटि में गिना जाता है। भारत के प्राचीनतम अभिलेख मौर्य शासक अशोक महान के हैं। अशोक के अभिलेख जो देश के विभिन्न अंचलों से प्राप्त हुए हैं, से अशोक कालीन मौर्य साम्राज्य की सीमा, उसकी धर्म नीति एवं शासन नीति पर महत्त्वपूर्ण प्रकाश पड़ता है।

अशोक के बाद अभिलेखों की समृद्ध परम्परा परिलक्षित होती है। खारवेल का हाथी गुम्फा अभिलेख, शकक्षत्रप रुद्रदामन का जूनागढ़ अभिलेख, राजदूत हेलियोडोरस का वेसनगर (विदिशा) का गरुड़ स्तम्भ लेख, सातवाहन नरेश पुलुमावी का नासिक गुहालेख, गुप्तसम्राट समुद्रगुप्त का प्रयाग स्तम्भलेख, मालव नरेश यशोधर्मन का मन्दसौर अभिलेख, चालुक्य नरेश पुलकेशिन द्वितीय का ऐहोल अभिलेख, प्रतिहार नरेश भोज का ग्वालियर अभिलेख भारतीय ऐतिहासिक परम्परा के ऐसे महत्त्वपूर्ण अभिलेख हैं। जिनसे न केवल उस समय के इतिहास अपितु संस्कृति के बारे में महत्त्वपूर्ण सूचनाएँ प्राप्त होती हैं।

स्मारक सम्बन्धी साक्ष्य के अन्तर्गत प्राचीन इमारतें, मन्दिर तथा मूर्तियाँ आती हैं। इनके माध्यम से विभिन्न युगों की सामाजिक, धार्मिक, आर्थिक परिस्थितियों के साथ-साथ भारतीय कला के विकास का भी ज्ञान प्राप्त होता है। मंदिर, विहारों तथा स्तूपों से उस काल के जनता की धार्मिक तथा आध्यात्मिक प्रवृत्तियों का उद्घाटन होता है। देवगढ़ का मन्दिर, भीतरगाँव का मन्दिर, अजन्ता-एलोरा की गुफाओं के चित्र, साँची एवं भरहुत के स्तूप, नालन्दा के बुद्ध की ताम्रमूर्ति, खजुराहो के मन्दिर, तंजौर का राजराजेश्वर मन्दिर, प्राचीन भारतीय कला एवं संस्कृति की कहानी जैसे आज भी अपनी जुबानी कह रहे हैं। जावा के बोरोबुदूर स्तूप, कम्बोडिया के अंग कोरवाट मन्दिर, मलाया, बोर्नियो, बाली आदि प्राचीन भारतीय संस्कृति के प्रसार के प्रत्यक्ष गवाह हैं।

विभिन्न शासकों द्वारा अपने शासनकाल में ढलवाये गये सिक्कों से भी सांस्कृतिक जानकारियाँ मिलती हैं। सिक्के पर ढले चित्रों से विभिन्न सम्राटों के धर्म तथा उनकी अभिरुचियों के बारे में स्पष्ट रूप से पता चल जाता है। कनिष्क के सिक्कों से उसके बौद्ध धर्मानुयायी होने का पता चलता है। समुद्रगुप्त को उसकी कुछ मुद्राओं पर वीणा बजाते हुए दिखाया गया है जिससे उसका संगीत प्रेम परिलक्षित होता है। गुप्त सम्राट समुद्रगुप्त तथा कुमारगुप्त की अश्वमेध शैली की मुद्राओं से अश्वमेध यज्ञ की सूचना मिलती है। इस प्रकार ये मुद्राएँ भी संस्कृति के इतिहास की निर्मिति में अपना महत्त्वपूर्ण योगदान निभाती हैं।

भारतीय संस्कृति के आधार

मानव की विकास-यात्रा में प्रकृति उसकी सहचरी रही है। मानवीय आवश्यकताओं की पूर्ति के साधन यह प्रकृति ही उपलब्ध कराती रही है।

प्राकृतिक औदार्य से ओतप्रोत मानव सहज ही प्रकृति की ओर आकृष्ट होता है और यहीं से प्रारम्भ होता है, धार्मिक एवं आध्यात्मिक परम्पराओं के विकास का क्रम। काव्य और कलाओं के क्षेत्र में प्रकृति के साथ-साथ दार्शनिक एवं धार्मिक मनोवृत्तियों की अभिव्यक्ति प्रधान रूप से होती है। भारतीय संस्कृति जीवन के साथ प्रकृति, धर्म एवं दर्शन अद्भुत सामंजस्य है।

भारत एक विशाल देश है। स्वाभाविक तौर पर यहाँ ढेर सारी विभिन्नताएँ हैं जिसे यहाँ की एक कहावत संभवतः बेहतर तरीके से अभिव्यक्त करती है—

कोस-कोस पर बदलै पानी। पाँच कोस पर बदलै बानी।

इन्हीं विविधताओं के चलते इस भारतीय उपमहाद्वीप की संज्ञा दी जाती है जबकि कुछ लोग इसे दुनिया का बेजोड़ संग्रहालय भी कहते हैं। यहाँ पर 179 भाषाएँ बोली जाती हैं तथा यहाँ की स्थानीय भाषाओं की संख्या 544 है। यहाँ की प्रचलित मुद्रा नोट पर 17 भाषाओं में उसका मूल्य अंकित रहता है। यहाँ अधिकृत भाषाओं की संख्या 22 है। भारत विश्व के तीन प्रमुख धर्मों हिन्दू, बौद्ध एवं जैन धर्म का उद्‌गम स्थल रहा है। यहाँ पर ईसाई एवं इस्लाम मत के लोग अपने उद्‌गम के प्रारम्भिक चरण में ही आ गये थे।

भौगोलिक स्तर पर भी यहाँ पर्याप्त विविधता दिखायी पड़ती है। एक ओर जहाँ चेरापूँजी एवं मासिनराम जैसे विश्व में सर्वाधिक वर्षा वाले स्थल हैं वही दूसरी ओर थार का तपता हुआ मरुस्थल है। लेह, लद्दाख जैसे अत्यन्त ठण्डे प्रदेश हैं वहीं राजस्थान एवं मध्य प्रदेश, उत्तर प्रदेश के कुछ स्थलों जैसे अत्यन्त गर्म क्षेत्र भी हैं। प्रकृति ने भारत को अपनी तरफ से कुछ अधिक ही सुरम्यता प्रदान किया है जो विश्व के कुछेक गिने-चुने देशों को ही नसीब है। इसके पूरब दिशा में बंगाल की खाड़ी, दक्षिण दिशा में हिन्द महासागर एवं पश्चिम दिशा में अरब सागर अवस्थित है। भारत विश्व का ऐसा एकमात्र देश है जिसके नाम पर एक पूरे महासागर इण्डियन ओशन-हिन्द महासागर का नामकरण किया गया। इन विविधताओं के बावजूद इसमें एकीकरण का अनोखा तत्त्व है जो विश्व के अन्य देशों के लिए एक मिसाल की तरह से है। दक्षिण भारत (कर्नाटक, केरल, तमिलनाडु) के लोग सहज ही काशी एवं प्रयाग की ओर खिंचे चले

आते हैं। उत्तर भारत के लोग काञ्ची, कन्याकुमारी एवं सेतुबन्ध रामेश्वरम की यात्रा पर निकल पड़ते हैं। राजस्थान का व्यक्ति बंगाल में गंगासागर तट पर पहुँच जाता है तो बंगाल, उड़ीसा, असम के लोग पश्चिम के द्वारिकापुरी की ओर बरवस ही चल पड़ते हैं। और नागाधिराज हिमालय तो हर क्षण पलक-पाँवड़े बिछाये हर क्षेत्र के लोगों की प्रतीक्षा करता रहता है। कैलाश-मानसरोवर, गंगोत्री, यमुनोत्री एवं बद्रीनाथ-केदारनाथ धार्मिक रूप से हर हिन्दू के लिए श्रद्धा का केन्द्र है। जहाँ पहुँचकर व्यक्ति अपने को प्रकृति के अत्यधिक करीब पाता है। यही वह अनाम-सा तत्त्व है। जिससे हमारी हस्ती एक अरसे से जैसे-के-तैसे बनी हुई है। मशहूर शायर अल्लामा इकबाल ने कहा भी है—

यूनान मिस्र रोमा सब मिट गये जहाँ से।
बाकी रहा है अब तक नामो-निशा हमारा।।
कुछ बात है कि हस्ती मिटती नहीं हमारी।
सदियों रहा है दुश्मन दौरे जहाँ हमारा।।

भारतवर्ष की सांस्कृतिक एकता सुस्पष्ट रही है। धर्म, संस्कार, भाषा साहित्य और एक मिला-जुला परिवेश इस एकता के प्रमुख माध्यम रहे हैं। महाकाव्य तथा पुराणों में इस सम्पूर्ण देश को भारतवर्ष अर्थात् भरत का देश और यहाँ के निवासियों को 'भारती' (भरत की सन्तान) कहा गया है। विष्णु पुराण में स्पष्टतः कहा गया है—

उत्तरं यत्समुद्रस्य हिमाद्रेश्चैव दक्षिणम्।
वर्षं तद् भारतं नाम भारती यत्र सन्ततिः।।

(विष्णु पुराण 2/3,1)

अर्थात् समुद्र के उत्तर में तथा हिमालय के दक्षिण में जो स्थित है वह भारत देश है तथा वहाँ की सन्तानें 'भारती' हैं। भारतीय लोगों के उन प्राचीन विश्वासों में भी सारभूत एकता का परिचय मिलता है जिनका प्रातः स्मरण करने से दिन अच्छा बीतने का विश्वास संचित है। भारत की सात पवित्र नदियाँ—गंगा, यमुना, गोदावरी, सरस्वती, नर्मदा, सिन्धु तथा कावेरी; सात पर्वत—महेन्द्र, मलय, सह्य, शुक्तिमान, ऋक्ष्य, विन्ध्य तथा पारियात्र; सात नगरियाँ—अयोध्या, मथुरा, माया, काशी, कांची, अवन्ति, पुरी व द्वारावती देश के विभिन्न भागों में बसी होने पर भी देश के सभी

निवासियों के लिए समान रूप से श्रद्धेय रही है।

गंगे च यमुने चैव गोदावरी सरस्वती।
नर्मदे सिन्धु कावेरी जलेऽस्मिन् संनिधिं कुरु।।
अयोध्या मथुरा माया काशी कांची अवन्तिका।
पुरी द्वारावती चैत्र सप्तैता मोक्षदायिकाः।।

जलवायुगत परिस्थितियाँ

भारत की जलवायुगत परिस्थितियों ने भी भारतीय संस्कृति के आधार रूप को निर्मित करने में अहम् भूमिका निभायी है। भारत की जलवायु आम तौर पर सुहावनी है। सुहावने वातावरण में लोगों को अपना जीवन जीने के लिए बहुत तामझाम नहीं करना पड़ता। कम वस्त्रों से लोगों का काम चल जाता है। लोग फूस की झोपड़ियों में भी पूरी तरह संतुष्ट दिखायी पड़ते हैं। तमाम लोग तो अपनी रात खुले में ही बिता लेते हैं। इन परिस्थितियों में पले-बढ़े लोग स्वाभाविक रूप से ही उदारवाद के समर्थक रहे हैं। जबकि कट्टर नीति को भारतीय समाज ने हमेशा नकार दिया।

समृद्धि

भारत की भौगोलिक बनावट कुछ इस प्रकार की है जिससे यहाँ पर थोड़े परिश्रम से अत्यधिक अन्न उपजाया जा सकता है। अनेकानेक नदियाँ, झीलें, तालाब, पोखरे इस भूमि की उर्वरता को और अधिक बढ़ा देते हैं। प्रति वर्ष आनेवाली बाढ़ भयावह विपदा के साथ-साथ जलोढ़ मिट्टी का वरदान भी लाती है। जिनमें यहाँ के किसान प्रचुर अन्न उत्पादित करते हैं।

अन्न उत्पादन करने का कार्य एक विशेष वर्ण किया करता है जिससे कि समाज का अधिकांश हिस्सा और कार्यों को करने के लिए अपने को मुक्त पाता था। समाज का एक बड़ा हिस्सा उत्पादन के झंझटों से मुक्त होकर अपने को ज्ञानार्जन में खपा देता था। जिससे मानव समाज उसके आध्यात्मिक ज्ञान को लम्बे सन्दर्भ में उपयोग उठा सकता था।

भारतीय परम्परा में मानव जीवन को सौ वर्ष का परिकल्पित करके, चार आश्रमों में विभाजित किया गया। कोई भी व्यक्ति अपने जीवन के प्रारम्भिक 25 वर्षों को ज्ञान अर्जित करने में बिता सकता था। इसके बाद का 25 वर्ष गृहस्थाश्रम के रूप में होता था जिसमें व्यक्ति पारिवारिक एवं

सामाजिक दायित्वों का निर्वहन करता था। जीवन का अगला 25 वर्ष वानप्रस्थाश्रम का था जिसमें व्यक्ति आश्रम से मुक्त होकर अपने को विद्या प्राप्त करने तपस्या की वृद्धि करने एवं शरीर की शुद्धि करने में लगा देता था। इस प्रकार वानप्रस्थी व्यक्ति अपने को सांसारिक मोह-माया से दूर करता हुआ स्वयं को पूर्णतया निर्लिप्त कर लेता था। जीवन का अंतिम 25 वर्ष संन्यास का होता था जिसमें व्यक्ति पूर्णतया निर्लिप्त होकर अपना मन परमात्मा के चिन्तन में लगा देता था।

इस प्रकार भारत के निवासियों ने भौतिक समृद्धि की जगह आध्यात्मिक समृद्धि को अधिक महत्त्व दिया। इन आदर्शों से विभिन्न कलाओं के विकास को प्रोत्साहन मिला। लोगों का ध्यान जीवन की संकीर्णताओं से हटकर एक विराट दृष्टि की ओर जाता है। भारतीय चिन्तकों ने अन्ततः जो निष्कर्ष निकाला वह यह था कि मानव स्वाभावतः महान् है और उसका जीवन महान् कर्म करने के लिए ही है।

धर्म

संस्कृति का मुख्य आधार धर्म है। भारतीय लोगों ने ब्रह्माण्ड की हर वस्तु को प्रकृति का उपहार मानकर उसे स्वीकार किया और उसमें उसने देवत्व का आरोपण कर डाला। मानव ने उसे प्रसन्न करने के लिए स्तुतियाँ की और उसकी संतुष्टि के लिए यज्ञ एवं हवन के विधान रचे। वैदिक काल में इन्द्र, अग्नि, वरुण, सूर्य, उषा, रुद्र, मरुत, वृहस्पति, सोम, पृथिवी, संमुद्र, गन्धर्व, अप्सराएँ, वन, वृक्ष, पर्वत, पशु आदि की देवता के रूप में प्रतिष्ठा हो चुकी थी। धीरे-धीरे देवंताओं की संख्या 33 से बढ़कर 33 करोड़ तक पहुँच गयी। श्रद्धा और आदर का यह भाव ही आगे चलकर काव्य, साहित्य, मूर्ति, चित्र, वास्तु-निर्माण, संगीत एवं नृत्य आदि में दिखायी पड़ा।

भारतीय आचार-व्यवहार में अपने बड़ों का आदर करना प्राचीन काल से ही चला आ रहा है। अपने घर के बड़े सदस्यों, माता, पिता, वृद्धजन आदि के साथ-साथ समाज के भी बड़े-बुजुर्गों को लोग पर्याप्त आदर सम्मान देते रहे हैं। यही नहीं अपने मृत पूर्वजों के प्रति भी भारतीय लोग श्रद्धा एवं आदर रखते आ रहे हैं।

भारतीय परम्परा में हर जीवधारी को प्रकृति की विशिष्ट संरचना स्वीकार करते हुए पर्याप्त सम्मान दिया जाता रहा है। पशु-पक्षी हो या पेड़-

पौधे सबको धर्म के साथ जोड़कर उनके संरक्षण की विलक्षण व्यवस्था प्राचीन भारतीय मनीषियों ने की। बैल, सिंह, मोर, हंस, उल्लू, बन्दर से लेकर चूहे तक की पूजा-आराधना होती आयी है। इसके मूल में कहीं न कहीं मान्यता भी रही है कि देवता मृत्युलोक में पशु-पक्षियों के रूप में विचरण करने के लिए आते रहते हैं। पुनर्जन्म की अवधारणा में यह परिकल्पित किया गया है कि पृथिवी पर 84 लाख योनियाँ हैं। मनुष्य अपने कर्म के अनुरूप इन 84 लाख योनियों में जन्म लेता रहता है। दार्शनिकों ने पशु-पक्षियों में मनुष्य के समान ही आत्मा परिकल्पत की है जिससे लोग सहज ही इन पशु-पक्षियों को सम्मान प्रदान करते हैं।

पेड़-पौधों न केवल पृथिवी को हरा-भरा रखते हैं अपितु वे जीवन के प्रमुख आधार हैं। इनके बिना जीवन की कल्पना तक नहीं की जा सकती। प्राचीन भारत के मनीषियों ने इनमें भी मानवोचित अनुभूति को आरोपित करके इन्हें समुचित प्रतिष्ठा प्रदान किया है।

दर्शन

भारतीय दार्शनिक परम्परा में आत्मा का सम्बन्ध परमात्मा से जोड़ा गया है। जीवन के प्रत्येक क्षेत्र में मनुष्य यह समझता है कि मैं अकेला और अविच्छिन्न नहीं हूँ बल्कि मेरा सम्बन्ध परमात्मा से है और परमात्मा सबके लिए समान दृष्टि रखता है। इसी तर्ज पर ब्रह्म एवं जीव की अवधारणा भी परिकल्पित की गयी है। इसी के आधार पर सहिष्णुता, सद्व्यवहार और शिष्टाचार की नींव पड़ी है और मानव-मानव के बीच प्रेम-भावना का उदय हुआ है।

भारतीय दर्शन के अनुसार मानव जीवन का अन्तिम लक्ष्य मुक्ति प्राप्त करना है। मुक्ति प्राप्त होने तक मनुष्य इस लोक में बारम्बार जन्म लेता है और प्रत्येक जीवन में भरपूर प्रयत्न करते हुए अपनी मुक्ति की ओर अग्रसर होता है। मुक्ति प्राप्त करने के लिए मनुष्य को सद्कर्म करना आवश्यक होता है और इस अवधारणा से वह प्रत्येक जीवधारी के साथ उदारता एवं शिष्टाचार का व्यवहार करता है। वह मृत्यु की भयावहता से नहीं डरता अपितु उसे नवजीवन का प्रारम्भ मानकर उसे भी उत्साह से स्वीकार करता है। इस प्रकार भारतीय जीवन का समस्त उपक्रम दृढ़ और ठोस भावभूमि पर अवस्थित है।

अध्याय-2

भारतीय संस्कृति की विशेषताएँ

'अनेकता में एकता' और 'एकता में अनेकता' भारतीय संस्कृति का प्राणतत्त्व है। कई विरोधों का सामंजस्य इसमें सहज ही दिखायी पड़ता है। एक ओर जहाँ यह नितान्त मानवीय एवं सार्वदेशिक है, तथापि दूसरी ओर अपने कतिपय विशिष्ट गुणों के कारण इसकी राष्ट्रीय अथवा देशिक पहचान भी स्थापित है। भारतीय संस्कृति अपने विशिष्ट गुणों के साथ प्राचीनतम समय से ही प्रवहित होती आ रही है। इसके इसी गुण पर मुग्ध होकर सर जान मार्शल ने यह कहा कि 'अनेक प्रमाणों से भारत में एक अत्यन्त विकसित संस्कृति की उपस्थिति का पता चलता है जिसके पीछे अवश्य ही भारत की धरती पर एक लम्बा इतिहास होना चाहिए, जिससे प्रारम्भिक युग की मात्र धुँधली कल्पना ही की जा सकती है। प्रोफेसर गार्डन चाइल्ड ने लिखा है—'मिस्र और बेबीलोनिया के समान भारत में भी ईसा से 3000 साल पहले अपनी एक सर्वथा स्वतन्त्र व्यक्तित्वशालिनी सभ्यता थी, जो अन्य सभ्यताओं की सिरमौर थी और स्पष्टतः उसकी जड़ें भारतीय धरती में गहराई तक चली गयी हैं। यह अभी भी जीवित है, यह निस्सन्देह भारतीय है और आधुनिक भारतीय संस्कृति की आधारशिला है।' भारतीय संस्कृति का इतिहास गौरवपूर्ण रहा है साथ ही दूर-दूर तक सम्मान्य रहा है। विश्व के अनेक देशों ने इस संस्कृति को अपनाकर इसे 'विश्ववारा' अथवा 'विश्व संस्कृति' का गौरव प्रदान किया है। हमारी भारतीय संस्कृति प्रायः सम्पूर्ण विश्व को अपनी तरफ आकृष्ट करती रही है।

भारतीय संस्कृति की प्रमुख विशेषताओं को निम्नलिखित शीर्षकों के अन्तर्गत रखा जा सकता है—

1. **निरन्तरता**—प्रोफेसर डी० डी० कोसम्बी ने भारतीय संस्कृति की सबसे बड़ी विशेषता बताया है—अपने ही देश में इसकी निरन्तरता। भारत के अतिरिक्त प्राचीन विश्व की जो भी महान संस्कृतियाँ उद्भूत हुईं, वे सब काल के गर्त में समा गयीं। मिस्र, यूनान, रोम, मेसोपोटामिया, चीन आदि देश अपने पुरातन संस्कृति को पूर्ण रूप से भुला बैठे हैं। इसके विपरीत भारतीय जनमानस ने अपनी प्राचीन संस्कृति को इसकी मूलभूत विशिष्टताओं के साथ आज भी सहेज कर रखा है। भारत के वर्तमान सांस्कृतिक जीवन से उसका अतीत अविच्छिन्न रूप से जुड़ा हुआ है। इस संस्कृति के मूल तत्त्व इतने स्थायी हैं कि समय के थपेड़ों के बावजूद वे आज भी बने हुए हैं। भारतीय सांस्कृतिक परम्परा में अद्भुत सातत्यता है।

नवीनतम शोधों के अनुसार 4000 ई० पू० से 1500 ई० पूर्व के बीच उद्भुत होने वाली हमारी प्राचीनतम सभ्यता हड़प्पा एवं मोहनजोदड़ो से प्राप्त देवी-देवताओं की मूर्तियाँ आज भी पूजनीय हैं। कालीबंगा से प्राप्त अग्निबेदी हवन की हमारी प्राचीनतम परम्परा की कहानी कह रहे हैं जो आज भी हमारी जीवन पद्धति का अटूट अंग है। सैन्धव सभ्यता के घरों के आँगन आज के समय के हमारे आँगनों में भी सुरक्षित-संरक्षित हैं। विराट हिन्दू समुदाय आज भी उन वैदिक मन्त्रों का उच्चारण अतीव श्रद्धा एवं आदर के साथ करता है जिसे हमारे तरुणियों ने शताब्दियों पूर्व रचा गढ़ा था। प्रत्येक भारतीय आज भी अपने प्राचीनतम साहित्य को आज भी काफी सम्मान प्रदान करता है। हमारे लिए हमारे प्राचीनतम धर्म दर्शन एवं सामाजिक आचार-विचार आज भी उतने ही मूल्यवान हैं जितने कभी हुआ करते थे। लेकिन यूनान एवं रोम के निवासियों के सन्दर्भ में ठीक यही बात नहीं कही जा सकती।

भारतीय संस्कृति की नितान्त अपनी पहचान है यह निरन्तरता, जो पाश्चात्य लोगों के लिए आश्चर्यजनक है। ऐसा नहीं हुआ कि भारतीय संस्कृति के समक्ष कोई संकट नहीं आया, ऐसा भी नहीं हुआ कि भारतीय संस्कृति के समक्ष कोई चुनौती नहीं प्रस्तुत हुई। फिर भी अपने सामने आयी हर चुनौतियों का दृढ़ता से सामना करते हुए समय की कसौटी पर खरी उतरी। तमाम झंझावातों के बावजूद उसने अपना अस्तित्व बचाये और बनाये रखा। अनेक भीषण एवं बर्बर हमलों का सामना करते हुए पराभव

के दिनों में भी भारतीय संस्कृति अपने मूल स्वरूप को बनाये रखने में सफल रही। यही नहीं उसने अपने उदात्त एवं विराट विचारों के माध्यम से प्राचीन काल की हमलावर जातियों को अपने रंग में रंगकर सभ्य बना दिया। भारतीय संस्कृति के ऊपर यूनानी आक्रमण और उसके प्रभाव के बारे में अंग्रेज कवि मैथ्यू आर्नाल्ड की इन पंक्तियों से भी भारतीय संस्कृति की उस विशिष्टता का पता चलता है जो उसकी निरन्तरता को बनाये रही पूर्व (भारत) विदेशी आक्रमण के झंझावात के सामने धीर-गंभीर घृणा के साथ नतमस्तक हुआ। सेना के गर्जन के निकल जाने के बाद वह (भारत) पुनः विचार सागर में निमग्न हो गया।

The East Bowed low before the blast

In patience, deep disdain

She let the legion thunder pass.

And plunged in thought again.

वस्तुतः भारतीय संस्कृति ने नवीनता का हमेशा स्वागत किया है। यही नहीं नवीनता से तादात्म्य स्थापित कर उसने अपनी निरन्तरता बनाये रखी है। आज हम भले ही कम्प्यूटर युग में जी रहे हों लेकिन आज भी किसी भारतीय व्यक्ति के घर कम्प्यूटर, कार, रेफ्रिजरेटर जैसी नवीनतम तकनीक वाली वस्तुएँ आती हैं तो उसका उद्घाटन पारम्परिक वैदिक मन्त्रोच्चार एवं पूजा-पाठ के साथ किया जाता है। हमारे बोध एवं ज्ञान के उद्गम का स्रोत चाहे हमारा मस्तिष्क हो लेकिन हम भारतीय अपनी उदात्तता में इसे देवी सरस्वती का ही वरदान मानते हैं। अत्याधुनिक जीवन जी रहा युवा भी अपना विवाह पारम्परिक रीति-रिवाजों के साथ ही करना पसन्द करता है जिसमें एक ओर पुरोहित जहाँ वैदिक मन्त्रोच्चार के साथ वर-कन्या को अपना आशीर्वाद एवं शुभकामनाएँ देते हैं वहीं दूसरी ओर महिलाएँ परम्परागत मांगलिक गीतों के साथ वातावरण को और मंगलमय बना देती हैं। बिलकुल अलग परिवेश, धर्म एवं संस्कारों वाले मुस्लिम एवं ब्रिटिश शासनकाल में आये बाह्य परिवर्तनों के बावजूद भारतीय संस्कृति का आंतरिक स्वरूप अपरिवर्तनीय बना रहा।

2. प्राचीनतम—भारतीय संस्कृति विश्व की चार पुरातन एवं महानतम संस्कृतियों—मेसोपोटामिया, मिस्र, चीन, भारत में से एक है। अपनी समकालीन अन्य संस्कृतियों से यह संस्कृति क्षेत्रफल में अत्यधिक

बड़ी एवं कई मायनों में विशिष्ट रही है। देश के विभिन्न अंचलों से की गयी पुरातात्त्विक खुदाइयों से इसकी प्राचीनता वैज्ञानिक तौर पर भी पुष्ट हो चुकी है। पुरातात्त्विक खुदाइयों से भारतीय इतिहास की प्राचीनता प्रागैतिहासिक काल तक स्थापित हो चुकी है।

शिवालिक पहाड़ियों के विभिन्न स्तरों से 12 लाख से 20 लाख वर्ष पुराने पत्थरों के औजार पाये गये हैं। महाराष्ट्र के पुणे जिले के बोरी नामक पुरातात्त्विक स्थल से 13.8 लाख वर्ष पुराने हथियार मिले हैं। सिंधु, सरस्वती, ब्रह्मपुत्र और गंगा के मैदानों को छोड़कर जहाँ पत्थरों के रूप में कच्ची सामग्री उपलब्ध नहीं थी, पूरे भारत में पूर्व पुरापाषाण युगीन औजार प्राप्त हुए हैं। कश्मीर में पहलगाम, इलाहाबाद में बेलन घाटी, होशंगाबाद (मध्य प्रदेश) में भीमबेटका और आदमगढ़, नागौर (राजस्थान) में 16 आर और सिंगी तालाब, अहमदनगर जिले (महाराष्ट्र) में नेवासा, गुलबर्गा जिले (कर्नाटक) में हुसंगी और अट्टिरामपक्कम (तमिलनाडु) आदि स्थलों से पूर्व पाषाणयुगीन संस्कृतियों के पुरातात्त्विक प्रमाण प्राप्त हुए हैं।

प्राचीनतम मानव जिन शैलाश्रयों में रहता था वहाँ पर उसने अनेक शैलचित्र निर्मित किये। इन चित्रों के विषय विविध हैं जिनमें मुख्यरूप से पशु और मनुष्य दोनों को शामिल किया गया है। ये शैलचित्र व्यापक क्षेत्र में फैले हुए हैं। उत्तर प्रदेश के मुरहाना पहाड़, मध्य प्रदेश में भीमबेटका, आदमगढ़, लाखा जुआर और कर्नाटक में कुपागल्लू से ऐसे शैलचित्र प्राप्त हुए हैं।

भारत में ही चावल की प्राचीनतम खेती किये जाने के प्रमाण प्राप्त हुए हैं। उत्तर प्रदेश के नवसृजित जनपद संतकबीरनगर के लहुरादेवा से 7500 वर्ष ई० पू० और बेलनघाटी में स्थित कोल्डीहवा पुरास्थल से 7000 ई० पू० में चावल की खेती किये जाने के प्रमाण मिले हैं। वर्तमान बलूचिस्तान क्षेत्र के मेहरगढ़ में 8000 ई० पू० के आसपास नवपाषाणकालीन संस्कृति अस्तित्व में आयी। यहाँ के लोग मिट्टी के घरों में रहते थे और गेहूँ एवं जौ की खेती करते थे।

हमारी प्राचीनतम संस्कृति हड़प्पा संस्कृति के लोगों ने जिस तरीके के घर और आँगन बनाये उस तरीके के घर और आँगन आज भी हमारे यहाँ बनाये जाते हैं। गन्दे पानी के निकास की हड़प्पाई व्यवस्था तो आज की विकसित व्यवस्था को भी कभी-कभी मुँह चिढ़ाती हुई दिखायी पड़ती है।

16 और उसके गुणकों की परम्परा में माप-तौल का नियम-विनिमय अभी भी गाँवों में सहज ही दिख जाता है (ज्ञातव्य है कि 16 छटाँक का एक सेर और 16 आने का एक रुपया होता है।) मातृदेवी, पशुपति, पेड़-पौधों, लिंग आदि के पूजा की जड़ हड़प्पाई संस्कृति में ही समाहित है जिससे हम आज भी आबद्ध हैं। इस प्रकार अपनी समृद्ध प्राचीनतम संस्कृति के आधार पर भारत यह दावा कर सकने की स्थिति में स्वयं को पाता है कि यहीं पर उन विचारों, विश्वासों एवं क्रियाओं का सूत्रपात हुआ जिसने कालान्तर में पूरे विश्व इतिहास एवं सभ्यता को एक आयाम प्रदान किया।

3. आध्यात्मिकता—आध्यात्मिकता भारतीय संस्कृति का ऐसा तत्त्व है जिसने प्रायः इसके सभी पक्षों को प्रभावित किया है। भारतीय संस्कृति के क्रियाकलाप ऐहिक होते हुए भी आध्यात्मिकता से पूर्णतया अनुप्राणित है। इसके अन्तर्गत मनुष्य जीवन एवं मृत्यु के रहस्यों को जानने के लिए हमेशा आतुर रहता है। ऐसा नहीं है कि भारतीय संस्कृति की यह आध्यात्मिकता जीवन के भौतिक पहलू की उपेक्षा करती है बल्कि उसने जीवन जीने की एक समुचित पद्धति विकसित की है। प्राचीन भारतीय समाज में आश्रम व्यवस्था, पुरुषार्थ एवं षोडस संस्कारों की परम्परा विकसित थी। ये सभी व्यवस्थाएँ मनुष्य को आध्यात्मिक तौर पर समृद्ध करती हुई दिखायी पड़ती हैं। चार आश्रम—ब्रह्मचर्य, गृहस्थ, वानप्रस्थ एवं संन्यास, एवं चार पुरुषार्थ—धर्म, अर्थ, काम, मोक्ष एक दूसरे से अन्तर्सम्बन्धित हैं। वैसे भारतीय जीवन का चरम लक्ष्य है—मोक्ष। इस मोक्ष की प्राप्ति में अन्य तीनों पुरुषार्थ धर्म, अर्थ एवं काम सहायक हैं। इसमें भी धर्म को अन्य की अपेक्षा अधिक प्रधानता दी गयी है जो जीवन की सभी अवस्थाओं में व्यक्ति की क्रियाओं को प्रेरित एवं प्रभावित करता है। महाभारत में स्पष्ट तौर पर कहा गया है कि जो धर्म के द्वारा उन्नति करे वही विद्वान् एवं गुणवान् है।

धर्मम् हि यो वर्धयते सः पण्डितः।

धर्म को आधार बनाकर जीवनयापन करने वाला व्यक्ति ही अन्ततः मोक्ष की प्राप्ति कर अपने लक्ष्य को प्राप्त कर पाता है।

आध्यात्मिकता भारतीय संस्कृति का वह पहलू है जो इसे अन्य सांस्कृतिक धाराओं से पूरी तरह अलग करता है। भारतीय संस्कृति में

अध्यात्मवाद के विशेष महत्त्व को रेखांकित करते हुए डॉ० सर्वपल्ली राधाकृष्णन कहते हैं—'मानव की तार्किक प्रवृत्ति से अधिक, जोर आध्यात्मिक प्रवृत्ति पर दिया जाता है।' इस आध्यात्मिक धारा को भारतीय समाज ने पूरी-पूरी एवं उचित प्रतिष्ठा प्रदान की। इसी कारण से यहाँ का सम्राट भी एक आध्यात्मिक व्यक्तित्व के सामने नतमस्तक हो जाता था। राजपद को छोड़कर वानप्रस्थ की ओर उन्मुख होते हुए नरेश भी यह महसूस करते थे कि अब वे राजत्व से भी उच्चतर पद पाने की ओर बढ़ चले हैं।

4. धर्मपरायणता—धर्म भारतीय संस्कृति का प्राणतत्त्व रहा है। भारतीय जीवन अपने प्रारम्भ से ही धर्म से पूरी तरह ओत-प्रोत रहा है। जन्म से पूर्व एवं मृत्यु के बाद भी पारलौकिक जगत धर्म प्रधान रहा है। हमारे प्राचीनतम साहित्य में धार्मिक क्रियाओं, कर्मकाण्ड, देवी-देवताओं, स्वर्ग, नरक, मोक्ष आदि से सम्बन्धित सिद्धान्तों को व्यापक तौर पर परिभाषित किया गया है। ऐसा शायद ही कोई प्राचीनतम ग्रन्थ हो जो धर्म से अछूता रहा हो। भारतीय धर्म-ग्रन्थों में मानव संस्कारों के माध्यम से लक्ष्य प्राप्ति का सरल, गूढ़ एवं व्यावहारिक मार्ग निर्दिष्ट किया गया है। आध्यात्म के साथ नाता जोड़कर धर्म ने अपने आयाम को और अधिक विस्तृत कर लिया। भारतीय धर्म में उन सिद्धान्तों को भी शामिल कर लिया गया है जिनके द्वारा व्यक्ति की भौतिक प्रगति के साथ-साथ उसकी आध्यात्मिक प्रगति भी हो सके।

धार्मिक व्यवस्था के अन्तर्गत ही समाज को सुचारू रूप से, संचालित करने के लिए उसे 4 वर्णों में बाँटकर समरसता एवं सुव्यवस्था स्थापित करने की कोशिश की गयी। धर्म ने ही व्यक्ति के व्यवहार, राजा द्वारा प्रजा-पालन की विधि, न्यायालय में राज्य के आचरण, शरीर की शुद्धि, कृषि, पशुपालन, व्यापार आदि के बारे में नियम निश्चित किये। यही नहीं धर्म के कर्मकाण्डीय स्वरूप से कला के विविध रूपों का विकास हुआ देवालय का निर्माण, उसमें चित्रांकन, देव प्रतिमा की स्थापना आदि कार्य संपादनों से वास्तुकला, स्थापत्यकला, चित्रकला एवं मूर्तिकला का विकास हुआ। कर्मकाण्ड के नकारात्मक पहलुओं की चर्चा करने वाले वर्तमान बुद्धिजीवी इसके उस सकारात्मक पहलू को भूल जाते हैं कि कर्मकाण्ड के व्यावहारिक पक्ष ने ही हमें अपनी आद्य सांस्कृतिक सोच एवं मूल्यों से जुड़ने में अपना महत्त्वपूर्ण योगदान दिया है। वृक्ष, पशु-पक्षी, नदी,

पर्वत, कीड़े-मकोड़े सभी को ईश्वर का ही अंश मानने की भावना ने भारतीय लोगों को प्रकृति एवं प्राकृतिक पर्यावरण के अनुकूलन से शताब्दियों तक जोड़े रखने का कार्य किया है। प्रोफेसर एच० एन० दुबे के के अनुसार आज भी मंगल कलश, पताका तथा कला-प्रतीकों के माध्यम से हम अपनी धार्मिक भावना को अन्य जीवों के साथ जोड़ने की ओर प्रवृत्त होते हैं।

5. देवपरायणता—भारतीय संस्कृति में तैंतीस करोड़ देवता परिकल्पित किये गये हैं। वर्ष का शायद ही कोई ऐसा दिन हो जिस दिन कोइ तीज-त्यौहार न मनाया जाता हो। प्रकृति द्वारा प्रदत्त समस्त चीजों में देवत्व के आरोपण से भारतीय जीवन में स्वाभाविक रूप से एक उदारता का विकास हुआ जो भारतीय संस्कृति को लचीला बनाये रखने में सफल रही और जिसके परिणामस्वरूप भारतीय संस्कृति आज भी अपनी निरन्तरता बनाये हुए है।

नदी हो, पेड़-पौधे हों, पशु-पक्षी हों, जानवर हों या वह पत्थर हो, जिसकी लिंग रूप या ब्रह्म रूप को परिकल्पित किया गया, भारतीय संस्कृति समभाव से सबका पूजती रही है। चूँकि भारतीय मान्यता यह है कि एक ही पुरुष या ब्रह्म से इस समस्त चराचर सृष्टि का विकास हुआ अतः सभी का एक दूसरे से इस दुनिया में कोई न कोई कोई जुड़ाव है। यही नहीं जीवन के सारे कर्मों को भी देवत्व से जोड़कर उसे पापकर्म या पुण्य कर्म के वर्ग में रख दिया गया। पापकर्म से देवता रुष्ट होते हैं और व्यक्ति अगले जन्म में किसी गर्हित जीव के रूप में पैदा होता है जबकि पुण्य कर्म करने वाले व्यक्ति से देवता प्रसन्न रहते हैं। उसे अगले जन्म में भी बेहतर जन्म मिलने की संभावना रहती है। ध्यातव्य है कि पुण्य कर्म करके ही व्यक्ति मोक्ष प्राप्ति कर सकता है जिससे उसे जन्म-जन्मान्तर के बन्धनों से मुक्ति मिल जाती है। इस प्रकार धर्म के डर से लोग प्रायः सद्कर्मों की ओर ही प्रवृत्त होते थे।

भारतीय संस्कृति पर देवताओं का प्रभाव कुछ इस कदर रहा कि यहाँ की लिपि को देवनागरी और यहाँ की भाषा संस्कृत को देवभाषा की संज्ञा प्रदान की गयी। वर्ण, जाति एवं राजत्व जैसी संस्थाओं के उद्गम में भी देवी सिद्धान्त की मान्यता रही। भारतीय शिल्प एवं साहित्य भी देवत्व से कहीं-न-कहीं जरूर आप्लावित रहा। इस प्रकार देवपरायणता ने भारतीय राष्ट्र की एकता का सूत्रपात करने में भी अहम् भूमिका निभायी और आगे

चलकर इसी की नींव पर ही 'वसुधैव कुटुम्बकम्' की भावना जागृत हुई।

6. **सार्वभौमिकता**—भारतीय संस्कृति अपने प्रारम्भ से ही सार्वभौमिकता की अवधारणा पर विश्वास करती है। वस्तुतः सार्वभौमिकता व्यक्ति की वह सोच है जो अपनी उन्नति के साथ-साथ समस्त विश्व के कल्याण की कामना करती है। वैदिक काल के ऋषियों ने अपने चिन्तन में सम्पूर्ण विश्व को एक मानकर 'विश्व बन्धुत्व' एवं 'वसुधैव कुटुम्बकम्' जैसे सिद्धान्तों को समाहित किया।

प्राचीन भारतीय मनीषियों ने प्राणी मात्र के कल्याण की कामना करते हुए ईश्वर से यह प्रार्थना की है कि वह विश्व को असत् से सत् अंधकार से प्रकाश तथा नश्वरता से अमरता की ओर अग्रसर करे।

असतो मा सद्गमय
तमसो मा ज्योतिर्गिमय
मृत्यों मा अमृतं गमय

वैदिक ऋषिगण केवल व्यष्टि के कल्याण के लिए ही प्रार्थना नहीं करते अपितु वह समष्टि की मंगल-कामना के लिए भी अभ्यर्थना करते हैं!

विश्वानि देव सवितुर्दुरितानि परासुव
यद भद्रं-तन्न आ सुव

लोक कल्याण की भावना व्यक्त करते हुए हमारे मनीषियों ने अपने उद्गार इन पवित्र ऋचाओं में अभिव्यक्त किये।

सर्वे भवन्तु सुखिनः सर्वे सन्तु निरामयाः।
सर्वे भद्राणि पश्यन्तु मा कश्चिद् दुख भाग भवेत।।

वसुधैव कुटुम्बकम् के भाव से ओत-प्रोत भारतीय मनीषा यह मानती है कि पृथिवी हमारी माता है हम समस्त मानव इसके पुत्र हैं—

माता भूमिः पुत्रोऽहं पृथिव्याः।

ईश्वर से प्रार्थना करते हुए ऋषि यह कामना करता है कि हे ईश्वर तुम सद्भावना बनकर उन सभी प्राणियों की जो मेरी दृष्टि पथ में हैं अथवा उससे ओझल एवं अदृश्य हैं, इन सबका कल्याण करो—

याँश्च पश्यामि याश्च न।
तेषु मा सुमतिं कृधि।।

सार्वभौमिकता की यह भावना उस वैदिक श्लोक में स्पष्ट रूप से झलकती है जिसमें केवल निजत्व के ही कल्याण की नहीं अपितु मानव-मात्र के कल्याण की संकल्पना की गयी है—

अयं निजः परो वेति गणना लघुचेतसाम्।
उदारचरितानां तु वसुधैव कुटुम्बकम्।।

इस प्रकार सार्वभौमिकता भारतीय संस्कृति की अपनी वह विशिष्ट उपलब्धि है जो विश्व की अन्य संस्कृतियों में दुर्लभ दिखायी पड़ती है।

7. सहिष्णुता—सहिष्णुता भारतीय संस्कृति की अनन्य विशेषता है। अपनी इस विशिष्टता के फलस्वरूप ही भारतीय संस्कृति अब तक सजीव बनी हुई है। भारतीय चिन्तकों ने अपने चिन्तन-मनन के पश्चात् यह तथ्य सुस्थापित किया कि ईश्वर अव्यक्त तथा अचिन्त्य है और विविध धर्म और सम्प्रदाय उसे प्राप्त करने के साधन मात्र हैं। भारतीय संस्कृति में सहिष्णुता का यह प्रवाह वैदिक युग से प्रारम्भ हुआ जो आज भी निरन्तर प्रवहमान है। इसी चिन्तन के परिणामस्वरूप भारतीय संस्कृति में धर्मान्धिता एवं संकुचित मनोवृत्ति नहीं मिलती। एक ओर जहाँ विश्व के अनेक देशों में धर्म के नाम पर भयावह अत्याचार एवं रक्तपात हुए हैं वहीं दूसरी ओर भारत में इस प्रकार का उदाहरण प्रायः नहीं मिलता है।

भारतीय मनीषियों ने ईश्वर को एक, सर्वव्यापी एवं शक्तिमान माना है। ऋग्वेद में कहा गया है—'एकं सद् विप्राः बहुधा वदन्ति।' अर्थात सत् या ईश्वर एक है। ज्ञानी लोग इसका वर्णन अपने-अपने तरीके से करते हैं। श्रीमंद्-भगवद्गीता में श्रीकृष्ण स्पष्ट करते हैं कि—

मम वर्त्मना हि वर्तन्ते मनुष्यः पार्थ सर्वशः।

अर्थात् हे अर्जुन सभी मनुष्य मेरे ही मार्ग का अनुसरण करते हैं। और जब सभी धर्मों एवं सम्प्रदायों का एकमात्र लक्ष्य ईश्वर की प्राप्ति है तो उनके बीच विवाद किस बात का? जैन धर्म का स्याद्वाद एवं सप्तभंगनय का सिद्धान्त अपने तरह से धार्मिक सहिष्णुता का प्रतिपादन करता है। बौद्ध धर्म में भी दूसरे धर्मों की आलोचना करने से बचने की सलाह दी गयी है। महान मौर्य शासक अशोक ने अपनी धार्मिक सहिष्णुता को बारहवें शिलालेख में व्यक्त करते हुए कहा है—'मनुष्य को अपने धर्म का आदर तथा दूसरे के धर्म की अकारण निन्दा नहीं करनी चाहिए। अनेकानेक कारणों से अन्य धर्मों का आदर करना चाहिए। ऐसा न करने पर मनुष्य

अपने सम्प्रदाय को क्षीण करता है तथा दूसरे के सम्प्रदाय का अपकार करता है। जो कोई अपने सम्प्रदाय के प्रति तथा उसकी उन्नति की लालसा में दूसरे के धर्म की निन्दा करता है वह वस्तुतः अपने सम्प्रदाय की बड़ी हानि करता है। लोग एक-दूसरे के धर्म को सुनें। इससे सभी सम्प्रदाय बहुश्रुत होंगे तथा संसार का कल्याण होगा।

आत्पासंड पूजा व परपासंड गरहा व नो भवे।
पूजेतया तु एव परपासंडा तेन तेन प्रकारेण।
एवं कुरु आत्पासंड च बढयति परपासंडस च उपकरोति।
तदञ्था करोतो आत्पासंड च छणति परपासंडस चपि अपकरोति।
यो हि कोचि आत्पासंड पूजयति परपासंड च गरहति।
अञ्मंञ्स धमं स्रुणारु च सुसुंसेर च... ....।
स्वपासंडा बहुस्रुतां च असुकलाणागमा च अंसु।

(बारहवां शिलाभिलेख)

प्राचीन भारत के स्वर्ण युग कहे जाने वाले गुप्त काल में भी धार्मिक सहिष्णुता पर जोर दिया गया। प्राचीन भारतीयों ने उन विदेशी धर्मावलम्बियों को भी अपना शरण प्रदान किया जो अपने यहाँ से उत्पीड़ित एवं परेशान होकर यहाँ पहुँचे थे। भारत में धार्मिक कट्टरता एवं असहिष्णुता के इक्का-दुक्का उदाहरण बस अपवादस्वरूप ही मिलते हैं मुगल सम्राट अकबर ने सभी धर्मों के बीच सामंजस्य स्थापित करने के लिए 'इबादतखाना' की स्थापना की और एक सहिष्णु धर्म दीने-इलाही को परिकल्पित किया। कबीर, तुलसी, रैदास, महामति प्राणनाथ प्रभृति सन्तों ने भी अपने वचनों में सभी धर्मों के बीच एकता एवं सामंजस्य पर बल दिया। यह भारतीय सहिष्णुता ही है जिसकी नींव पर आज के पंथ निरपेक्ष भारत की एक मजबूत इमारत खड़ी हो सकी है जहाँ सभी धर्मानुयायी अपने-अपने मतों को मानते हुए जीवन व्यतीत करते हैं।

8. सामन्तवाद—भारतीय सोच कभी भी हठधर्मी नहीं रही है अपितु उसने समय के साथ सब कुछ देख, सोच एवं परख कर ही श्रेष्ठता प्राप्त करने का प्रयास किया है। भारतीय संस्कृति ने अपने मूल तत्त्वों धर्म, दर्शन, अध्यात्म, आचार-विचार, व्यवहार आदि को किसी पर कभी थोपा नहीं। बल प्रयोग के द्वारा कभी भी भारतीय संस्कृति ने अपना विस्तार करने का प्रयास नहीं किया। यह अलग बात है कि विभिन्न देशों के लोग

इस संस्कृति की विशिष्टताओं पर मुग्ध हुए और उसे आत्मसात किया। इसी भावना को देखते हुए हुमायूँ कबीर कहते हैं—'भारतीय संस्कृति की कहानी, एकता और समाधानों के एकीकरण तथा प्राचीन भारतीय परम्पराओं के पूर्णत्व की कहानी है। सभी संस्कृतियाँ नष्ट हो गयीं लेकिन भारतीय संस्कृति की एकता तथा समन्वय सतत तथा अमर है।'

गौतम बुद्ध तथा प्रतिपादित मज्झिमप्रतिपदा (मध्यम मार्ग) इस समन्वयवादी अवधारणा का बेजोड़ उदाहरण है। भगवद्गीता में ज्ञान, भक्ति एवं कर्म में समन्वय पर बल दिया गया है। वर्ण, आश्रम एवं पुरुषार्थ की व्यवस्था भी जीवन के समन्वय का अनूठा उदाहरण है। यही नहीं सभी धर्मों एवं सम्प्रदायों के समन्वय को उद्घोषित करता ऋग्वेद का मन्त्र कहता है—एक सद् विप्राः बहुधा वदन्ति। मध्य काल में सूफी एवं भक्ति आन्दोलन भी समन्वयवादिता को ही अपना मुख्य आधार बनाते हैं। अंग्रेजों ने भारत में आकर अपनी पद्धति के नियम, कानून तथा शिक्षा-दीक्षा लागू किया जिसे भारतीय संस्कृति ने सहज ही आत्मसात कर आधुनिकता के साथ सामंजस्य स्थापित करने में सफलता प्राप्त कर ली। इसे अपनाने में उसे न तो कोई संकोच हुआ न ही वह किसी दुविधा में पड़ा। इस प्रकार अपनी समन्वयवादी प्रवृत्ति के बल पर ही भारतीय संस्कृति ने प्राचीन काल से लेकर आज तक अपना अस्तित्व बनाये रखा है।

9. ग्रहणशीलता—भारतीय मनीषियों का यह विश्वास रहा है कि अच्छी बातें कहीं से भी ग्रहण की जा सकती हैं। जड़ता को त्यागकर नवीन विचारों को स्वीकार करने में भारतीय संस्कृति ने कोई संकोच नहीं किया।

विषादप्यामृतं गाह्यं बालादपि सुभाषितम्।

ग्रहणशीलता की प्रवृत्ति के कारण ही भारतीय संस्कृति में अनेक बाह्य आक्रान्ताओं एवं जातियों की संस्कृतियाँ समाहित होती रहीं। प्राचीन काल के भारत देश में मानव की विभिन्न नस्लें यहाँ बसीं। इसमें कुछ प्रमुख नस्लें थीं—प्रोटो आस्ट्रेलायड, निग्रेटो, काकेशायड, नार्डिक, मंगोलायड एवं मेडेटेरियन। ऐतिहासिक काल में भारत भूमि पर अनेक नृजातीय समूह के लोग आये जिनमें इण्डो आर्यन, पारसीक, चीनी, हिन्द-यवन, शक, कुषाण, सीथियन, हूण, अरब, तुर्क, मंगोल, पुर्तगीज, फ्रेंच, डेनिस, अंग्रेज आदि शामिल हैं। कालान्तर में ये नस्लें एवं समूह यहाँ के जीवन में कुछ इस तरह रची-बसीं कि वर्तमान समय में यह पहचान कर पाना

लगभग असम्भव है कि कौन-सा भारतीय किस नस्ल या नृजातीय समूह का है। भारतीय संस्कृति ने इन सबको अपने रंग में रंग दिया। समस्त नस्लों एवं नृजातिय समूहों ने जो भी परम्पराएँ एवं संस्कार अपने साथ लेकर आये थे भारतीय संस्कृति ने सहिष्णुता का परिचय देते हुए उसके साथ स्वयं को समन्वित किया। बाह्य तत्त्वों को आत्मसात करके भारतीय संस्कृति ने अपने को समय के अनुकूल रखा है। इसी कारण अन्य प्राचीन संस्कृतियों के विपरीत भारतीय संस्कृति आज तक जीवित हैं। इसी गुण के कारण भारतीय संस्कृति विभिन्न बाहरी आक्रमणों के बावजूद स्वयं का वजूद बनाये रखने में सफल हो सकी।

10. **सर्वांगीणता**—भारतीय संस्कृति का मूल लक्ष्य मनुष्य की सर्वांगीण प्रगति रही है और इसी के अनुरूप जीवन के सर्वतोमुखी विकास के लिए विविध प्रकार के उपाय भी किये गये। मानव जीवन की सभी प्रवृत्तियों एवं आवश्यकताओं को ध्यान में रखकर ही इनमें समन्वय स्थापित करने का सफल प्रयास किया गया आश्रम एवं पुरुषार्थ चतुष्टय सर्वांगीण चेतना का सुस्पष्ट उदाहरण है।

यद्यपि मैक्समूलर प्रभृति विद्वान भारतीय संस्कृति में सर्वांगीण भाव को नकारते हुए अपना यह विचार रखते हैं कि प्राचीन भारतीय लोगों के लिए भौतिक जीवन एक स्वप्न एवं भ्रान्ति के समान था। परन्तु मैक्समूलर का यह कथन पूर्णतया आधारहीन है। यथार्थ यह है कि भारतीय लोगों ने भौतिक सुखों के महत्त्व को समझा और कभी भी उसकी उपेक्षा नहीं की। इस बात से इंकार नहीं किया जा सकता कि भारतीय जीवन के सभी पक्ष धर्म से अनुप्राणित थे तथापि इसका अर्थ यह नहीं है कि धर्म का सम्बन्ध मात्र पारलौकिक सुखों से ही था। वैशेषिक दर्शन में धर्म उसे कहा गया है जिससे लौकिक एवं पारलौकिक दोनों सुखों की प्राप्ति होती है।

यतोऽभ्युदय निःश्रेयस् सिद्धिः स धर्मः।

इस प्रकार भारतीय जीवन पद्धति में जो भी व्यवस्थाएँ की गयीं। वे व्यक्ति के सर्वांगीण पहलू को आच्छादित करती थीं जिसका आशय था व्यक्ति का सर्वांगीण विकास।

11. **बहुदेववाद तथा एकेश्वरवाद**—भारतीय संस्कृति बहुदेववाद तथा एकेश्वरवाद के सिद्धान्त का अद्भुत सामंजस्य स्थापित करती है। वस्तुतः भारतीय सामाजिक जीवन के समस्त पहलुओं का सम्बन्ध किसी न

किसी देवता के साथ सम्बन्धित है। समस्त सृष्टि को देवरूप स्वीकार करते हुए, भारतीय संस्कृति में समस्त जड़ चेतन को उपासना योग्य समझा गया है जिसकी अनुगूँज एक ब्रह्म के रूप में दिखायी पड़ती है।

12. कर्म प्रधानता—धर्म, दर्शन और अध्यात्म पर जोर दिये जाने के बावजूद भारतीय संस्कृति में कर्म को ही प्रमुख धर्म माना गया है। कर्म मार्ग पर जोर देते हुए श्रीकृष्ण भगवद्गीता में कहते हैं—

कर्मण्येवाऽधि कारस्ते मा फलेषु कदाचन।
मा कर्मफल हेतुर्भूर्मा ते संगीऽस्त्व कर्मणि।।

गीता की इन पंक्तियों से प्रेरित होकर भारतीय जनजीवन अपने कर्म में निरन्तर लगा रहता है एवं उसी पर विश्वास करता है। यह कर्म ही उसके इस जीवन और अगले जीवन की दिशा निर्धारित करता है। कर्मवाद की भारतीय अवधारणा इस मायने में अनुपम है कि इसमें परिणाम की चिन्ता किये बिना कर्म करते जाने पर बल दिया गया है।

13. सर्वजन हिताय सर्वजन सुखाय—भारतीय संस्कृति में सभी लोगों के हित एवं सभी लोगों के सुख की उत्कट भावना दिखायी पड़ती है। इस भावना के पीछे कोई स्वार्थ नहीं अपितु विचारों के क्षितिज का एक विस्तृत आयाम है। सर्वजन हिताय, सर्वजन सुखाय का उद्घोष रोजमर्रा के जीवन में सुनायी-दिखायी पड़ता है। भारतीय लोग अपने मन्दिरों में प्रायः यह नारे लगाते हैं—'धर्म की जय हो, विश्व का कल्याण हो।' इस प्रकार भारतीय संस्कृति समस्त विश्व के कल्याण की भावना को प्राचीन काल से लेकर आजतक जीवन्त रखे हुए है।

इस प्रकार विविध विशेषताओं से युक्त भारतीय संस्कृति में विविध प्रकार के रंग दिखायी पड़ते हैं। जो विविध रंग उसकी खूबसूरती को और सजाते-सँवारते हैं, उसे विशिष्ट बनाते हैं। इस विविधता को अगर ध्यानपूर्वक देखा जाय तो इसका एक धरातल—अखण्ड मौलिक एकता दृष्टिगोचर होता है। वास्तविकता के प्रति आस्था, आध्यात्मिक अनुभव का महत्त्व, संस्कारों एवं सिद्धान्तों की सापेक्षता, बौद्धिक आदर्शों के प्रति रूढ़ अवलम्बन, नवीनता के साथ सामंजस्य, तथा प्रत्यक्ष विरोधों को सम करने की आतुरता के गुणों से युक्त भारतीय संस्कृति ने भारत की अनेकता को एकताबद्ध किया हुआ है। महात्मा गाँधी के इस कथन से भारतीय संस्कृति की मानसिकता का अन्दाजा सहज ही लगाया जा सकता है—'मैं नहीं

चाहता कि मेरे घर के चारों ओर एक दीवार उठा दी जाय और उसकी सारी खिड़कियों को बन्द कर दिया जाय। मैं चाहता हूँ कि यथासंभव स्वतन्त्रतापूर्वक सभी संस्कृतियाँ मेरे घर के चारों ओर मँडराती रहें। लेकिन यह निश्चित है कि कोई संस्कृति मेरे पाँव नहीं उखाड़ सकती।'

'हरि अनन्त हरि कथा अनन्ता' जैसे ही भारतीय संस्कृति की कहानी अनन्त है। ऐसे अनेक अवसर आये जब पुरानी संस्कृति ने बिना किसी हिचक के अपनी अगली संस्कृति को ससम्मान जगह देकर खुद विदा ले लिया फिर समय के थपेड़ों के आगे वे नवीन संस्कृतियाँ भी लुप्तप्राय हो गयीं किन्तु भारतीय संस्कृति लगातार-लगातार चलायमान रही। हुमायूँ कबीर के शब्दों में कहें तो झंझावातों के समक्ष उसके आत्मा के दीपक की लौ काँपी तो जरूर, परन्तु कभी बुझी नहीं।

'She (India) triumphed over natural calamities and human misrule. The story of Indian culture unravels the secret of vitality and wisdom. It is a story of unity and synthesis of reconciliation and development of a perfect fusion of old and new tradition.'

'जियो और जीने दो' की अवधारणा को अपना मुख्य आधार बनाने वाली भारतीय संस्कृति मानवीय प्रेम में आस्था रखती है। वह प्रेम जो गहरे से गहरे कलुष को भी धो डालता है, जो सम्बन्धों की वह अदृश्य डोर तैयार करता है जिसे कोई हथियार काट नहीं सकता। यह वह प्रेम है जो निर्विकार और निःस्वार्थ भावना से सिंचित है जिसमें इस पूरे विश्व के लोग एक दूसरे को अपना समझकर उसकी सेवा कर सकें। यह वह संकल्प है जिसे कविवर गुरुदेव रवीन्द्र नाथ टैगोर अपनी पंक्तियों में इस तरह पिरोते हैं कि दुनिया का कोई भी संवेदनशील व्यक्ति सहज अपनापन महसूस करता है—

घरे-घरे मोर घर आछे आमि सेइ घर मरि खूँजिया,
देशे-देशे, मोर देश आछे आमि सेइ देश नीबो जूझिया।

प्रत्येक घर में मेरा घर है, मैं उसी घर को खोज रहा हूँ। प्रत्येक देश में मेरा देश है, मैं उसी देश को प्राप्त करने के लिए संघर्ष कर रहा हूँ।

अध्याय-3

भारतीय संस्कृति का प्रारम्भिक काल

आमतौर पर भारतीय संस्कृति के प्रारम्भिक काल का अभिप्राय हड़प्पा संस्कृति से लेकर 10वीं शताब्दी के बीच के काल से लिया जाता है। यद्यपि हड़प्पा संस्कृति के पहले भी पाषाणयुगीन संस्कृतियों का अस्तित्व भारत-भूमि पर था तथापि भारतीय इतिहास में पहली सुव्यवस्थित संस्कृति का प्रारम्भ हड़प्पा संस्कृति में ही दिखायी पड़ता है। अध्ययन की सुविधा के लिए भारतीय संस्कृति के प्रारम्भिक काल का अध्ययन हम निम्नलिखित शीर्षकों के अन्तर्गत करेंगे—

1. हड़प्पाई संस्कृति
2. वैदिक संस्कृति
3. जैन संस्कृति
4. बौद्ध संस्कृति
5. शैव-वैष्णव संस्कृति

हड़प्पा संस्कृति

एक लम्बे अरसे तक विद्वानों के बीच यह मान्यता थी कि वैदिक सभ्यता ही भारत की सबसे प्राचीन सभ्यता है परन्तु बीसवीं शताब्दी के तीसरे दशक में दो पुराविदों दयाराम साहनी तथा राखालदास बनर्जी ने हड़प्पा (पाकिस्तान के पंजाब प्रान्त के माण्टगोमरी जिले में स्थित) एवं मोहनजोदड़ो (सिन्ध के लरकाना जिले में स्थित) से पुरा सामग्री प्राप्त कर

यह साबित कर दिया कि भारतीय सभ्यता का इतिहास 4000 वर्ष ई० पू० के आसपास से प्रारम्भ हुआ।

1921 ई० में पुरातत्त्व सर्वेक्षण विभाग के तत्कालीन महानिदेशक सर जॉन मार्शल के अधीन रायबहादुर दयाराम साहनी ने हड़प्पा का अन्वेषण कर 1923 से 1925 ई० के बीच खुदाई करायी। इसके पश्चात् 1926-27 से 1933-34 ई० तक माधवस्वरूप वत्स के निर्देशन में यहाँ खुदाई करायी गयी। 1946 में मार्टिनर ह्वीलर के नेतृत्व में उत्खनन के फलस्वरूप अनेक पुरा सामग्रियाँ प्राप्त हुईं। मोहनजोदड़ो की खोज 1922 ई० में राखालदास बनर्जी ने की तथा उत्खनन कार्य कराया। 1931 ई० में एन०जी० मजूमदार ने चन्हूदड़ो नामक एक नये पुरास्थल की खोज की इसके पश्चात् भारतीय उपमहाद्वीप के अनेकानेक जगहों से हड़प्पा सभ्यता के पुरास्थल मिले जिसकी खोज में के० एन० दीक्षित, अर्नेस्ट मैके, आरेल स्टीन, जे० पी० जोशी, आर० एस० विष्ट आदि पुराविदों ने उल्लेखनीय भूमिका निभायी। पहले-पहल इस सभ्यता के अधिकांश स्थल सिंधु नदी तट पर प्राप्त मिले थे किन्तु कालान्तर में इसका प्रसार सरस्वती नदी घाटी सहित एक बड़े क्षेत्र में दिखायी पड़ा। पुरातात्त्विक परिभाषावली के अन्तर्गत सभ्यता के खोजे गये सर्वप्रथम स्थल के नाम पर इस सभ्यता का नाम 'हड़प्पा सभ्यता' उपयुक्त समझा गया।

विस्तार

हड़प्पा संस्कृति का विस्तार इसकी अन्य समकालीन संस्कृतियों की तुलना में काफी बड़ा था। पश्चिम में स्थित पुरास्थल सुत्कागेण्डोर से पूरब में स्थित पुरास्थल आलमगीरपुर की दूरी लगभग 1600 किमी० है जबकि उत्तर में अवस्थित स्थल जम्मू में मांडा से दक्षिणी स्थल भगतराव की दूरी लगभग 1600 किमी० है। इस प्रकार इस सभ्यता का विस्तार 1299600 वर्ग किमी० की परिधि में था। अब तक इससे जुड़े लगभग 1400 स्थल प्रकाश में आ चुके हैं, जिनमें से लगभग 925 स्थल भारत में तथा लगभग 475 बस्तियाँ पाकिस्तान में हैं। इसके सभी स्थलों से प्राप्त सामग्रियों में कुछ सामग्रियों में एकरुपता दिखायी पड़ती है। यद्यपि हर स्थल की अपनी कुछ निजी विशेषताएँ भी स्पष्टतया दृष्टिगोचर होती हैं। ये सभी स्थल नगरीय एवं कास्य युगीन सभ्यता का बोध कराते हैं। नगर-नियोजन, मृदभाण्ड कला, चित्रण-कला एवं माप-तौल आदि बातों में इन

स्थलों में अद्भुत एकरूपता दिखायी पड़ती हैं।

हड़प्पा संस्कृति के प्रमुख पुरास्थल इस प्रकार हैं—

बलूचिस्तान (पाकिस्तान)—सुत्कागेण्डोर, सोत्काकोह तथा बालाकोट

सिन्ध (पाकिस्तान)—मोहनजोदड़ो, चन्हूदड़ो, जडीरोदड़ो, आमरी एवं कोटदीजी

पंजाब (पाकिस्तान)—हड़प्पा, डेरा इस्माइलखान, रहमान ढेरी, सराय खोला, जलीलपुर

पंजाब (भारत)—रोपड़, कोटलनिहंग, संघोल

हरियाणा (भारत)—बाणावली, राखीगढ़ी, मिताथल

राजस्थान (भारत)—कालीबंगा

गुजरात (भारत)—धौलावीरा, लोथल, रंगपुर, भोगत्रार, रोजड़ी, सुरकोटदा, मालवण, जम्मू-कश्मीर (भारत), माण्डा

उत्तर प्रदेश (भारत)—आलमगीरपुर (मेरठ), बड़ागाँव, हुलास (सहारनपुर)

कालानुक्रम

हड़प्पा संस्कृति का कालानुक्रम निर्धारित करना विद्वानों के लिए एक कठिन समस्या रही है। इस सन्दर्भ में पुराविदों के समय अलग-अलग दिखायी पड़ते हैं। सर जॉन मार्शल ने सुमेरियन सभ्यता और हड़प्पा सभ्यता में प्राप्त समानताओं के क्रम में हड़प्पा सभ्यता की तिथि 3250 ई० पू० से 2750 ई० पू० के बीच प्रतिपादित किया है। डी० पी० अग्रवाल महोदय द्वारा प्रस्तुत रेडियोकार्बन तिथियाँ इस सन्दर्भ में महत्त्वपूर्ण हैं जिसके अनुसार यह विश्वास किया जाता है कि हड़प्पा संस्कृति 2300 ई० पूर्व से 1750 ई० पूर्व के बीच प्रवहमान रही। डॉ० राजबली पाण्डेय के अनुसार इस सभ्यता का समय 4000 ई० पू० का है। उन्होंने लिखा है—'यहाँ की खुदाई में जल के धरातल तक प्राचीन नगरों के खण्डहरों के एक के ऊपर एक सात स्तर प्राप्त हुए हैं। मोटेतौर पर यदि एक नगर के पनपने, बसने तथा ध्वस्त होने के लिए 500 वर्ष का समय लिया जाये तो सात नगरों के बसने, पनपने तथा ध्वस्त होने में 3500 वर्ष लगेंगे। इस प्रकार सिन्धु सभ्यता कम से कम 4000 वर्ष ई० पू० प्राचीन है।

नवीनतम शोधों एवं प्रविधियों के आधार पर कुछ पुराविदों ने सिन्धु सभ्यता की तिथि 4000 ई० पू० से 1500 ई० पू० के बीच निर्धारित करने का प्रयास किया है।

उद्भव

हड़प्पा सभ्यता के उद्भव पर भी पुराविदों के विचारों में आपसी साम्य नहीं था। पुराविदों का एक वर्ग जहाँ इसके उद्भव को वैदेशिक सभ्यताओं से जोड़कर देखता था वहीं पुराविदों के दूसरे वर्ग ने इस सभ्यता के उद्भव की स्थानीय उत्पत्ति का मत व्यक्त किया। स्थानीय उत्पत्ति के सिद्धान्त पर प्रायः अब अधिकांश पुराविद सहमत हैं।

स्थानीय उत्पत्ति के मत पर स्टुअर्ट पिग्गट, आल्चिन दम्पत्ति, डब्ल्यू० ए० फेयरसर्विस, जार्ज एफ० डेल्स, रफीक मुगल प्रभृति विद्वानों ने सर्वप्रथम बल दिया। इन विद्वानों का मानना है कि हड़प्पा सभ्यता के विशिष्ट तत्त्व अपनी मौलिकता का परिचय देते हैं इसलिए यह कहा जा सकता है कि सैन्धव सभ्यता किसी विदेशी सभ्यता से अनुप्राणित न होकर स्थानीय संस्कृतियों से विकसित हुई हुई थी। हड़प्पा सभ्यता के उदय के पूर्व ही दक्षिणी अफगानिस्तान एवं पाकिस्तान के बलूचिस्तान, सिन्ध, पंजाब, तथा भारत कें उत्तरी राजस्थान एवं हरियाणा के क्षेत्रों में ग्राम्य संस्कृतियाँ फल-फूल रही थीं। जिसमें हड़प्पा की सभ्यता का मूल उत्स खोजा जा सकता है। दक्षिणी अफगानिस्तान में स्थित मुण्डीगाक, देह मोरासी गुंडई और सीस्तान में सहर-ए-सोहता, उत्तरी बलूचिस्तान में जाब, क्वेटा, दक्षिणी बलूचिस्तान से कुल्ली, नाल; सिन्ध में आमरी, कोटदीजी; पंजाब में हड़प्पा, उत्तरी राजस्थान में कालीबंगा, हरियाणा में राखीगढ़ी तथा बाणावली से ग्रामीण संस्कृतियों के साक्ष्य मिले हैं। इन ग्रामीण संस्कृतियों के लोग कृषि कार्य एवं पशुपालन से परिचित थे। इनकी मृदभाण्ड कला विकसित एवं विशिष्ट थी। हड़प्पा सभ्यता के मृदभाण्डों पर मुख्य रूप से प्राप्य अलंकरण अभिप्राय जैसे पीपल की पत्ती (कुल्ली), मत्स्य शल्क (कोटदीजी), सूक्ष्म रेखाओं से घिरा त्रिभुज, हिरण आदि अलंकरण इन ग्राम्य संस्कृतियों के मृदभाण्डों पर मिलते हैं। इन ग्रामीण संस्कृतियों के लोग विशेषकर बलूचिस्तान के लोग—मिट्टी की पशु एवं स्त्री (मातृदेवी) मृणमूर्तियों के अतिरिक्त ताँबें एवं काँसे की चीजें बनाने में भी अभ्यस्त थे। ये लोग संभवतः मातृदेवी एवं लिंग की पूजा करते थे। मृतकों का

समाधिकरण एवं दाह संस्कार करते थे। कोटदीजी एवं कालीबंगा की प्राक् हड़प्पाई बस्तियाँ कच्ची ईंटों की रक्षा-प्राचीर से घिरी हुई थी। रक्षा-प्राचीर के निर्माण को प्रायः नगरीकरण की ओर अग्रसर होने का सूचक माना जाता है। आमरी, कोटदीजी एवं कालीबंगा के प्राक् हड़प्पाई स्तरों से जिस संस्कृति के साक्ष्य मिलते हैं वही कुछ परिवर्तनों के साथ हड़प्पा सभ्यता के काल में भी चलती रही।

हड़प्पा सभ्यता के उद्‌भव पर अमेरिकी पुराविदों जार्ज एफ० डेल्स एवं वाल्टर ए० फेयरसर्विस ने कुछ महत्त्वपूर्ण विचार व्यक्त किये हैं। डेल्स के अनुसार यद्यपि पहाड़ी एवं मैदानी क्षेत्रों में स्थित ग्राम्य संस्कृतियों में परस्पर सम्पर्क के साक्ष्य मिलते हैं तथापि मूलतः ये विभिन्न स्थानीय परम्पराओं की उपज थी। इन ग्रामीण संस्कृति के निर्माताओं का सम्पर्क पश्चिम एशिया की समकालिक संस्कृतियों से हुआ होगा जिसके क्रम में इन्हें नगर-निवेश की जानकारी हुई होगी। नियति ने जिनके कंधों पर इतना बड़ा उत्तरदायित्व छोड़ रखा था वे केवल नकलची नहीं रहे होंगे। उन्होंने अपने तरीके से इस क्षेत्र में नगरीय जीवन का सूत्रपात किया होगा। जो कालान्तर में इनकी मौलिक पहचान बन गयी।

हड़प्पा संस्कृत की विशिष्टताएँ

हड़प्पा की संस्कृति एक विशिष्ट वातावरण में मानवजीवन के एक सर्वांगपूर्ण समायोजन का प्रतिनिधित्व करती दिखायी पड़ती है। पं० जवाहर लाल नेहरू अपनी पुस्तक 'डिसकवरी ऑफ इण्डिया' में लिखते हैं—'यह एक रोचक बात है कि हिन्दुस्तान की कहानी के इस उषाकाल में हम उसे (भारत को) एक नन्हें बच्चे के रूप में नहीं देखते हैं बल्कि उस समय भी वह अनेक प्रकार से सयाना हो चुका है। वह जीवन के साधनों से अंजान नहीं है बल्कि उसने जीवन की कला में, रहन-सहन के साधनों में काफी उन्नति कर ली है और न केवल सुन्दर वस्तु की रचना की है, बल्कि आज की सभ्यता के उपयोगी और विशेष चिह्न-अच्छे हम्मामों और नालियों को भी तैयार किया है।' कुछ क्षेत्रीय विशेषताओं एवं अन्तरों के होते हुए भी हड़प्पा सभ्यता के अनेक पक्षों में प्रायः एक अद्‌भुत समरूपता दृष्टिगोचर होती है। इस सभ्यता के नगर-निवेश सुव्यवस्थित गृह निर्माण, सड़कों, जल निकास के लिए ढँकी हुई पक्की नालियों की सुन्दर व्यवस्था, मूर्तिकला, मुहर निर्माण कला, विशिष्ट चित्राक्षर लिपि एवं मृदभाण्ड कला

में उल्लेखनीय समरूपता पायी जाती है।

नगर-निवेश—हड़प्पा संस्कृति की सबसे प्रमुख विशेषता उसका नगर-निवेश है। इसके नगर एवं कस्बे एक निश्चित योजना के अनुसार बसाये जाते थे। हड़प्पा, मोहनजोदड़ो, कालीबंगा तथा सुत्कागेण्डोर के नगर-निवेश में मुख्य बातों में प्रायः समानता मिलती है। इन स्थलों पर पूर्व और पश्चिम दिशा में दो टीले मिले हैं। पूर्व दिशा में विद्यमान टीले पर नगर या आवास-क्षेत्र के साक्ष्य मिले हैं। पश्चिम के अपेक्षाकृत ऊँचे किन्तु छोटे टीले पर किले अथवा दुर्ग स्थित थे। हड़प्पा, मोहनजोदड़ो तथा कालीबंगा के दुर्ग मजबूत रक्षा प्राचीर से युक्त थे। लोथल, सुरकोटदा तथा धौलावीरा के सम्पूर्ण क्षेत्र एक ही रक्षा प्राचार से घिरे हुए थे।

हड़प्पा सभ्यता के नगर क्षेत्र में सामान्य नागरिक, व्यापारी, शिल्पकार, कारीगर और श्रमिक रहते थे। दुर्ग क्षेत्र के अन्दर मुख्यतः महत्त्वपूर्ण प्रशासनिक और सार्वजनिक भवन तथा अन्नागार स्थित थे। मोहनजोदड़ो में किले के अन्दर पुरोहित आवास, सभाभवन, अन्नागार और विशाल स्नानागार स्थित थे।

मकान

हड़प्पा संस्कृति के नगरों में प्रत्येक रिहायशी मकान के बीचोबीच एक आंगन होता था जिसके तीन या चारों ओर 4-5 कमरे, एक रसोईघर और एक स्नानागार बना होता था। अधिकांश घरों में कुँआ भी होता था। सम्पन्न लोगों के घरों में शौचालय की भी व्यवस्था थी। कुछ घरों में मिली सीढ़ियों से ऐसा प्रतीत होता है कि दोमंजिले घर भी बनाये जाते थे। घरों के दरवाजे मुख्य सड़क की ओर न खुलकर पिछवाड़े की ओर खुलते थे। कच्ची या पक्की ईंटें बिछाकर फर्श तैयार की जाती थी। मकानों की छत संभवतः घास-फूस से बनायी जाती थी। मोहनजोदड़ो तथा हड़प्पा में मकान निर्माण के लिए पकी ईंटों का प्रयोग किया गया।

सड़कों का निर्माण सुनियोजित ढंग से किया जाता था। मुख्य मार्गों का जाल प्रत्येक नगर को 5-6 खण्डों में विभाजित करता था। एक-दूसरे को समकोण पर काटती हुई सड़कें मोहनजोदड़ो के नगर क्षेत्र में उत्तर से दक्षिण फैली हुई थीं। सड़कों की साफ-सफाई पर विशेष ध्यान दिया जाता था। कूड़ा फेकने के लिए सड़कों के किनारे गड्ढे या कूड़ेदान की व्यवस्था थी।

सड़कों एवं गलियों के जल-मल के निकास के लिए पक्की ईंटों से बनी नालियों की व्यवस्था हड़प्पा संस्कृति के नगरों में दिखायी पड़ती है। ये नालियाँ ढकी होती थीं। घरों की नालियाँ सड़क के किनारे की बड़ी नालियों में गिरती थीं। नगर के बाहर में नालियाँ कहाँ गिरती थी इसके बारे में अब तक कोई निश्चित जानकारी नहीं मिल पायी है।

कला

हड़प्पा संस्कृति की कला के अन्तर्गत मूर्तियाँ, मुहरें, मनके, मृदभाण्ड और अन्य लघुकलाएँ आती हैं जो हड़प्पाई लोगों के सुरुचि-सम्पन्न होने की तरफ इंगित करती हैं। कला के सभी पक्षों का निर्माण अत्यन्त कुशलता के साथ किया गया है।

मूर्तियाँ तीन प्रकार की प्राप्त होती हैं—(i) प्रस्तर मूर्तियाँ (ii) धातु मूर्तियाँ (iii) मृण्मूर्तियाँ।

प्रस्तर मूर्तियाँ—हड़प्पा एवं मोहनजोदड़ो के उत्खननों से अब तक 13 उल्लेखनीय पाषाण मूर्तियाँ मिली हैं जिनके निर्माण में लाल बलुए पत्थर तथा यत्र-तत्र स्लेटी पत्थर का उपयोग किया गया है।

मोहनजोदड़ो से प्राप्त मूर्तियों में उल्लेखनीय है—सिलखड़ी की बनी हुई 19 सेमी० लम्बी खण्डित पुरुष मूर्ति जो तिपतिया अलंकरण से युक्त साल ओढ़े हुए है। इसकी दाढ़ी विशेषरूप से संवारी गयी है। मूछें साफ हैं। दाढ़ी ऊपर उठती हुई केशराशि में मिल गयी है। केशराशि को पीछे की ओर संवारकर एक फीते से बाँधे हुए बनाया गया है। आँखें अर्द्ध निमीलित, अधरोष्ठ मोटे तथा दृष्टि नासाग्र केन्द्रित है। कान छोटे एवं गोल हैं। बायाँ कंधा शाल से ढका हुआ है। अर्द्ध निमीलित नेत्रों के आधार पर कुछ विद्वान इसे योगी तो कुछ विद्वान इसे पुरोहित की मूर्ति मानते हैं।

हड़प्पा से कुछ भिन्न कोटि की प्रस्तर मूर्तियाँ मिली हैं। इन मूर्तियों के गर्दन एवं कन्धों में छेद हैं। जिससे स्पष्ट होता है कि इसके सिर एवं हाथ अलग से जोड़े गये थे। लाल बलुआ पत्थर की एक अन्य मूर्ति मिली है जिसका धड़ मात्र मिला है। हाथ-पैर खण्डित इस मूर्ति में अद्भुत माँसलता है।

धातु मूर्तियाँ—हड़प्पा संस्कृति की धातु मूर्तियों को देखकर ऐसा लगता है कि यहाँ के कलाकार धातु कला में पारंगत थे। मोहनजोदड़ो से

प्राप्त नर्तकी की कांस्य मूर्ति अत्यंत मनोहर है। 12 सेमी० लम्बी इस मूर्ति के पैरों का निचला भाग खण्डित है। नर्तकी का बायाँ पैर कुछ आगे बढ़ा है, दाहिना पैर सीधा है। इसकी कमनीय देहयष्टि, बड़ी-बड़ी आँखें एवं नारी सुलभ मुस्कान उल्लेखनीय है। नृत्य करती हुई इस युवती का कँधे से कलाई तक चूड़ियों से भरा बाँया हाथ आगे को झुके बायें घुटने पर टिका हुआ है। बाजूबन्द तथा कलाई में दो-दो चूड़ियों से युक्त दाहिना हाथ कटि पर अवलम्बित है। गले में पड़े कण्ठहार में तीन लटकने हैं। इसकी केशराशि को कलात्मक ढंग से सँवारने के बाद एक वेणी में बाँधकर दाहिने कंधे पर लटकती हुई छोड़ दिया गया है। आभूषणों को छोड़ना पूरी मूर्ति बिल्कुल नग्न है। हड़प्पा कालीन कला-कौशल, भाव-सम्प्रेषणता तथा सौन्दर्यबोध का अनूठा उदाहरण नर्तकी की यह कांस्यमूर्ति है।

मोहनजोदड़ो से भैंसा एवं भेड़ा की कांस्यमूर्तियाँ, चान्हुदड़ो से बैलगाड़ी एवं इक्का-गाड़ी तथा कालीबंगा से प्राप्त वृषभमूर्ति स्वयं में अद्वितीय है। लोथल से बैल, कुत्ता, खरगोश एवं चिड़िया की सुन्दर ताम्र मूर्तियाँ प्राप्त हुई हैं।

मृण्मूर्तियाँ—हड़प्पा के अनेक स्थलों से अत्यधिक संख्या में मृण्मूर्तियाँ मिली हैं। मृण्मूर्तियों में पुरुष, नारी तथा पशु-पक्षियों की मूर्तियाँ मुख्यतया दिखायी पड़ती हैं। अपवादों को छोड़ दिया जाये तो अधिकांश मूर्तियाँ हाथ से बनायी गयी हैं। नारी-मूर्तियों में प्राप्त विलक्षणताओं के आलोक में अधिकांश विद्वान इन्हें हड़प्पा के धार्मिक जीवन से जोड़ने का प्रयास करते हैं। जबकि कुछ विद्वान इसी आधार पर हड़प्पा संस्कृति को मातृसत्तात्मक परिकल्पित करने का प्रयास किया है।

हाथ से बनी इन मृण्मूर्तियों में विविधता है। गीली मिट्टी से ही मूर्तियों के हाथ-पैर समेत समस्त अंग-प्रत्यंग बनाये गये हैं। चुटकी से दबाकर नाक का निर्माण किया गया है। तृण से चीरकर आँखें तथा मुख बनाये गये हैं। आभूषण ऊपर से मिट्टी चिपका कर बनाये गये हैं। इस तरह के आभूषणों में गले में कण्ठहार, कानों में झुमके तथा कमर की करधनी द्रष्टव्य है। इन मूर्तियों में पंखे के आकार की शिरोवेश भूषा विशेष रूप से ध्यान आकृष्ट करती है और इसी आधार पर इन्हें धर्म से सम्बन्धित किया जाता है।

पशु-पक्षियों की मूर्तियाँ यहाँ पर बहुतायत मिली हैं। पशुओं में बैल, भैंसा, भेड़ा, बकरा, कुत्ता, हाथी, बाघ, गैंडा, भालू, सुअर, खरगोश,

बन्दर, वृषभ आदि की मूर्तियाँ मिली हैं। गिलहरी, साँप, कछुआ, घड़ियाल एवं मछली की मूर्तियाँ भी मिली हैं। पक्षियों में कबूतर, तोता, मोर, गौरैया, बत्तख, मुर्गा, चील एवं उल्लू की मूर्तियाँ प्राप्त हुई हैं। पाकिस्तान के चोलिस्तान एवं हरियाणा के हिसार के बाणावली से हल के मिट्टी के खिलौने मिले हैं।

मुहरें—हड़प्पा संस्कृति की मुहरें विश्वविख्यात हैं जिन पर विकसित मूर्तिकला के दर्शन होते हैं। ये मुहरे आकृति में चौकोर या आयताकार हैं। इन पर हाथी, गैण्डा, वृषभ, बाघ की आकृतियों, पत्तियों, टहनियों आदि का बारीकी से अंकन किया गया है। ये मुहरें अधिकांशतया सिलखड़ी (Steatite) की बनी हुई हैं। इसके अतिरिक्त काचली मिट्टी (Faience), गोमेद, चटे तथा मिट्टी से बनी मुहरें भी मिली हैं। लोथल एवं देशलपुर से ताँबे की बनी मुहरें प्राप्त हुई हैं। मुहरें गोल, चौकोर तथा आयताकार रूपों में प्राप्त हुई हैं। कुछ मुहरों के ऊपरी हिस्से में प्रायः कुछ लिखा हुआ है परन्तु इस लिपि को अभी तक पढ़ा नहीं जा सका है। संभवतः इन मुहरों का उपयोग अनुबन्धों से सम्बन्धित दस्तावेजों, पत्रों तथा व्यापारिक वस्तुओं की गाँठों पर छाप लगाने के लिए होता रहा होगा।

मुहरों पर अंकित विशिष्ट आकृतियों में एक में तीन सिरों वाले एक संयुक्त पशु का अंकन है जिसका सिर हिरण का मुख्य शरीर एक शृंगी पशु का और तीसरा सिर मेढ़ा का है। एक मुहर पर दो बाघों को लड़ते हुए तो दूसरी मुहर पर व्याघ्र जैसे पशु से लड़ते हुए एक पशुमानव का अंकन है। मोहनजोदड़ो से प्राप्त 'पशुपति शिव' की मुहर विशेष ख्यात है जिसमें एक चौकी पर पद्मासन मुद्रा में एक त्रिमुखी पुरुष बैठा हुआ है। इसके सिर पर सींग तथा कलाई से कंधे तक दोनों भुजाएँ चूड़ियों से लदी हैं। इसके दाहिनी ओर एक हाथी तथा एक बाघ और बाईं ओर एक गैण्डा तथा एक भैंसा खड़े हैं। चौकी के नीचे दो हिरण खड़े हैं जिनमें से एक की आकृति खण्डित है। मुहर के ऊपरी भाग में छः अक्षरों का एक मुद्रालेख अंकित है। एक अन्य विशिष्ट मुहर में नर-नारी की कुल सात आकृतियाँ अंकित हैं। मोहनजोदड़ो एवं लोथल से नाव की आकृति अंकित एक-एक मुहरें मिली हैं। एक मुहर में पीपल की एक शाखा से एक शृंगी दो पशुओं की निकलते हुए दिखाया गया है।

मनके—हड़प्पा संस्कृति से कलात्मक दृष्टि के मनके मिले हैं जो सिलखड़ी, गोमेद, कांचली मिट्टी, शंख, सीप, हाथी दाँत, मिट्टी, सोने,

चाँदी एवं ताँबे पर निर्मित ढोलाकार, अण्डाकार, अर्द्धवृत्ताकार तथा सखण्ड मिले हैं। हड़प्पा, मोहनजोदड़ो, कालीबंगा, लोथल, एवं चान्हुदड़ो से बड़ी संख्या में मनके मिले हैं। चान्हुदड़ो एवं लोथल से मनके बनाने वाले शिल्पियों की उद्योगशालाएँ प्राप्त हुई हैं।

मृदभाण्ड—हड़प्पा संस्कृति मेंअधिकांश पात्र चाक पर बने हुए हैं, हाथ के बने हुए भी कुछ उदाहरण मिलते हैं। चाक निर्मित परम्परा में दो प्रकार के पात्र प्राप्त होते हैं— (i) चित्रित एवं (ii) सादे। अलंकरण अभिप्राय प्रायः काले रंग के प्राप्त होते हैं। जहाँ-तहाँ सफेद एवं हरे रंगों का प्रयोग किया गया है। ज्यामितीय चित्रण के साथ-साथ पीपल की पत्ती, खजूर, ताड़, केला आदि वनस्पतियों, वृषभ, हरिण, बारहसिंहा आदि पशुओं एवं मोर, सारस, बत्तख, आदि पक्षियों तथा मछली का चित्रण अधिक लोकप्रिय था। अब तक प्राप्त बर्तनों में साधारण तश्तरियाँ, कुछ गोड़ेदार (पाँवदार) बर्तन, अनाज, रखने के काम आने वाला कुठिला, बड़े-बड़े मटके, पानपात्र, थाली, कटोरे, प्याले, पशुओं के ख़ाने के लिए बने नाँदें, चारों ओर छिद्रित बेलनाकर भाण्ड तथा चित्रित सुराही आदि उल्लेखनीय हैं।

उपर्युक्त के अतिरिक्त हड़प्पा संस्कृति के लोगों ने छोटी-छोटी कलाकृतियों का भी निर्माण किया था। आभूषण, अलंकरण, प्रसाधन और गृहकार्य में उपयोगी वस्तुएँ इस सन्दर्भ में उल्लेखनीय हैं। सोने, चाँदी के हार, कंगन, अँगूठी आदि आभूषण कला की दृष्टि से बहुत महत्त्वपूर्ण हैं। चूड़ियाँ, नुपूर, केश विन्यास में काम आने वाली पिनें एवं कंघियाँ मिली हैं। प्रस्तर, ताँबें तथा कांस्य धातु के बने गृहोपयोगी उपकरण भी प्राप्त हुए हैं।

लिपि—हड़प्पा संस्कृति के लोग लिपि से परिचित थे। लिपि की प्राप्ति अधिकतर मुहरों, मृदभाण्डों के ठीकरों पर और ताँबे के छोटे-छोटे टुकड़ों पर हुई है। सैन्धव लिपि में लगभग 537 अक्षराकृतियाँ हैं। सैंधव लिपि चित्राक्षर लिपि है। यह दाहिनी से बायीं ओर को लिखी जाती थी। मिस्त्र की हायरोग्लिफिक लिपि की अनुरूपता और सैंधव मुहरों में सामान्य पशुओं के दाहिनी ओर मुख होने के आधार पर प्रायः यह मान्यता है कि लिपि दाहिनी से बायें ओर लिखी जाती थी। इस लिपि को अभी तक पढ़ा नहीं जा सका है।

धार्मिक जीवन

हड़प्पा संस्कृति का विशिष्ट पक्ष उसका धर्म था जिसके अनेक तत्त्व परवर्ती भारतीय संस्कृति में अंगीकृत हुए। इस संस्कृति के अब तक उत्खनित पुरास्थलों से प्राप्त पुरावशेषों के आधार पर इस धर्म के सम्बन्ध में कुछ अनुमान लगाये गये हैं। यहाँ से प्राप्त मृण्मूर्तियाँ, पत्थर की छोटी मूर्तियों, पत्थर निर्मित लिंग एवं योनियों, मुहरों तथा मृदभाण्डों पर खचित आकृतियाँ, विशिष्ट प्रकार के भवनों और स्मारकों आदि के आधार पर हड़प्पा संस्कृति के धर्म के विषय में निम्नलिखित अनुमान लगाये जा सकते हैं।

मातृदेवी की पूजा

मातृदेवी की पूजा विषयक साक्ष्यों को दो वर्गों में विभाजित किया जाता है—(i) मृण्मूर्तियाँ, (ii) मुहरों पर अंकित नारी आकृतियाँ एवं अन्य दृश्य। कमर के चारों ओर मेखला, गले में कई लड़ियों वाले हार एवं विशद केश सज्जा से युक्त मृण्मूर्तियाँ प्रायः अर्द्धनग्न हैं। कुछ मृण्मूर्तियों को गोद में शिशु लिए प्रदर्शित किया गया है। नारी अंकनों के साथ-साथ उनकी शिरो भूषा के दोनों ओर दीपक जैसी आकृति मिली है। मार्शल महोदय इन नारी आकृतियों को मातृदेवी की मूर्तियाँ मानते हैं।

हड़प्पा से प्राप्त आयताकार एवं लेखयुक्त एक मुहर में एक तरफ सिर के बल खड़ी एक स्त्री का चित्र है जिसकी योनि से एक पौधा प्रस्फुटित होता दिखाया गया है। मुहर की दूसरी ओर एक पुरुष शस्त्र लिए खड़ा है तथा एक हाथ ऊपर उठाये एक स्त्री खड़ी है। मुहरों पर अंकित अन्य दृश्यों में एक में नारी शिशु को स्तनपान करा रही है। एक अन्य दृश्य में पीपल के पेड़ की दो शाखाओं के बीच एक स्त्री का चित्र है तथा पेड़ के नीचे बकरा लिए हुए एक मानव का चित्रण है। नीचे मनुष्यों की एक भीड़ का अंकन है। इन साक्ष्यों से यह स्पष्ट इंगित होता है कि हड़प्पा संस्कृति के अन्तर्गत मातृशक्ति की उपासना जननी आदि शक्ति एवं वनस्पति जगत की उपास्य देवी के रूप में प्रचलित थी।

पशुपति-उपासना

हड़प्पा संस्कृति के पुरावशेषों में पशुपति के कई रूपों का अंकन देखने को मिलता है। इन साक्ष्यों में मोहनजोदड़ो से प्राप्त एक मुहर

उल्लेखनीय है जिसमें सींग वाले त्रिमुखी पुरुष को एक सिंहासन में योग मुद्रा में बैठे दिखलाया गया है। उसके दाहिनी तरफ हाथी एवं बाघ जबकि बायीं ओर एक गैंडा एवं भैंसा खड़े दिखलाये गये हैं। सिंहासन के नीचे दो हिरण खड़े हैं जो खण्डित अवस्था में है। देवता के ऊपर छः अक्षरों का एक अभिलेख है जिसे अब तक पढ़ा नहीं जा सका है। सर जॉन मार्शल ने इसके ऐतिहासिक काल के शिव का प्राक् रूप कहा है। यद्यपि कुछ विद्वान मार्शल की इस अवधारणा से सहमत नहीं हैं।

मोहनजोदड़ो से इसी प्रकार की अन्य दो मुहरें भी प्राप्त हुई हैं। इनमें से एक मुहर पर देवता एक चौकी पर योगासन मुद्रा में बैठा है। यह शृंगमुकुट युक्त त्रिमुखी आकृति है जिसमें एक मध्यवर्ती एवं दो पार्श्ववर्ती मुख हैं। सिर के अलंकरण के रूप में पीपल की एक टहनी धारण किये हुए है। एक अन्य मुहर पर एक शृंगयुक्त एकमुखी पुरुषाकृति भूमि पर बैठी अंकित है जिसके सिर से वनस्पति प्रस्फुटित होती दिखायी पड़ती है। मोहनजोदड़ो से प्राप्त मिट्टी की एक मुहर पर योगमुद्रा में बैठी मानवाकृति के अगल-बगल एक-एक पुरुष हाथ जोड़े खड़े हैं। इन आकृतियों को कालान्तर में विकसित होने वाले रुद्र-शिव की धारणा के विकास में सींग वाले देवता का प्रभाव स्वीकार किया जा सकता है।

लिंग एवं योनि पूजा

हड़प्पा, मोहनजोदड़ो, लोथल आदि हड़प्पाई पुरास्थलों से चमकीले पत्थरों पर निर्मित कुछ पुरावशेषों का तादात्म्य लिंग के साथ स्थापित किया जाता है। मोहनजोदड़ो एवं हड़प्पा से पत्थर, कांचली मिट्टी, शंख आदि के बने चक्र बड़ी संख्या में मिले हैं। जिनके बीच में छेद है। इसका समीकरण योनि के साथ किया गया है। विद्वानों का अनुमान है कि इस संस्कृति के लोग प्रकृति की प्रजनन शक्ति के रूप में लिंग और योनि की पूजा किया करते थे। कालांतर में शिवोपासना के साथ लिंग पूजा का सम्बन्ध जुड़ा।

पशु-पक्षी पूजा

हड़प्पा संस्कृति के लोग पशु-पक्षियों की पूजा भी किया करते थे। यहाँ पर दो तरह की पशु आकृतियाँ अंकित मिलती हैं। पहले वर्ग में वास्तविक जगत की पशु-पक्षी आकृतियाँ हैं जबकि दूसरे वर्ग में परिकल्पित पशु-पक्षी आकृतियाँ हैं। हड़प्पा संस्कृति की मुहरों, मुद्रांकनों, मृदभाण्डों तथा

उपकरणों आदि पर बने वास्तविक पशु-पक्षियों में वृषभ, महिष, गज, गैण्डा, व्याघ्र, बन्दर, मगर, मछली, नेवला, गिलहरी, कछुआ, वृश्चिक, साँप, मुर्ग, मोर, कबूतर, बत्तख आदि को अंकित किया गया है जबकि काल्पनिक पशुओं में आज शृंगी देवता, एकशृंगी वृषभ, उलूकशीर्षी बकरा, शृंगयुक्त व्याघ्र, त्रिशिरा पशु, पक्षिमुख मगर तथा तीन परस्पर संयुक्त व्याघ्र आकृतियाँ उल्लेखनीय हैं। अलौकिक रचनाकृति से यह लगता है कि ये देव अथवा दानव शक्तियों के प्रतिकांकन हैं। जिनकी पूजा-पाठ करके ये लोग अपनी भौतिक सुख-शान्ति की कामना करते थे।

नाग-पूजा—हड़प्पा संस्कृति के धार्मिक जीवन में नाग-पूजा का भी प्रचलन था। मोहनजोदड़ो से प्राप्त एक मुद्रा पर एक देवता के दोनों तरफ नाग दिखाये गये हैं। मृदभाण्डों के कतिपय ठीकरों पर भी सर्पों का अंकन मिलता है। लोथल से प्राप्त तीन ठीकरों पर दो-दो साँपों के चित्र हैं। मोहनजोदड़ो से प्राप्त एक ताबीज पर एक नाग को चबूतरे पर लेटा दिखाया गया है। भारत के विभिन्न भागों में आज भी नागपूजा का प्रचलन दिखायी पड़ता है।

वृक्ष-पूजा—वृक्षों को देवता के रूप में मानने-पूजने की परम्परा बड़ी प्राचीन है। हड़प्पा संस्कृति से सम्बन्धित मुहरों एवं मृदभाण्डों पर पीपल, बबूल, नीम, खजूर, नीबू, ताड़ आदि के वृक्षों का चित्रण मिलता है। मृदभाण्ड पर केले के पौधों का भी अंकन प्राप्त होता है। कुछ मुहरों पर पीपल के पेड़ को बाड़ से घिरा दिखाया गया है। मृदभाण्ड पर पीपल की पत्तियों का चित्रण प्रायः मिलता है। इससे प्रतीत होता है कि इनका मुख्य देवता पीपल पेड़ पर निवास करता था, फलतः इसे अत्यन्त पवित्र माना जाता था। कालान्तर में पीपल के पेड़ की उपासना ने स्वतंत्र रूप धारण कर लिया।

जल-पूजा—विश्व की सभी प्राचीनतम सभ्यताओं में जल का अतीव महत्त्व था। भारत में भी नदियों को अत्यंत प्राचीन काल से पवित्र माना जाता रहा है। मोहनजोदड़ो से एक विशाल स्नानागार प्राप्त हुआ है। इसका तल पकी ईंटों का बना हुआ था। इसमें जाने के लिए सीढ़ियों की व्यवस्था थी। पास के कमरे में ईंटों की दोहरी पंक्ति में निर्मित एक कुँआ मिला है। संभवतः यह कुँआ स्नानागार के लिए जलापूर्ति का मुख्य स्त्रोत था स्नानागार के दक्षिण-पश्चिम कोने में स्थित नाली से यहाँ के पानी का निकास होता था। स्नानागार के उत्तर में दो पंक्तियों में छोटे-छोटे आठ

स्नान कक्ष भी मिले हैं जहाँ पर लोग पूजा करने के पहले स्नान करके अपने कपड़े बदलते रहे होंगे। हड़प्पाई लोगों का स्नान विधान या जल से अधिक सान्निध्य रखना न केवल उनकी स्वच्छता की भावना को ही अभिव्यंजित करता है, अपितु तत्कालीन जनमानस में जल-पूजा की परम्परा को भी दर्शाता है।

अन्त्येष्टि संस्कार

विश्व की अन्य पुरातन संस्कृतियों की तरह ही हड़प्पा सभ्यता के निवासी अपने मृतकों के अन्तिम संस्कार के प्रति पूरी तरह सजग थे। इस संस्कृति में अन्त्येष्टि संस्कार की तीन विधियाँ प्रचलित थीं— (i) पूर्ण समाधीकरण (ii) आंशिक समाधीकरण और (iii) दाह संस्कार। कब्रिस्तान प्रायः बस्ती से बाहर होते थे। समाधिकरण में मृतक के शव के साथ उपभोग्य शृंगार प्रसाधन, आभूषण, उपकरण, मृदभाण्ड आदि दफनाये जाने की प्रथा थी। कब्र में उपयोगी उपकरणों के रखने के आधार पर विद्वानों ने परिकल्पित किया है कि हड़प्पा के लोग परलोक जीवन में विश्वास रखते थे।

पूर्ण समाधीकरण में मृतक के शव के साथ उपभोग्य सामग्रियाँ रखी जाती थीं। आंशिक समाधिकरण में मृत शरीर को कुछ समय के लिए पशु-पक्षियों को खाने हेतु छोड़ दिया जाता था बाद में इन शवों की अवशिष्ट अस्थियों को उपभोग्य वस्तुओं के साथ दफना दिया जाता था। तृतीय तरह का संस्कार—दाह संस्कार के अन्तर्गत शव को जलाने के पश्चात् अवशिष्ट अस्थियों को एक छोटे पात्र में रखकर रखकर दफना दिया जाता था।

मोहनजोदड़ो, हड़प्पा, रूपनगर, लोथल, कालीबंगा, सुरकोटदा, मुसत्कागेण्डोर, चण्डीगढ़, तरखानेवाला डेरा (राजस्थान) तथा रण्डल हडवा (गुजरात) से अभी तक अन्त्येष्टि संस्कार के साक्ष्य मिले हैं। हड़प्पा के उत्खनन से एक ऐसी कब्र मिली है जिसमें शव को लकड़ी के ताबूत में रखकर दफनाया गया था। पुरावेत्ता एस०पी० गुप्त इस समाधि को किसी विदेशी महिला की समाधि बताते हैं। शवों का सिर उत्तर की ओर तथा पैर दक्षिण दिशा की ओर करके कब्र में दफनाया जाता था। अधिकांशतः एक कब्र में एक ही मुर्दे को दफनाया जाता था लेकिन कालीबंगा से एक और लोथल से तीन युग्म समाधियाँ मिली हैं जिनमें एक कब्र में दो-दो शव

साथ दफनाये हुए मिले हैं। रोपड़ के एक कब्र में मालिक के साथ कुत्ते को भी दफनाया गया था।

सामाजिक संरचना

हड़प्पा संस्कृति के लोगों की शारीरिक बनावट, रंग तथा उनके आकार-प्रकार के बारे में हमें इस काल की पाषाण, धातु तथा पकी मृण्मूर्तियों की आकृतियों के अतिरिक्त उत्खनन में मिले कंकालों के अवलोकन से होती है। मानव कंकालों का अध्ययन करने के पश्चात भौतिक नृतत्त्वविदों ने यह मत प्रकट किया है कि हड़प्पा सभ्यता के नगरों की जनसंख्या में आद्य आस्ट्रेलॉयड (Proto-Australoid), भूमध्यसागरीय (Mediterranean), अल्पाइन (Alpine), आद्य नार्डिक (Proto-Nardic) तथा मंगोल (Mangoloid) मानव प्रजातियों का अस्तित्व था।

खान-पान

पूरे हड़प्पा क्षेत्र में नदियों का जाल बिछा हुआ था जिससे यह क्षेत्र बहुत उर्वर था। हड़प्पा के उत्खनन से गेहूँ एवं जौ के पुरावशेष मिले हैं जिससे प्रमाणित होता है कि ये दोनों अनाज तत्कालीन लोगों के मुख्य खाद्यान्न रहे होंगे। लोथल एवं रंगपुर से प्राप्त मिट्टी के बर्तनों में चावल की भूसी मिली है जिससे प्रतीत होता है कि तत्कालीन लोग चावल भी खाते रहे होंगे। अनार, खरबूजा, केला, नीबू, अंजीर, आम, खजूर, मटर, तिल, सरसों आदि का उत्पादन भी किया जाता था। पशुपालन की परम्परा से स्पष्ट होता है कि ये लोग दूध तथा इससे सम्बन्धित उत्पादों का भी सेवन करते थे। उत्खनन में कहीं-कहीं अर्द्धजलित भालू, हिरण, भेड़, बकरी, मछली आदि की अस्थियों एवं पुरावशेषों से लगता है कि ये लोग भोजन में माँस का प्रयोग भी करते रहे होंगे।

मनोरंजन

हड़प्पा संस्कृति के लोग विविध प्रकार से अपना मनोरंजन किया करते थे। उत्खनन में प्राप्त कतिपय मुहरों के दृश्यांकनों में धनुष-बाण से जंगली पशुओं का आखेट करते हुए कुछ मानवाकृतियों को उकेरा गया है। इससे स्पष्ट होता है कि ये लोग आखेटप्रिय थे। बैलगाड़ियाँ, सीटियाँ, गेंद की तरह छोटी-छोटी गोलियाँ, बैलों की छोटी आकृतियाँ तथा भाँति-भाँति के चिड़ियों की मृण्मूर्तियाँ बच्चों के मनोरंजन के लिए बहुतायत में बनायी

जाती थीं। उत्खननों में प्राप्त मिट्टी एवं पत्थर के अनेक पासों से स्पष्ट होता है कि ये लोग चौसर (पासा) खेलने के बड़े शौकीन थे।

नृत्य-संगीत से भी हड़प्पाई लोगों का गहरा अनुराग था। मोहनजोदड़ो की नर्तकी प्रतिमा तथा इसी तरह की कुछ अन्य प्रतिमाएँ इन लोगों को नृत्य-संगीत प्रियता की कहानी कहती हैं। सैन्धव लिपि में कुछ अक्षरों की बनावट वीणा अथवा सारंगी सदृश है। इसी प्रकार कुछ ताबीजों पर मृदंग अथवा ढोल सरीखी आकृतियाँ उत्कीर्ण हैं। उत्खनन में करताल के आकार का वाद्ययन्त्र तथा एक ऐसी मृण्मूर्ति मिली है जिस पर ढोलक का स्पष्ट अंकन है। इस आधार पर कहा जा सकता है कि हड़प्पाई लोग नृत्य-संगीत कला से अवश्यमेव परिचित थे।

स्त्रियों की दशा—हड़प्पा संस्कृति में स्त्रियों को समुचित आदर प्रदान किया जाता था। स्त्रियाँ धार्मिक तथा सामाजिक समारोहों में पुरुषों के साथ-साथ भाग लेती थीं। इस काल में निर्मित बहुसंख्यक नारी मृण्मूर्तियाँ तथा विलक्षण मातृदेवी रूपों के अंकन के आलोक में यह अनुमान सहज ही लगाया जा सकता है कि हड़प्पा संस्कृति का समाज मातृ सत्तात्मक था। नारियों को इस समाज में बड़ा महत्त्वपूर्ण और आदरणीय स्थान प्राप्त था।

आर्थिक जीवन—हड़प्पा संस्कृति में छोटे-बड़े अनेक नगर थे और इनके बीच आर्थिक सम्बन्ध स्थापित थे। यहाँ की अर्थव्यवस्था क्षेत्रीय सीमा तक संकुचित न होकर दूर-दराज के क्षेत्रों तक विस्तीर्ण थी तथा वहाँ के आर्थिक केन्द्रों के साथ व्यापारिक सम्बन्ध स्थापित करने में बड़ी सफल थी। हड़प्पा, मोहनजोदड़ो आदि नगरों के विकास के फलस्वरूप यहाँ बसने वाले व्यापारीगण खाद्यान्न उत्पादन में न लगकर प्रायः शिल्प, उद्योग तथा दूरस्थ क्षेत्रों के व्यापार कर्म में संलग्न होने लगे। नगरों में रहने वाले लोगों के लिए खाद्यान्न आसपास के ग्रामीण क्षेत्रों से आसानी से उपलब्ध हो जाता था क्योंकि हड़प्पाई कृषक अधिशेष उत्पादन करते थे। इस प्रकार हड़प्पा संस्कृति में नगरीकरण के द्वारा एक अतिविकसित तथा बहुआयामी आर्थिक संगठन उदित हुआ जिसमें कृषि, पशुपालन, अन्तर्क्षेत्रीय तथा अन्तरराष्ट्रीय व्यापार तथा अनेक प्रकार के शिल्प एवं उद्योग विकसित हुए।

हड़प्पा संस्कृति का पतन

1800 ई० पू० से 1200 ई० पू० के बीच के समय में हड़प्पा क्षेत्र में हमें विभिन्न क्षेत्रों में पर्याप्त विविधताएँ दिखायी पड़ती हैं और जिस

एकरूपता ने हड़प्पा संस्कृति को विशिष्ट संस्कृति के रूप में रेखांकित किया था उसका पूर्णतया अभाव इस समय दिखायी पड़ता है। परवर्ती हड़प्पा काल में मूल हड़प्पा संस्कृति की लेखन कला, बाट-माप, मृदभाण्ड, वास्तुशैली एकाएक लुप्तप्राय-सी हो गयी। अब इन संस्कृतियों में अन्य संस्कृतियों ने अपनी प्रभावी घुसपैठ शुरू कर दी थी। हड़प्पा के उद्‌भव की कहानी जिस तरह अभी तक अस्पष्ट है उसी तरह हड़प्पा के पतन का वृतान्त भी अस्पष्ट है। हड़प्पा संस्कृति के पतन की व्याख्या कुछ विद्वानों ने करने का प्रयास किया है जिसके आलोक में निम्नलिखित कारणों की संभावना व्यक्त की गयी है—

1. बाढ़ और भूकम्प
2. भूगर्भीय परिवर्तन
3. सिन्धु नदी द्वारा अपना मार्ग परिवर्तन
4. जलवायुगत परिवर्तन
5. पारिस्थितिकीय असंतुलन
6. बाह्य आक्रमण
7. आर्थिक एवं राजनीतिक विघटन

वैदिक संस्कृति

वैदिक काल को आमतौर पर दो भागों में विभाजित किया जाता है—

(i) ऋग्वैदिक अथवा पूर्व वैदिक काल (ii) उत्तरवैदिक काल

ऋग्वैदिक काल—ऋग्वेद को पं० जवाहरलाल नेहरू मनुष्य मात्र की पहली पुस्तक मानते हैं जिसमें मानवीय मस्तिष्क के सबसे पहले उद्‌गार मिलते हैं, काव्य की छटा मिलती है। और मिलती है—प्रकृति की सुन्दरता तथा रहस्यमय आनन्द की भावना। ऋग्वेद से जिस सभ्यता का बोध होता है वह उसकी रचना से पहले ही फल-फूल चुकी थी और अब प्रौढ़ावस्था को प्राप्त हो रही थी।

सम्पूर्ण वैदिक साहित्य के काल-निर्धारण के विषय में बहुत अधिक वाद-विवाद है। सबसे पहले मैक्समूलर ने ऋग्वेद की रचना का काल 1500 ई० पू० निर्धारित किया। बाल गंगाधर तिलक ज्योतिषीय

गणनानुसार ऋग्वेद का काल 6000 ई० पू० माना है। हरमान जैकोबी वैदिक सभ्यता का काल 4500 ई० पू०-2500 ई० पू० निर्धारित करते हैं। विण्टरनित्स महोदय के अनुसार ऋग्वेद की रचना संभवतः 3000 ई० पू० में की गयी। गोविन्दचन्द्र पाण्डे भी ऋग्वेद का काल 3000 ई० पू० या उससे भी पहले का मानते हैं।

ऋग्वैदिक काल का इतिहास हमें पूर्णतया ऋग्वेद से ही ज्ञात होता है। ऋग्वेद में कुल 10 मण्डल हैं। इसमें 2 से 7 तक प्राचीन माने जाते हैं जो गृत्समद, विश्वामित्र, कामदेव, अत्रि, भारद्वाज और वशिष्ठ ऋषियों के नाम से है। इसमें तीन पाठ मिलते हैं—

(i) साकल—इसमें 1017 मन्त्र हैं।

(ii) बालखिल्य—इसमें 11 मन्त्र हैं।

(iii) वाष्कल—इसमें कुल 56 मन्त्र हैं।

ऋग्वैदिक संस्कृति के प्रमुख तत्त्व

राजनीतिक संगठन—ऋग्वेद से विदित होता है कि आर्य लोग कई जनों में विभक्त थे। इनमें पाँच जनों के नाम अक्सर मिलते हैं—अनु, द्रुह्य, यदु, पुरु, तुर्वस। इन्हें 'पञ्चजन्य' कहा गया है। ऋग्वेद में दाशराज्ञ युद्ध का वर्णन प्राप्त होता है जिसमें उन दस राजाओं के नाम दिये गये हैं जिन्होंने राजा सुदास के विरुद्ध युद्ध में भाग लिया था। सुदास त्रित्सु कुल का भरतवंशी राजा था और उसके विरुद्ध लड़ने वाले 10 राजा—पुरु, यदु, तुर्वस, अनु, द्रुह्य, अलिन, परुत, भलानस, शिवि और विषाणिन राज्यों के थे। दासराज्ञ युद्ध परुष्णी (रावी) नदी के तट पर लड़ा गया जिसमें सुदास की जीत हुई। ऋग्वैदिक काल के महत्त्वपूर्ण जन-भरत कुल के नाम पर ही सम्पूर्ण देश का नाम भारतवर्ष पड़ा।

राजनीतिक संगठन की सबसे छोटी इकाई 'कुल' अथवा 'परिवार' होता था। परिवार का स्वामी पिता या बड़ा भाई होता था जिसे 'कुलष' कहा जाता था। कई कुलों का समूह ग्राम होता था जिसका मुखिया 'ग्रामणी' कहलाता था। उससे बड़ा समूह 'विश' था जिसका प्रधान 'विशपति' कहा जाता था। अनेक विशों का समूह 'जन' होता था। जन के अधिपति को 'जनपति' अथवा राजा कहा जाता था। देश या राज्य के लिए राष्ट्र शब्द प्रयुक्त है जो कई जनों से मिलकर बनता था।

सामान्यतया ऋग्वैदिक काल में राजतन्त्र का ही प्रचलन था। 'राजन' शब्द का उल्लेख अनेक स्थलों पर हुआ है। राजा को 'गोप्ता जनस्य' (जन का रक्षक) तथा 'पुराभेत्ता' (दुर्गों का भेदन करने वाला) कहा गया है। आमतौर पर राष्ट्र छोटे-छोटे राज्य होते थे तथा एक राज्य में सामान्य तौर पर एक ही जन के लोग निवास करते थे। राजा युद्धों में स्वयं जन का नेतृत्व करता था। कालान्तर में 'सम्राट' शब्द के प्रयोग से तथा 'विश्वस्य भुवनस्य राजा' (सम्पूर्ण संसार का राज्य) की अवधारणा से स्पष्ट हो जाता है कि राजपद अत्यन्त गौरवशाली एवं प्रतिष्ठित समझा जाने लगा था। प्रारम्भ में राष्ट्र की सारी प्रजा मिलकर राजा का चुनाव करती थी परन्तु बाद में यह पद आनुवंशिक हो गया। राजा का प्रमुख कर्तव्य प्रजा की रक्षा करना था। राजा को उसकी सेवाओं के बदले प्रजा द्वारा 'बलि' (राजस्व या भेंट) प्रदान किया जाता था। राजा को बलि अपनी प्रजा तथा विजित जनों से भी प्राप्त होती थी। 'बलि' मुख्यतया अन्न के रूप में ही दिया जाता था। ऋग्वैदिक युग में राजा प्रधानतः युद्ध का नेता होता था।

पुरोहित, सेनानी (सेना का प्रधान) और ग्रामिणी इन तीन अधिकारियों का उल्लेख ऋग्वेद में प्राप्त होता है। पुरोहित पौरोहित्य कर्म के अलावा शिक्षक, पथ-प्रदर्शक एवं मन्त्री के रूप में कार्य करता था। सेनानी राजा के आदेशानुसार युद्ध में कार्य करता था। ग्रामिणी ग्रामीण जनता के हितों का प्रतिनिधित्व करता था। स्पश (गुप्तचर) तथा दूत नामक कर्मचारियों का भी उल्लेख मिलता है जिसका उपयोग राजा करता था। इसके अतिरिक्त और भी राज कर्मचारी रहे होंगे, जिनका उल्लेख ऋग्वेद में प्राप्त नहीं होता।

सभा और समिति नामक संस्थाएँ राजा की निरंकुशता पर निमन्त्रण रखती थीं। इन दोनों की संरचना और इनके बीच के अन्तर के विषय में निश्चित रूप से कोई जानकारी नहीं मिलती। ऐसा लगता है कि सभा कुलीन अथवा वृद्ध मनुष्यों की सभा थी जिसमें उच्च कुल में जन्मा व्यक्ति ही भाग ले सकता था। इसके विपरीत समिति सर्वसाधारण की सभा थी जिसमें जनों के सभी व्यक्ति अथवा परिवारों के प्रमुख भाग ले सकते थे। इन दोनों संस्थाओं का शासन पर अत्यन्त महत्त्वपूर्ण प्रभाव था।

ऋग्वैदिक काल के प्रमुख अपराध थे—चोरी, बेईमानी, धोखाधड़ी आदि। रात में पशुओं की चोरी एक आम अपराध था। इस समय मृत्युदण्ड की प्रथा नहीं थी। अपराधों के दण्ड स्वरूप शारीरिक प्रताड़ना तथा जुर्माने किये जाते थे। हत्या करने के अपराध में धनदान द्वारा मुक्त

होने की प्रथा थी। एक व्यक्ति को 'शतदाय' कहा गया है क्योंकि उसके जान की कीमत सौ गायें थीं।

सामाजिक जीवन : समाज—ऋग्वैदिक समाज प्रारम्भ में वर्ग विभेदरहित था। सभी व्यक्तियों की समान सामाजिक प्रतिष्ठा थी। ऋग्वेद में वर्ण शब्द रंग तथा कहीं-कहीं व्यवसाय चयन के सन्दर्भ में प्रयुक्त है। प्रारम्भ में हम तीन वर्णों का उल्लेख पाते हैं—ब्रह्म, क्षत्र तथा विश। भारत आने पर आर्यों को अनार्यों से संघर्ष करना पड़ा इसके लिए उन्हें योद्धा की आवश्यकता पड़ी। अतः उन्होंने अपने में से कुछ उत्साही वीरों को चुनकर 'क्षत्र' नाम दिया। क्षत का अर्थ है—क्षत अर्थात् हानि से रक्षा करने वाला। इसी प्रकार यज्ञों को कराने के लिए जो व्यक्ति चुने गये उन्हें 'ब्रह्म' कहा गया। शेष लोगों को 'विश' नाम से सम्बोधित किया गया। कालांतर में आर्यों ने अनार्यों को परास्त कर अपनी सामाजिक व्यवस्था में स्थान दिया और इस तरह 'शूद्र' नामक चौथा वर्ण समाज में उत्पन्न हो गया। ऋग्वेद के दसवें मण्डल के पुरुषसूक्त में सर्वप्रथम 'शूद्र' शब्द मिलता है। यहाँ चारों वर्णों की उत्पत्ति एक विराट पुरुष के विभिन्न अंगों से बतायी गयी है जिसके मुख भाग से ब्राह्मण, भुजाओं से क्षत्रिय, उरु भाग से वैश्य तथा पैरों से शूद्र उत्पन्न हुए।

ब्राह्मणोऽस्य मुखामासीर बाहु राजन्य कृतः।
उरु तदस्य यद्वैश्यः पदभ्याम शूद्रोऽजायत्।।

(ऋग्वेद : पुरुषसूक्त 10.90.12)

यह वर्ण व्यवस्था का प्राचीनतम उल्लेख है। फिर भी इस समय वर्ण व्यवस्था में जटिलता नहीं आयी थी। वर्ण जन्मजात न होकर व्यवसाय आधारित होते थे। व्यवसाय परिवर्तन सम्भव था। ऋग्वेद में एक स्थान पर एक ऋषि कहता है—'मैं कवि हूँ। मेरा पिता मेरा वैद्य है तथा मेरी माता अन्न पीसने वाली हैं। साधन भिन्न है परन्तु सभी धन की कामना करते हैं।'

कारुरहं ततोभिषगुपल प्रक्षिणी नना।
नानाधियो वसूयवोऽनु गा इव तस्थिमेन्द्रायेन्द्रो परिस्तव।।

(ऋग्वेद 9.112)

इससे स्पष्ट होता है कि व्यवसाय आनुवंशिक नहीं होते थे।

परिवार—समाज की इकाई परिवार होती थी। परिवार पितृसत्तात्मक होता था जिसमें पिता अथवा बड़ा भाई परिवार का स्वामी होता था। पिता के अधिकार असीमित थे तथा वह पारिवारिक सदस्यों को कठोरतम दण्ड दे सकता था। इस काल में संयुक्त परिवार की प्रथा थी बाल विवाह नहीं होता था। विवाह के लिए वरण की स्वतन्त्रता थी। विधवा स्त्री अपने मृतक पति के छोटे भाई देवर से विवाह कर सकती थी। पत्नी सभी धार्मिक तथा सामाजिक उत्सवों में पति की भागीदार बनती थी। पिता की सम्पत्ति उत्तराधिकार में पुत्र को प्राप्त होती थी। यदि एकमात्र संतान बेटी होती थी तो उत्तराधिकार की संपत्ति उसे ही मिलती थी। संपति का अधिकार पशुधन, घोड़े, स्वर्ण और आभूषण जैसी चल वस्तुओं और भूमि तथा मकान जैसी अचल सम्पत्ति पर माना जाता था।

भोजन तथा वस्त्र—आर्य मांसाहारी तथा शाकाहारी दोनों प्रकार के भोजन करते थे। भोजन में दूध, दही, घी आदि का विशेष महत्त्व था। ऋग्वेद में 'क्षीर पाकौदन' (दूध में पकी खीर) अपूपं घृतवन्तं (मालपूवे), करंभ (जौ की सत्तू का दही के साथ मिलाकर तैयार खाद्य) आदि का उल्लेख है। भोजन को मीठा बनाने के लिए मधु का प्रयोग किया जाता था। ऋग्वेद में नमक का उल्लेख नहीं मिलता।

ऋग्वैदिक लोग प्रायः भेड़, बकरी जैसे पशुओं का माँस खाते थे। गाय के लिए 'अघन्या' (न मारने योग्य) शब्द मिलता है। सोम तथा सुरा आर्यों के मुख्य पेय थे। सुरा की गणना क्रोध, द्यूत, अज्ञान आदि अनिष्टकारी वस्तुओं के साथ करते हुए इसे निन्दनीय तथा त्याज्य बताया गया है।

आर्यों के वस्त्र, सूत, ऊन तथा मृगचर्म से बनते थे। भेड़ की ऊन का वस्त्र प्रायः प्रयुक्त किया जाता था। वस्त्र तीन प्रकार के होते थे—

(i) नीवी—जो कमर के नीचे पहना जाता था।

(ii) वासस—जो कमर के ऊपर पहना जाने वाला प्रमुख वस्त्र था।

(iii) अधिवासस—चादर या ओढ़नी के समान ऊपर से धारण किया जाने वाला वस्त्र।

वस्त्रों को काटने तथा सिलने की कला से ये लोग परिचित थे। कभी-कभी वस्त्रों पर सोने के तारों से कढ़ाई की जाती थी। स्त्री-पुरुष दोनों आभूषण एवं पगड़ी धारण करते थे। कानों में कर्णफूल, गले में निष्क, हाथों में कड़े, पैरों में खडुए, गले में मोतियों का हार आदि आभूषण पहने

जाते थे। लोग केश प्रसाधन कला से भी परिचित थे। स्त्रियाँ बालों का जूड़ा बनातीं जबकि पुरुष दाढ़ी एवं जटा रखते थे।

मनोरंजन—ऋग्वैदिक लोगों का जीवन के प्रति दृष्टिकोण उपयोगितावादी था। ये लोग नृत्य एवं संगीत में आनन्द लेते थे। स्त्री-पुरुष दोनों झाँझ-मजीरे के साथ नृत्य में भाग लेते थे। अन्य वाद्यों में दुन्दुभि, कर्करि, वीणा, बाँसुरी आदि का उल्लेख मिलता है। रथदौड़, घुड़दौड़ और पासे का खेल भी उनके आमोद-प्रमोद के साधन थे। इस समय जुआ भी खेला जाता था। कीथ की मान्यता है कि ऋग्वैदिक काल में धार्मिक नाटकों का प्रदर्शन किया जाता था।

स्त्रियों की दशा—ऋग्वेद में 'जायेदस्तम' अर्थात पत्नी ही गृह है, कहकर उसके महत्त्व को स्वीकार किया गया है। एक पत्नीत्व विवाह की प्रथा ही सामान्य तौर पर प्रचलित थी। बालविवाह एवं विधवा विवाह नहीं होते थे। विवाह में कन्याएँ अपना मत दे सकती थीं तथा कभी-कभी स्वयं अपने पतियों का चुनाव करती थीं। अन्तर्जातीय विवाह होते थे। पुनर्विवाह एवं नियोग प्रथा प्रचलित थी। सती प्रथा के प्रचलन का उदाहरण नहीं मिलता।

ऋग्वैदिक काल में स्त्रियों को पर्याप्त स्वतन्त्रता प्राप्त थी। उनकी शिक्षा-दीक्षा की समुचित व्यवस्था थी। ऋग्वेद में घोषा, लोपा, मुद्रा, विश्वावारा आदि शिक्षित स्त्रियों के नाम मिलते हैं। जिन्होंने कुछ मंत्रों की रचना भी की थी। इन सबके बावजूद समाज उन्हें दो दृष्टियों से अयोग्य समझता था—

(i) उन्हें राजनीति में भाग लेने का अधिकार नहीं था।

(ii) उन्हें सम्पत्ति सम्बन्धी अधिकार प्राप्त नहीं थे।

आर्थिक जीवन—ऋग्वैदिक काल की संस्कृति मूलतः ग्रामीण थी। अतः इन लोगों का आर्थिक जीवन कृषि, पशुपालन और व्यापार-वाणिज्य पर निर्भर था। कृषि योग्य भूमि को उर्वरा, या 'क्षेत्र' कहा जाता था। ऋग्वेद में 'फाल' का उल्लेख है जो शायद लकड़ी का बना होता था। बुआई, कटाई, मड़ाई आदि क्रियाओं से ऋग्वैदिक लोग भलीभाँति परिचित थे। सिंचाई प्रायः नहरों द्वारा होती थी। 'कूप' तथा अवर (खोद कर बने गड्ढे) का उल्लेख भी ऋग्वेद में मिलता है। चक्र की सहायता से कूप से पानी निकाला जाता था और नालियों द्वारा उसे खेतों तक पहुँचाया जाता

था। हल में कभी-कभी 6, 8 या 12 बैल तक जोते जाते थे। फसल को हसिये या दरांती से काटा जाता था। खाद का भी प्रयोग किया जाता था। खाद्यान्नों को सामूहिक रूप से 'यव' और 'धान्य' कहा जाता था। वैदिक साहित्य के परवर्ती ग्रन्थों में दस प्रकार के अन्न उगाये जाने का उल्लेख है।

कृषि के साथ-साथ पशुपालन पर विशेष ध्यान दिया जाता था। कृषक अपने पशुओं की वृद्धि के लिए प्रार्थना करते थे। गायें ही इस समय के विनिमय का मुख्य माध्यम थीं। कुछ ऋग्वैदिक सूक्तों में गाय को देवरूप में कल्पित किया गया है। अन्य पशुओं में बैल, घोड़ा, भेड़, बकरी, गधा, कुत्ता आदि प्रमुख थे। घोड़ा आर्यों का प्रिय पशु था जिसकी सहायता से वे युद्धों में विजय प्राप्त करते थे।

ऋग्वेद में कुछ व्यवसायियों के नाम भी मिलते हैं। इनमें 'तक्षा' (बढ़ई), 'कर्मा' (धातु कर्म करने वाले), स्वर्णकार, चर्मकार, वाय (जुलाहे), कुंभकार आदि प्रमुख हैं। 'तक्षा' संभवतः शिल्पियों का मुखिया होता था। आर्यों के सामरिक जीवन में रथों का अधिक महत्त्व होने के कारण 'तक्षा' की अत्यधिक सामाजिक प्रतिष्ठा थी। ऋग्वेद में धातु के रूप में 'अयस' शब्द का उल्लेख है जिसे कुछ विद्वान ताँबा, काँसा या लोहा जैसी धातु से समीकृत करते हैं। ऋग्वैदिक समाज में वैद्य (भिषक), नर्तक-नर्तकी, नाई (वाप्तृ) तथा सुरा बेचने वालों का भी अलग वर्ग था। ऋग्वैदिक काल में सभी वर्गों की अपनी-अपनी सामाजिक प्रतिष्ठा थी तथा कोई भी वर्ग हेय नहीं था।

ऋग्वैदिक काल में व्यापार-वाणिज्य 'पणि' वर्ग के लोग किया करते थे। ये लोग ऋण भी देते थे तथा उस पर अधिक ब्याज लेते थे। इसीलिए उन्हें 'वेकनाट' (सूदखोर) कहा गया है। लेन-देन विनिमय प्रणाली पर आधारित था। विनिमय के माध्यम के रूप में 'निष्क' का उल्लेख आया है परंतु इसका समीकरण विवादास्पद है। स्थलीय व्यापार मुख्यतः रथों एवं बैलगाड़ियों द्वारा किया जाता था। व्यापार के सन्दर्भ में समुद्र का और समुद्र से निकलने वाले मोतियों, मूँगों, कौड़ियों आदि का उल्लेख प्राप्त होता है।

धार्मिक विश्वास—ऋग्वैदिक काल में साधारणतया प्राकृतिक शक्तियों की ही विभिन्न देवताओं के रूप में पूजा की जाती थी। ऋग्वैदिक देवताओं का वर्गीकरण तीन भागों में किया जा सकता है।

(i) पृथिवी के देवता—पृथिवी, अग्नि, सोम, बृहस्पति तथा नदियों के देवता।

(ii) अन्तरिक्ष के देवता—इन्द्र, रुद्र, वायु-वात, पर्जन्य, आपः, मातरश्विन आदि।

(iii) द्युस्थान (आकाश) के देवता—द्यौस, वरुण, मित्र, सूर्य, सवितृ, पूषन, विष्णु, आदित्य, उषा, अश्विन आदि।

ऋग्वैदिक आर्यों ने अपने देवताओं की कल्पना मनुष्य रूप में ही की तथा उसमें समस्त मानवोचित गुणों को आरोपित कर दिया। ऋग्वैदिक ऋषियों ने जिस समय जिस देवता की प्रार्थना की उसे ही सर्वोच्च मानकर उसमें सम्पूर्ण गुणों का आरोपण कर दिया है। मैक्समूलर ने इस प्रवृत्ति को Henotheism नाम दिया। ऋग्वैदिक देवता प्रधानतः पुरुष देवता हैं कहीं-कहीं देवताओं की कल्पना पशु रूप में भी मिलती है जैसे इन्द्र या द्यौस को वृषभ एवं सूर्य को अश्व के रूप में कल्पित किया गया है।

देवताओं की उपासना यज्ञों द्वारा की जाती थी। यज्ञ में दूध, अन्न, घी, माँस तथा सोम की आहुतियाँ दी जाती थी। सभी देवताओं का सम्बन्ध 'ऋत' से माना गया है। ऋग्वेद में बताया गया है कि सृष्टि में सर्वप्रथम ऋत की ही उत्पत्ति हुई थी। ऋत विश्व की व्यवस्था का नियामक है। देवता ऋत से ही उत्पन्न होते हैं तथा अपनी दैवी शक्तियों द्वारा ऋत की रक्षा करते हैं।

युद्ध में विजय, अच्छी खेती, सन्तान प्राप्ति आदि के लिए देवोपासना की जाती थी। देवता अहुतियों द्वारा प्रसन्न होते थे एवं फल प्रदान करते थे। कुछ यज्ञ अत्यन्त विस्तृत एवं खर्चीले होते थे।

देवताओं की बहुलता एवं कर्मकाण्डों की जटिलता अधिक दिनों तक नहीं चली। शीघ्र ही ऋग्वैदिक ऋषियों ने बहुदेववाद को चुनौती दी। अपने चिंतन के अंतिम स्तर पर उन्होंने यह जान लिया कि सत् एक है। ज्ञानी लोग उसे अनेक नामों से पुकारते हैं—

एकं सद् विप्राः बहुधा वदन्ति अग्निं यमं मातरिश्वानमाहुः।

(ऋग्वेद 1/164)

सृष्टि को विराट पुरुष के आत्मयज्ञ का परिणाम बताया गया। उसे विश्वकर्मा, हिरण्यगर्भ, प्रजापति, अदिति, आदि नाम दिये गये हैं। मानव

चिंतन के इतिहास में अद्वैतवाद की यह प्रथम अनुभूति है। एक अन्य सूक्त में बताया गया है कि समस्त देवताओं के भीतर वर्तमान सामर्थ्य एक ही है। ऋग्वेद के नासरीय सूक्त में निर्गुण ब्रह्म का वर्णन प्राप्त होता है। देवताओं की उपासना, यज्ञीय विधि-विधानों का अनुष्ठान तथा ईश्वर की इच्छा के अनुकूल आचरण करना ये ही इस समय के नैतिक जीवन के आदर्श थे। ऋग्वैदिक ऋषियों के विचार पूर्णतया आशावादी थे जिसमें निराशावाद की कोई झलक नहीं मिलती।

उत्तरवैदिक कालीन संस्कृति

उत्तरवैदिक काल का इतिहास हमें ऋग्वेद के आधार पर ही विकसित संहिता ग्रन्थ, ब्राह्मण ग्रंथ, आरण्यक एवं उपनिषदों से ज्ञात होता है जिसका समय लगभग 1000 ई० पू० से 600 ई० पू० के बीच रखा जाता है। संहिताओं में यजुर्वेद, सामवेद एवं अथर्ववेद के नाम उल्लेखनीय हैं। ब्राह्मण गद्य रूप में आर्यों के प्राचीनतम ग्रन्थ हैं जिनमें कर्मकाण्डों के महत्त्व को स्पष्ट किया गया है। ब्राह्मणों के अन्तिम भाग 'आरण्यक' हैं जिनमें दार्शनिक एवं रहस्यात्मक विषयों का वर्णन किया गया है। आरण्यकों में ऐतरेय, कौषीतकी तथा तैत्तिरीय प्रमुख हैं। आरण्यकों की दार्शनिक परम्परा की परिणति उपनिषदों में होती है जो वैदिक साहित्य का अन्तिम चरण है। ब्राह्मण ग्रन्थों में कर्मकाण्डीय पक्ष का जबकि उपनिषदों में दार्शनिक पक्ष का गहन विवेचन किया गया है। इसमें वैदिक चिन्तन का चरम विकास है इसी कारण इसे 'वेदान्त' भी कहा गया है। ईश, केन, कठ, प्रश्न, मुण्डक, माण्डूक्य, छांदोग्य, वृहदारण्यक आदि प्रमुख उपनिषद् हैं।

राजनीतिक संगठन

उत्तरवैदिक काल में अनु, दुह्य, तुर्वस, क्रिवि, पुरु तथा भरत आदि जनों का लोप हो गया और उनके स्थान पर विशाल राज्यों कुरु एवं पांचाल आदि की स्थापना हुई। विशाल राज्यों की स्थापना के साथ ही इस युग में राजा के अधिकारों में भी वृद्धि हुई। अब वह विस्तृत भूभाग का एकछत्र शासक होता था। अब राजा सामान्य उपाधियों के स्थान पर राजाधिराज, सम्राट, एकराट जैसी विशाल उपाधियाँ धारण करने लगा। राजसूय एवं अश्वमेध जैसे विशाल यज्ञों का अनुष्ठान कर सम्राट अपनी

शक्ति का प्रदर्शन करते थे। राजा देवता का प्रतीक समझा जाने लगा। अथर्ववेद में परीक्षित को 'मृत्युलोक का देवता' बताया गया है। सिद्धान्ततः वह निरंकुश शासक होता था। सभा और समिति नामक संस्थाएँ राजा की निरंकुशता पर रोक लगाती थीं। राजा के निर्वाचन में भी जनता का हाथ होता था। राजा को मुख्य तौर पर सैनिक एवं न्याय सम्बन्धी कार्य करने होते थे। युद्ध में वह सेना का संचालन करता था तथा शान्ति के समय प्रजा की शत्रुओं से रक्षा करता था।

यजुर्वेद संहिता एवं ब्राह्मण ग्रन्थों में राज्य के कुछ उच्च पदाधिकारियों 'रत्नी' का उल्लेख है। ये रत्नी राजपरिषद के सदस्य होते थे। रत्नियों की सूची में राजा के सम्बन्धी, मन्त्री, विभागाध्यक्ष एवं दरबारीगण आते थे। पुरोहित, सेनानी (सेनापति), सूत (रथ सेना का नायक), ग्रामणी (गाँव का मुखिया), संग्रहीता (कोषाध्यक्ष), भागधुक (अर्थ मन्त्री), क्षता (दौवारिक), अक्षावाप (आय-व्यय गणनाध्यक्ष), पालागल (विदूषक) आदि शामिल थे। वाजपेय यज्ञ के समय राजा स्वयं रत्नियों के घर जाकर उन्हें 'रत्न-बलि' प्रदान करता था।

उत्तर वैदिक युग में सभा एवं समिति के अधिकारों में पर्याप्त वृद्धि हो गयी। अथर्ववेद में सभा एवं समिति को 'प्रजापति की दो पुत्रियाँ' कहा गया है। दोनों संस्थाओं के स्वरूप के विषय में विवाद है। सभा एक संसद के रूप में कार्य करती थी तथा वाद-विवाद एवं चर्चा द्वारा राजकाज निपटाती थी। सभा का प्रधान सभापति होता था। उसके रक्षकों को सभापाल और उसके सदस्यों को 'सभेय', 'सभासद' या 'सभासीन' कहा जाता था। ऐसा प्रतीत होता है कि सभा न्यायालय की तरह कार्य करती थी। समिति जनता की एक बड़ी सामान्य सभा होती थी। इसीलिए समिति का विश (जनसाधारण) की आवाज अभिव्यक्त करने वाली संस्था कहा गया है। सभा, समिति के अतिरिक्त 'विदध' नामक संस्था का भी उल्लेख मिलता है। अल्तेकर महोदय इसे विद्वत परिषद बताते हैं जहाँ धार्मिक एवं दार्शनिक प्रश्नों पर विचार-विमर्श होता था। आर० एस० शर्मा महोदय इसे आर्यों की प्राचीनतम जनसभा मानते हैं जो सभी प्रकार के कार्यों आर्थिक सामाजिक धार्मिक, सैनिक आदि को सम्पन्न करती थी।

सामाजिक ज़ीवन—उत्तरवैदिक काल में भी संयुक्त परिवार की प्रथा थी जो पितृसत्तात्मक थी पिता के अधिकार विस्तृत एवं असीमित थे। वह

अपने पुत्रों को बेच सकने, घर से निष्कासित करने आदि विषयों में स्वतन्त्र अधिकार रखता था। वर्णों में क्रमशः कठोरता आने लगी थी। और अब वे जाति में परिणत होने लगी थीं। व्यवसाय परिवर्तन कुछ कठिन हो गया। धार्मिक और सामाजिक क्षेत्र में चारों वर्णों के कर्त्तव्यों, अधिकारों और स्थिति में विभेद किया जाने लगा। शतपथ ब्राह्मण में चारों वर्णों की अन्त्येष्टि के लिए चार प्रकार के टीलों का उल्लेख है। सम्बोधन के ढंग भी अलग-अलग मिलते हैं। ब्राह्मण को एहि (आइए), क्षत्रिय को 'आगहि' (आओ), वैश्य को 'आद्रव' (जल्दी आओ) और शूद्र को 'आधाव' (दौड़कर आओ) कहकर सम्बोधित किये जाने का विधान मिलता है। व्यवसाय आनुवंशिक होने लगे।

इस समय चारों वर्णों के लिए अलग-अलग कर्तव्यों का वर्णन मिलता है। ब्राह्मणों को दान देने वाला, सोमपायी तथा इच्छानुसार भ्रमण करने वाला कहा गया है। क्षत्रिय देश की रक्षा के लिए युद्ध करते तथा प्रजा से कर लेते थे। वैश्य कृषि कार्य एवं उद्योग धन्धों में लगे रहते थे। शूद्र को तीनों वर्णों का सेवक कहा गया है। इस समय सामाजिक प्रतिष्ठा के लिए ब्राह्मणों तथा क्षत्रियों में प्रतिस्पर्धा प्रारम्भ हो गयी। इस काल के कुछ क्षत्रिय शासक अपने ज्ञान के लिए विख्यात थे तथा वे ब्राह्मणों के भी शिक्षक थे।

समाज में स्त्रियों की स्थिति अच्छी थी। बालविवाह नहीं होते थे। बहुविवाह तथा विधवा विवाह प्रचलित थे। स्त्रियों को पर्याप्त शिक्षा दी जाती थी। वे उत्सवों तथा धार्मिक समारोहों में भाग ले सकती थीं किन्तु स्त्रियों की प्रतिष्ठा अब ऋग्वैदिक काल की अपेक्षा कम हो गयी थी। ऐतरेय ब्राह्मण कन्या को चिन्ता कारण बताता है। अथर्ववेद कन्याओं के जन्म की निंदा करता है। मैत्रायणी संहिता में तो स्त्री को द्यूत एवं मदिरा की श्रेणी में रखा गया है।

आर्थिक जीवन—उत्तरवैदिक काल के जीवन का मुख्य आधार भी कृषि एवं पशुपालन ही था। शतपथ ब्राह्मण में कृषि की चारों क्रियाओं—जुताई, बुवाई, कटाई तथा मड़ाई का उल्लेख हुआ है। काठक संहिता में 24 बैलों द्वारा खींचे जाने वाले हल का उल्लेख मिलता है। वाजसनेयी संहिता में कई प्रकार के धान्यों का उल्लेख है। कृषि सम्बन्धी आपदाओं को दूर करने के लिए अनेक प्रकार के मन्त्रों एवं आचारों का विधान मिलता है। इस काल में गाय की पवित्रता में वृद्धि हुई। उत्तर वैदिक काल में ही उत्तर भारत में लोहे का प्रचार-प्रसार हुआ जिसने कृषि उत्पादन के

क्षेत्र में एक महान परिवर्तन उत्पन्न कर दिया।

इस काल के अनेक सन्दर्भों में धनी वणिकों एवं व्यापारियों का उल्लेख मिलता है। ब्याज पर धन देने का पेशा काफी प्रचलित था। तैत्तिरीय संहिता में ऋण के लिए 'कुसीद' शब्द तथा शतपथ ब्राह्मण में उधार देने वाले के लिए 'कुसीदिन' शब्द मिलता है। निष्क, शतमान, कृष्णल, माप की भिन्न इकाइयाँ थीं। सिक्के का नियमित प्रचलन नहीं था। व्यापार जल एवं थल दोनों मार्गों द्वारा होता था।

व्यवसाय अब वंशानुगत होते जा रहे थे वाजसनेयी संहिता तथा तैत्तिरीय ब्राह्मण में इस समय के विभिन्न व्यवसायियों की एक लम्बी सूची मिलती है। स्वर्णकार, रथकार, चर्मकार, जुलाहे, रजक, मछुए, लुहार, नायक, नर्तक, सूत, व्याध, गोप, कुम्भकार, वैद्य, ज्योतिषी, नाई इनमें प्रमुख हैं। इस काल में लोहे के आविष्कार से हम श्याम अयस (लोहा) और लोहित अयस (ताँबा) शब्द का भी उल्लेख पाते हैं। लोहे का इस्तेमाल हथियार बनाने जबकि ताँबे का इस्तेमाल बर्तन बनाने के लिए होता था। सोने तथा चाँदी का उपयोग आभूषण आदि बनाने के लिए किया जाता था।

धर्म तथा दर्शन—उत्तर वैदिक काल में देवताओं का महत्त्व घट गया तथा उसके स्थान पर नये देवताओं की प्रतिष्ठा हुई। ऋग्वैदिक काल के इन्द्र, वरुण, आदि का स्थान अब प्रजापति, रुद्र, विष्णु आदि ने ले लिया। यज्ञीय विधि-विधान विस्तृत एवं जटिल हो गये। यज्ञों में पशुबलि को प्राथमिकता दी जाने लगी। राजसूय, वाजपेय, अश्वमेध जैसे विशाल यज्ञों का अनुष्ठान किया जाने लगा। प्रेतात्माओं, जादू-टोने, इन्द्रजाल, वशीकरण आदि में लोगों का विश्वास दृढ़ हो गया। इन अन्धविश्वासों को धर्म में स्थान मिल गया। मूर्तिपूजा का प्रारम्भ इसी काल में हुआ।

ऋग्वैदिक काल के अन्त में जिस एकेश्वरवादी विचारधारा का उदय हुआ वह इस युग के अन्त तक पूर्णता को प्राप्त हुई। इसी समय (600 ई० पू०) उपनिषदों की रचना हुई तथा पुरोहितों के बढ़ते प्रभाव, यज्ञीय कर्मकाण्ड एवं अनुष्ठानों के विरुद्ध सबल प्रतिक्रिया प्रारम्भ हुई। उपनिषदों में स्पष्टतः यज्ञों एवं कर्मकाण्डों की निंदा करते हुए 'ब्रह्म' को एकमात्र सत्ता स्वीकार किया गया। उसे निर्विकार, अद्वैत एवं निरपेक्ष बताया गया जो जगत से परे भी है तथा उसमें व्याप्त भी है। उपनिषदों के अनुसार आत्मसाक्षात्कार ही मोक्ष है जो अज्ञान के नाश से संभव है। उपनिषदों को

विश्व के समस्त आध्यात्मिक चिन्तन में भारत का एक महत्त्वपूर्ण योगदान माना जाता है। प्रख्यात दार्शनिक शोपेनहावर ने उपनिषदों के अनुवाद पढ़ने के बाद लिखा था—प्रत्येक वाक्य से गम्भीर, मौलिक एवं उदात्त विचार अभिव्यक्त होते हैं और वह सम्पूर्ण (साहित्य) उच्च, पवित्र और गम्भीर भावना से ओत-प्रोत है। हम भारतीय परिवेश एवं बंधुत्व से भाव-विभोर हो गये हैं।'

आर्येतर संस्कृति के प्रभाव के फलस्वरूप कायाक्लेश एवं संन्यास मोक्ष प्राप्ति के लिए आवश्यक समझे जाने लगे। ब्राह्मण चिन्तकों ने इसे आश्रम व्यवस्था द्वारा अपनी संस्कृति में स्थान प्रदान किया। प्रारम्भिक उपनिषदों में केवल तीन आश्रमों—ब्रह्मचर्य, गृहस्थ एवं वानप्रस्थ का उल्लेख है। कालांतर में 'संन्यास' नामक चौथा आश्रम इस व्यवस्था का अंग बन गया। प्रत्येक द्विज को इन चारों आश्रमों से होकर जीवनयापन करना आवश्यक हो गया।

धार्मिक आन्दोलन

छठीं शताब्दी ई० पू० का काल भारतीय इतिहास में एक अत्यन्त महत्त्वपूर्ण काल है इस समय में अनेक नवीन एवं महत्त्वपूर्ण विचारधाराओं का आविर्भाव हुआ। नये विचारों तथा दार्शनिक सिद्धान्तों का एक ऐसा अभिप्रेरक वातावरण बन गया जिसके परिणामस्वरूप अनेक धार्मिक पंथों तथा सम्प्रदायों की स्थापना हुई। बौद्ध ग्रन्थों में इनकी संख्या 62 जबकि जैन ग्रन्थों में इनकी संख्या 368 बतायी गयी है। ध्यातव्य है कि यही वह समय है जब पूरे विश्व में धार्मिक एवं दार्शनिक तौर पर उथल-पुथल मची हुई थी तथा अनेक क्रान्तिकारी व्यक्तित्वों के उदय का काल था। इसी समय चीन में कनफ्यूशियस तथा लाओत्से, ईरान में जरथुस्त्र, जूडिया में जेरेमिआ तथा यूनान में पाइथागोरस का आविर्भाव हुआ। इन सबने अपने-अपने देशों में व्याप्त कुरीतियों एवं पाखण्डों का खण्डन करते हुए जनता के समक्ष एक आडम्बर रहित धर्म का विधान प्रस्तुत किया। भारत में महात्मा बुद्ध के उदय के पूर्व समाज में छः आचार्य सर्वाधिक महत्त्वपूर्ण थे—1. निगंठनातपुत्त, 2. पूर कस्सप, 3. मक्खलिपुत्र गोशाल (आजीवक सम्प्रदाय के संस्थापक), 4. अजीतकेस कम्बलिन, 5. पकुधकच्चायन तथा 6. संजय वेलट्ठपुत्त। महाबोधिजातक में इस समय के पाँच प्रमुख दार्शनिक

सम्प्रदायों का उल्लेख मिलता है। 1. अहैतुवाद, 2. पुब्बेकतवाद, 3. उच्छेदवाद, 4. इस्सरकर्णवाद 5. खत्तविज्जवाद निर्ग्रन्थ मतानुयायी बौद्ध धर्म के उद्भव से पहले कम से कम 62 सिद्धांत प्रणालियों की चर्चा करते हैं। सूत्र-कृतांग जैसे जैन धर्मग्रन्थ उनकी संख्या 363 तक बताते हैं। इन अनेकानेक मतों-सम्प्रदायों में महावीर स्वामी एवं गौतम बुद्ध के मत ही चिरस्थायी साबित हुए। ये दोनों मत केवल धार्मिक सम्प्रदाय ही नहीं थे अपितु वे जीवन पद्धतियाँ भी थे जिन्होंने अपने समय की सामाजिक एवं धार्मिक कुरीतियों का खण्डन करते हुए लोक-कल्याण का मार्ग प्रशस्त किया।

जैन-धर्म

जैन धर्म 'जिन' शब्द से बना है जिसका अर्थ है—मनोवेगों पर विजय प्राप्त करने वाला। जैन धर्म में 24 तीर्थंकरों की परम्परा मिलती है जिससे स्पष्ट होता है कि यह धर्म पूर्व ऐतिहासिक है। वैदिक साहित्य में भी जैन तीर्थंकरों का नामोल्लेख प्राप्त होता है। गोविन्दचन्द्र पाण्डे जैन धर्म को अवैदिक श्रमणधारा से उत्पन्न धर्म बताते हैं। डॉ० लल्लन जी गोपाल एवं बी० एन० एस० यादव ने लिखा है कि जैन धर्म अवैदिक श्रमण धारण से उद्भूत हुआ परन्तु वैदिक धारा का भी इसके ऊपर कुछ प्रभाव पड़ा।

तीर्थंकर शब्द 'तीर्थ' से उद्भूत है जिसका अर्थ है—जो मनुष्य को संसार सागर से पार उतारे। 'ऐसे निमित्त को निर्मित करने वाले को तीर्थंकर कहते हैं। ऋग्वेद में उल्लिखित ऋषभदेव जैन धर्म के प्रथम तीर्थंकर थे। इसके पश्चात अजित, संभव, अभिनंदन, सुमति, पद्मप्रभ या पद्मनाथ, सुपार्श्व, चन्द्रप्रभ, सुविधि अथवा पुष्पदन्त, शीतल, श्रेयांस, वासुपूज्य, विमल, धर्म, शांति, कुन्थ, अर, मल्लि, मुनि सुव्रत, नेमि, अरिष्टनेमि, पार्श्वनाथ और महावीर। महावीर स्वामी जैन धर्म के 24वें एवं अन्तिम तीर्थंकर थे।

महावीर स्वामी : जीवन वृत्त

महावीर स्वामी का जन्म 540 ई० पू० में वैशाली के निकट कुण्डग्राम में हुआ था। इनके पिता सिद्धार्थ ज्ञातृक क्षत्रियों के संघ के

मुखिया थे। इनकी माता त्रिशला अथवा विदेहदत्ता वैशाली के लिच्छवि कुल के प्रमुख चेटक की बहन थीं। महावीर के बचपन का नाम वर्द्धमान था। युवावस्था में इनका विवाह कुण्डिन्य गोत्र की कन्या यशोदा से हो गया। महावीर की एक पुत्री भी थी जिसका नाम अणोज्जा (प्रियदर्शना) था।

वर्द्धमान ने तीस वर्ष की उम्र तक सुखी गृहस्थ का जीवन व्यतीत किया। माता-पिता की मृत्यु के पश्चात् उन्होंने बड़े भाई नन्दिवर्द्धन की आज्ञा लेकर घर त्याग दिया। बारह वर्षों की कठोर साधना के पश्चात् जृम्भिक ग्राम के समीप ऋजुपालिका नदी के तट पर एक साल वृक्ष के नीचे उन्हें कैवल्य (ज्ञान) प्राप्त हुआ। ज्ञान प्राप्ति के पश्चात् वे 'केवलिन', 'जिन' (विजेता), अर्हत (योग्य) तथा निर्ग्रन्थ (बंधन रहित), कहे गये। अपनी साधना में अटल रहने तथा अतुल पराक्रम दिखाने के कारण उन्हें 'महावीर' नाम से सम्बोधित किया गया।

कैवल्य प्राप्ति के बाद महावीर ने अपने सिद्धान्तों का प्रचार-प्रसार प्रारम्भ किया। वैशाली का लिच्छवि सरदार चेटक उनका मामा था जिसने जैन धर्म के प्रचार में प्रमुख भूमिका निभायी। चूँकि सौवर, अंग, अवंति, वत्स, तथा मगध राज्य के साथ चेटक का वैवाहिक सम्बन्ध था अतः इन सभी राज्यों ने जैन धर्म के प्रसार में अहम् भूमिका निभायी। महावीर स्वामी ने तीस वर्षों तक अपने मत का प्रचार किया। बहत्तर वर्ष की उम्र में 467 ई० पू० में राजगृह के समीप स्थित पावा नामक स्थान पर इन्होंने अपना शरीर त्याग दिया।

जैन धर्म के सिद्धान्त

महावीर स्वामी ने अपने पूर्ववर्ती तीर्थंकरों से आध्यात्मवाद के सिद्धान्त को ग्रहण किया। किन्तु दो बातों में इनका अपने पूर्ववर्ती तीर्थंकर पार्श्वनाथ से मतभेद था। पार्श्वनाथ ने भिक्षुओं के लिए केवल 4 व्रतों का विधान किया था—अहिंसा, सत्य, अस्तेय (चोरी न करना) तथा अपरिग्रह (धन संचय का त्याग)। परन्तु महावीर ने उसमें पाँचवाँ व्रत ब्रह्मचर्य भी जोड़ दिया। एक अन्य मतभेद यह था कि पार्श्वनाथ ने भिक्षुओं को वस्त्र धारण करने की अनुमति प्रदान की जबकि महावीर ने उन्हें नग्न रहने का उपदेश दिया।

पंचमहाव्रत

जैन धर्म में भिक्षुओं के लिए पंचमहाव्रत अथवा पंच अणुव्रत की साधना का विशेष महत्त्व है। अहिंसा, सत्य, अस्तेय, अपरिग्रह तथा ब्रह्मचर्य में पंचमहाव्रत हैं।

1. अहिंसा—जैन धर्म में अहिंसा को परम धर्म माना गया है जिसमें सभी प्रकार की अंहिसा पर बल दिया गया है। मन, वाणी तथा कर्म से जीव को चोट न पहुँचाना ही अहिंसा है। जीवों के प्रति दयापूर्ण व्यवहार ही अहिंसा है। इसके लिए जैन धर्म में पाँच मर्यादाओं के पालन को आवश्यक बताया गया है।

(i) ईर्या समिति—संयम से इस प्रकार चलना कि कीट-पतंग जैसे जीव की भी हिंसा न हो सके।

(ii) भाषा समिति—संयम से बोलना ताकि कटुवचन से किसी को कष्ट न पहुँचे।

(iii) एषणा समिति—संयम से खान-पान करना।

(iv) आदान-निक्षेप समिति—संयम से किसी भी वस्तु का प्रयोग करना।

(v) व्युत्सर्ग समिति—मलमूत्र का त्याग करते समय गन्दगी न फैलाना।

2. सत्य—हमेशा मिथ्या वचन से बचते हुए मधुर किन्तु सत्य बोलना। इसके लिए सोच-विचार कर बोलने, क्रोध आने पर शांत रहने, लोभ होने पर मौन रहने, हँसी में भी झूठ नहीं बोलने तथा भय होने पर भी झूठ न बोलने पर बल दिया गया है।

3. अस्तेय—अस्तेय का अर्थ है चोरी न करना। जैन धर्म के अनुसार बिना किसी की अनुमति के किसी की कोई वस्तु न लेना, बिना आज्ञा किसी के घर में प्रवेश न करना, गुरु की आज्ञा के बिना भिक्षान्न को ग्रहण न करना, बिना आज्ञा किसी के घर में निवास न करना, निवास करने की स्थिति में बिना गृहस्वामी की अनुमति के किसी वस्तु का उपयोग न करना अस्तेय के अन्तर्गत आता है।

4. अपरिग्रह—अपरिग्रह का अर्थ है—जरूरत से अधिक वस्तुओं का संग्रह न करना। क्योंकि संपत्ति से मोह-माया और आसक्ति का जन्म होता है।

5. ब्रह्मचर्य—मन, वचन तथा कर्म के साथ इन्द्रिय निग्रह करना ही ब्रह्मचर्य है।

गृहस्थ लोगों के लिए उपर्युक्त व्रतों को सरल ढंग से पालन करने का विधान किया गया। अतः गृहस्थ जीवन के सम्बन्ध में इसे 'अणुव्रत' कहा गया है जिसमें अतिवादिता नहीं है।

गुणव्रत

पाँच अणुव्रतों के अतिरिक्त गृहस्थ लोगों के लिए समय-समय पर अधिक कठोर व्रतों का पालन करना उपयोगी है। ये कठोर व्रत गुणव्रत कहे जाते हैं जो तीन हैं।

1. दिग्व्रत—दिशाओं में भ्रमण करते समय मर्यादाओं के अनुपालन का ध्यान रखना।

2. अनर्थ दण्डवत—ऐसे कार्यों से बचना जिससे अपना कोई सम्बन्ध न हो।

3. भोगोपभोग परिमाप—भोग्य पदार्थों की परिमाप-सीमा तय करना।

धर्म लक्षण

जैन धर्म में धर्म के (निम्नलिखित) दस लक्षण कहे गये हैं—क्षमा, मार्दन (अहंकार का अभाव), मार्जव (सरलता एवं कुटिलता का अभाव), सत्य, सोच, (सांसारिक बंधनों से आत्मा को मुक्त रखने की सोच), संयम, तप, अकिंचन (आत्मा के स्वाभाविक गुणों में आस्थावान होना), ब्रह्मचर्य, त्याग।

स्यादवाद अथवा सप्तभंगीनय का सिद्धान्त—महावीर स्वामी ने आत्मवादियों एवं नास्तिकों के एकान्तिक मतों को छोड़कर बीच का रास्ता अपनाया जिसे अनेकांतवाद, स्यादवाद या सप्तभंगनीय भी कहा जाता है। इसके अनुसार सांसारिक वस्तुओं के विषय में हमारे सभी निर्णय सीमित होते हैं। न तो हम किसी को पूर्णतया स्वीकार कर सकते हैं न ही अस्वीकार। ये दोनों अतियाँ हैं। अतः हमें प्रत्येक निर्णय के पूर्व स्याद् (शायद) लगाना चाहिए। इसके सात प्रकार हैं—

1. स्यात् अस्ति—शायद यह वस्तु है।
2. स्यात् नास्ति—शायद यह नहीं है।

3. स्यात् अस्ति च नास्ति—शायद यह है भी और नहीं भी।

4. स्यात् अव्यक्तम्—शायद यह अव्यक्त है।

5. स्यात् अस्ति अव्यक्तम्—शायद यह है तथा अव्यक्त है।

6. स्यात् नास्ति अव्यक्तम्—शायद यह नहीं है और अव्यक्त है।

7. स्यात् अस्ति च नास्ति च अव्यक्तम्—शायद यह है, नहीं है और अव्यक्त है।

जैन दर्शन के अनुसार समस्त विश्व जीव तथा अजीव नामक दो नित्य एवं स्वतन्त्र तत्त्वों से मिलकर बना है। जीव चेतन तत्त्व है जबकि अजीव अचेतन जड़ तत्त्व। सृष्टि के कण-कण में जीव का वास मानकर जैनियों ने अहिंसा पर विशेष बल दिया। अजीव का विभाजन 5 भागों—पुद्गल (Matter) काल, आकाश, धर्म तथा अधर्म में किया गया है। यहाँ धर्म तथा अधर्म गति तथा स्थिति के सूचक हैं। पुद्गल से तात्पर्य उस तत्त्व से है जिसका संयोग तथा विभाजन किया जा सके। इसका सबसे छोटा भाग 'अणु' कहा जाता है। स्पर्श, रस, गन्ध तथा वर्ण—ये पुद्गल के गुण हैं जो समस्त पदार्थों में दिखायी देते हैं।

महावीर स्वामी पुनर्जन्म एवं कर्मवाद में विश्वास करते हुए भी ईश्वर के अस्तित्व में विश्वास नहीं करते। जीवन का चरम लक्ष्य कैवल्य (मोक्ष) की प्राप्ति है। जीव अपने शुद्ध रूप में चैतन्य एवं प्रकाशमान है तथा वह अन्य वस्तुओं को भी प्रकाशित करता है। कर्म बन्धन का कारण है जो जीव में प्रवेश कर उसे नीचे संसार की ओर खींच लाता है। क्रोध, लोभ, मान, माया आदि कुप्रवृत्तियाँ अज्ञान के कारण उत्पन्न होती हैं। जिससे जीव कर्म की ओर आकर्षित होने लगता है। इसे 'आसव' कहते हैं। कर्म का जीव के साथ संयुक्त हो जाना 'बन्धन' है। प्रत्येक जीव अपने संचित कर्मों के अनुसार ही शरीर धारण करता है। मोक्ष अथवा कैवल्य प्राप्ति के लिए उन्होंने तीन साधन आवश्यक बताये।

1. **सम्यक् दर्शन**—जैन तीर्थंकरों और उनके उपदेशों में दृढ़ विश्वास ही सम्यक् दर्शन है। इसके आठ अंग हैं—संदेह से दूर रहना, सांसारिक सुखों की इच्छा का त्याग, शरीर के मोहराग से दूर रहना, भ्रामक मार्ग पर न चलना, अधूरे विश्वासों से विचलित न होना, सही विश्वासों पर अटल रहना, सबके प्रति प्रेम भाव रखना तथा जैन सिद्धान्तों को सर्वश्रेष्ठ समझना।

2. सम्यक् ज्ञान—जैन धर्म एवं उसके सिद्धान्तों का ज्ञान ही सम्यक ज्ञान है। इसके पाँच प्रकार है—(1) मति—इन्द्रियों द्वारा प्राप्त ज्ञान, (2) श्रुति—सुनकर प्राप्त किया गया ज्ञान, (3) अवधि—कहीं रखी हुई किसी भी वस्तु का दिव्य अथवा अलौकिक ज्ञान। (4) मनःपर्याय—दूसरे व्यक्तियों के मन की बात जान लेने का ज्ञान (5) कैवल्य—पूर्ण ज्ञान जो केवल तीर्थंकरों को ही प्राप्त है।

3. सम्यक् चरित्र—मन, वचन, कर्म से अपनी इंद्रियों एवं वासनाओं पर पूर्ण नियन्त्रण करना ही सम्यक चरित्र है। इस हेतु भिक्षुओं के लिए पाँच महाव्रत जबकि गृहस्थों के लिए पाँच अणुव्रत बताये गये हैं। साथ ही सदाचरण पर विशेष बल दिया गया है।

सम्यक् दर्शन, सम्यक ज्ञान तथा सम्यक चरित्र को त्रिरत्न की संज्ञा दी जाती है। इसके अनुसरण से कर्मों का जीव की ओर बहाव रुक जाता है जिसे 'संवर' कहते हैं। इसके बाद पहले से जीव में व्याप्त कर्म समाप्त होने लगते हैं जिसे 'निर्जरा' कहा गया है। जब जीव से कर्म का अवशेष बिल्कुल समाप्त हो जाता है तब वह 'मोक्ष' प्राप्त कर लेता है। मोक्ष के पश्चात् जीव आवागमन के चक्र से छुटकारा पा जाता है और वह अनन्त ज्ञान, अनन्त दर्शन, अनन्त वीर्य तथा अनन्त सुख नामक 'अनन्त चतुष्टय' की प्राप्ति कर लेता है।

जैन धर्म के सम्प्रदाय—महावीर के निधन के लगभग 200 वर्ष पश्चात् मगध में एक भीषण अकाल पड़ा। उस समय चन्द्रगुप्त मौर्य वहाँ का राजा था और थेर भद्रबाहु जैन समुदाय का प्रधान था। ये दोनों अपने अनुयायियों के साथ कर्नाटक चले गये। किन्तु कुछ अनुयायी स्थूलभद्र के साथ मगध में ही रुक गये। भद्रबाहु के वापस मगध लौटने पर वहाँ के साधुओं से उनका गहरा मतभेद हो गया। जिसके परिणामस्वरूप लगभग 300 ई० पू० में जैन मत दो सम्प्रदायों—श्वेताम्बर एवं दिगम्बर में बँट गया। वे जैन साधु जो मगध में रह गये और श्वेत वस्त्र धारण करते थे वे श्वेताम्बर कहलाये जबकि भद्रबाहु और उनके समर्थक जो नग्न रहने में विश्वास करते थे दिगम्बर कहे गये।

श्वेताम्बर एवं दिगम्बर सम्प्रदाय के अनुयायियों में मुख्य अन्तर इस प्रकार है—

1. श्वेताम्बर लोग श्वेत वस्त्र धारण करते हैं और वस्त्र धारण को मोक्ष प्राप्ति में बाधक नहीं समझते जबकि दिगम्बर लोग पूर्णतया नग्न

रहकर तपस्या करते हैं तथा वस्त्र धारण को मोक्ष के मार्ग में बाधक मानते हैं।

2. श्वेताम्बर जैन स्त्रियों को भी इसी जीवन में निर्वाण का अधिकारी मानते हैं परन्तु दिगम्बर मत इसके विरुद्ध है।

3. श्वेताम्बर मतावलम्बी ज्ञान प्राप्ति के बाद भोजन ग्रहण करने में विश्वास रखता है, किंतु दिगम्बरों के अनुसार आदर्श साधु भोजन नहीं ग्रहण करता।

4. श्वेताम्बर मतावलम्बी महावीर स्वामी को गृहस्थ मानते हैं जबकि दिगम्बर जैनी महावीर स्वामी को आजन्म ब्रह्मचारी मानते हैं।

5. श्वेताम्बर सम्प्रदाय के लोग 19वें तीर्थंकर मल्लिनाथ को स्त्री मानते हैं जबकि दिगम्बर लोग उन्हें पुरुष मानते हैं।

6. श्वेताम्बर लोग प्राचीन जैन ग्रन्थों—अंग, उपांग, प्रकीर्णक, वेदसूत्र, मूलसूत्र आदि को प्रामाणिक मानकर उनमें विश्वास करते हैं, जबकि दिगम्बर इसे मान्यता नहीं देते।

कालान्तर में श्वेताम्बर सम्प्रदाय भी तीन उपसम्प्रदायों में बँट गया—

(i) मूर्तिपूजा अथवा मन्दिरगामी (पुजेरा अथवा डेरावाली)

(ii) दुंढिया या विस्तोल (स्थानकवासी या साधुमार्गी)

(iii) तेरापंथी

दिगम्बर सम्प्रदाय भी विभाजन से अछूता न रहा उसमें भी तीन उपसम्प्रदाय हो गये—

(i) बीसपंथी—(सभी जैन देवी-देवताओं के मूर्तिपूजक)

(ii) तेरापंथी—(केवल तीर्थंकरों की मूर्तियों के पूजक)

(iii) तारणपंथी या समैयापंथी—(जो मूर्तिपूजक नहीं थे)

जैन धर्म का प्रचार—मगध तथा उसके समीपवर्ती क्षेत्रों में महावीर के जीवनकाल में ही जैन मत का व्यापक प्रचार हो गया। मगध नरेश अजातशत्रु तथा उसके उत्तराधिकारी उदायिन ने इसके प्रचार-प्रसार में योगदान दिया। नन्द एवं मौर्य सम्राटों के अधीन भी जैन धर्म का विकास होता रहा। कालान्तर में जैन धर्म का केन्द्र मगध से पश्चिम भारत में स्थानान्तरित हो गया। अशोक के पौत्र सम्प्रति के शासन काल मैं उज्जैन

जैन धर्म का प्रमुख केन्द्र बन गया। दूसरा प्रमुख केन्द्र मथुरा में स्थापित हुआ जहाँ से अनेक अभिलेख, प्रतिमाएँ, मन्दिर आदि मिले हैं। राष्ट्रकूट राजाओं के शासनकाल (9वीं शताब्दी में दक्षिण भारत में जैन धर्म का काफी प्रचार-प्रसार हुआ। राजस्थान में यह धर्म 11वीं-12वीं शताब्दी में अधिक लोकप्रिय रहा।

जैन धर्म की देन—साहित्य और कला के क्षेत्र में जैन धर्म की देन महत्त्वपूर्ण है। जैन विद्वानों ने विभिन्न कालों में अपनी कृतियों का माध्यम क्षेत्र की जनभाषा को बनाया और क्षेत्रीय भाषाओं के विकास में महत्त्वपूर्ण भूमिकाएँ निभायीं। प्राकृत, अपभ्रंश, कन्नड़, तमिल, तेलुगू आदि भाषाओं में साहित्य रचना कर इनके सवंर्द्धन में जैन संतों ने अपना विशिष्ट योगदान दिया।

प्राचीन भारतीय कला एवं स्थापत्य के विकास में भी जैनियों का अहम् योगदान है। महाभारत, उड़ीसा, गुजरात, राजस्थान आदि से अनेक जैन मन्दिर, मूर्तियाँ, गुहास्थापत्य आदि के उत्कृष्ट नमूने प्राप्त होते हैं। खजुराहो, सौराष्ट्र, राजस्थान तथा उड़ीसा से अनेक जैन मन्दिर एवं गुफाएँ प्राप्त हुई हैं। खजुराहो में कई तीर्थंकरों पार्श्वनाथ, आदिनाथ के मन्दिर हैं। राजस्थान के आबू पर्वत पर स्थित जैन मन्दिर कला की दृष्टि से अनुपम हैं। कर्नाटक के श्रवणबेलगोला में भी कई मन्दिर प्राप्त होते हैं।

जैन धर्म के पतन के कारण—यद्यपि महावीर स्वामी के काल में जैन धर्म बहुत फला-फूला और उनकी मृत्यु के कुछ सौ वर्षों बाद तक इसका कई क्षेत्रों में प्रसार हुआ तथापि कुछ कारणवश जैन धर्म अपने समकालीन अन्य धर्मों की तरह प्रसार नहीं कर पाया। जैन धर्म के पतन के लिए उत्तरदायी कारण निम्नवत हैं—

1. जैन दर्शन की दुरूहता
2. अहिंसा का अव्यावहारिक रूप
3. कठोर तपस्यापूर्ण जीवन पर बल
4. जैन धर्म के अंदर वर्णगत एवं जातिगत भेदभाव की प्रवृत्ति का उदय
5. राजकीय आश्रय का अभाव
6. उत्साही प्रचारकों का अभाव

7. ब्राह्मण धर्म का पुनरुत्थान

8. जैन संघ का त्रुटिपूर्ण संगठन

9. जैन धर्म में मौलिकता का अभाव

बौद्ध धर्म एवं संस्कृति

बौद्ध मत के प्रतिपादक गौतम बुद्ध का जन्म 563 ई० पू० में बैशाख शुक्ल पूर्णिमा के दिन कपिलवस्तु के निकट लुम्बनी ग्राम में हुआ। इनके पिता शुद्धोधन कपिलवस्तु के शाक्यगण के प्रधान थे। मायादेवी इनकी माता थीं जो कोलिय गणराज्य की कन्या थीं। गौतम के बचपन का नाम सिद्धार्थ था। जन्म के कुछ दिनों बाद ही इनकी माता का निधन हो गया इस स्थिति में इनका पालन-पोषण विमाता प्रजापति गौतमी ने किया। प्रारम्भ से ही ये चिन्तनशील प्रवृत्ति के थे और एकांत में बैठकर वे सुख-दुख एवं जीवन-मरण आदि समस्याओं पर गंभीरतापूर्वक विचार किया करते थे। पिता ने इन्हें गृहस्थ जीवन की ओर अनुरक्त करने के उद्देश्य से 16 वर्ष की आयु में सुन्दरी यशोधरा के साथ इनका विवाह कर दिया। यशोधरा को विभिन्न ग्रन्थों में यशोधरा, बिम्बा, गोपा, भद्र कच्छना आदि भी कहा गया है। यशोधरा से सिद्धार्थ को एक पुत्र भी हुआ जिसका नाम राहुल रखा गया। परन्तु ये सभी बंधन सिद्धार्थ को बाँध पाने में नाकामयाब रहे। और सत्य एवं ज्ञान की खोज में सिद्धार्थ ने 29 वर्ष की उम्र में गृहत्याग कर संन्यास ग्रहण कर लिया।

कठिन तपस्या में इन गौतम को विहार के गया जिले में नीरंजना नदी तट पर एक पीपल वृक्ष के नीचे 35 वर्ष की आयु में ज्ञान की प्राप्ति हुई। तब से वे बुद्ध, तथागत आदि रूपों में प्रसिद्ध हो गये। अपने सिद्धान्तों के प्रचार हेतु वे वाराणसी के समीप सारनाथ आये। यहाँ ऋषिपत्तन स्थित मृगदाववन में गौतम बुद्ध ने पाँच शिष्यों को अपना पहला उपदेश दिया। इसके पश्चात् उनका समस्त जीवन बौद्ध धर्म के प्रचार-प्रसार में बीता। अन्ततः 80 वर्ष की उम्र में लगभग 483 ई० पू० में पडरौना जनपद के कुशीनगर में इन्होंने महापरिनिर्वाण प्राप्त किया।

बुद्ध की प्रमुख विशेषताएँ—

बुद्ध की शिक्षा का मूलाधार चार आर्यसत्य हैं—

(i) दुःख—अर्थात संसार दुखमय है।

(ii) दुःख समुदाय—अर्थात दुःख के कारण हैं।

(iii) दुःख निरोध—अर्थात दुःख का निवारण किया जा सकता है।

(iv) दुःख निरोध गामिनी-प्रतिपदा—दुःख को रोकने का एक मार्ग है। दुख निवृत्ति के आठ उपाय हैं जिसे अष्टांगिक मार्ग कहा गया। ये इस प्रकार हैं—

1. **सम्यक् दृष्टि**—वस्तु के वास्तविक स्वरूप का ध्यान करना सम्यक् दृष्टि है।

2. **सम्यक् संकल्प**—आसक्ति, द्वेष तथा हिंसा से मुक्त विचार रखना सम्यक् संकल्प है।

3. **सम्यक् वाक्**—अप्रिय वचनों का सर्वथा परित्याग ही सम्यक् वाक् है।

4. **सम्यक् कर्म**—सत कर्मों का अनुसरण ही सम्यक् कर्म है।

5. **सम्यक् आजीव**—सदाचार के नियमों के अनुकूल आजीविका का अनुसरण करना सम्यक् आजीव है।

6. **सम्यक् व्यायाम**—नैतिक, मानसिक एवं आध्यात्मिक उन्नति के लिए सतत प्रयत्न करते रहना सम्यक् व्यायाम है।

7. **सम्यक् स्मृति**—सभी प्रकार की मिथ्या धारणाओं का त्याग कर सच्ची धारणा रखना ही सम्यक् स्मृति है।

8. **सम्यक् समाधि**—चित्त की एकाग्रता सम्यक् समाधि है।

उपर्युक्त अष्टांगिक मार्ग को अपनाने से व्यक्ति के जीवन में तीन अनिवार्य तत्त्व चिन्तन तथा आचरण में स्वतः ही आने लगते हैं। ये तीन तत्त्व हैं—सदाचार (शील), समाधि (चित्तवृत्तियों पर सहज अनुशासन), एवं प्रज्ञा (विवेक)। पहले दो गुणों से तीसरा गुण स्वतः ही प्राप्त हो जाता है, जो निर्वाण या जीवन-मरण के चक्र से मुक्ति पाने का प्रत्यक्ष कारण है। इस प्रकार बुद्ध ने मध्यम मार्ग की वकालत की, जिसमें अतियों से बचने की व्यवस्था है।

प्रतीत्यसमुत्पाद—बुद्ध के उपदेशों का सार प्रतीत्यसमुत्पाद है। यह द्वितीय एवं तृतीय आर्य सत्यों में निहित है। 'प्रतीत्य' का अर्थ होता है—किसी वस्तु के होने पर तथा 'समुत्पाद' का अर्थ होता है—किसी अन्य

वस्तु की उत्पत्ति। इस प्रकार प्रतीत्यसमुत्पाद का सिद्धान्त हमें हर घटना के मूल में विद्यमान अनिवार्य कार्य-कारण सम्बन्धों की याद दिलाता है। बुद्ध के अनुसार संसार की प्रत्येक वस्तु सापेक्ष्य होने के कारण न तो पूरी तरह सत्य है और न ही पूरी तरह असत्य। पूर्ण सत्य इसलिए नहीं है कि यह जरामरण के अधीन है और पूर्ण असत्य इसलिए नहीं कि इसका अस्तित्व दिखायी पड़ता है। इस प्रकार सभी दृश्यमान वस्तुएँ वास्तविकता और शून्य के बीच स्थित है। इस प्रकार बुद्ध अपने मत को 'मध्यम मार्ग' की संज्ञा देते हैं। यह दोनों अतिवादी विचारधाराओं-शाश्वतवाद और उच्छेदवाद का निषेध करता है।

कर्मवाद का सिद्धान्त—बुद्ध के कर्मवाद के सिद्धान्त के अनुसार मनुष्य का वर्तमान जीवन उसकी पूर्ववर्ती जीवनावस्था का प्रतिफल है और वर्तमान जीवन के आधार पर ही भविष्य का जीवन निर्मित होगा।

क्षणिकवाद का सिद्धान्त—कोई भी वस्तु बिना कारण के उत्पन्न नहीं हो सकती। अतः कारण के नष्ट हो जाने पर उस वस्तु का नष्ट हो जाना भी निश्चित है। कारण अनुसार उत्पन्न वस्तुएँ कारण के समाप्त हो जाने पर नष्ट हो जाती हैं। अतः वे अनित्य हैं। इस प्रकार कोई भी वस्तु शाश्वत नहीं है। संसार की सभी वस्तुएँ हर क्षण बदलती रहती हैं तथा किसी भी वस्तु से प्रत्येक क्षण में एक ही परिणाम की प्रत्याशा नहीं की जा सकती। अतः प्रत्येक वस्तु की सत्ता क्षणिक ही कही जा सकती है शाश्वत नहीं। यही बुद्ध द्वारा प्रतिपादित क्षणिकवाद का सिद्धान्त है।

अनात्मवाद—प्रतीत्यसमुदत्पाद सिद्धान्त के अनुसार परिवर्तनशील दृष्ट धर्मों में किसी स्थायी अदृष्ट द्रव्य की सत्ता को अस्वीकार किया है। उनके अनुसार शरीर नष्ट हो जाने पर अदृष्ट द्रव्य-आत्मा का भी विनाश हो जाता है। यही कारण है कि बुद्ध आत्मा को नहीं मानते थे। बौद्ध धर्म में आत्मा की उपमा उस दीप-शिखा से की गयी है, जो तभी तक रहती है जब तक दीपक जलता रहता है। बुद्ध के अनुसार आत्मा को नित्य तथा अमर समझने से उसमें आसक्ति बढ़ती है और दुःख पैदा होता है। बुद्ध आत्मा और ईश्वर की सत्ता के विवाद से अपने को परे रखना चाहते थे इसलिए इन सत्ताओं पर उन्होंने अपना स्पष्ट मत व्यक्त नहीं किया।

द्वादश निदान—प्रतीत्यसमुत्पाद के आधार पर दुःख के मूल हेतु की खोज करते हुए बुद्ध ने द्वादश निदान की व्याख्या की जो इस प्रकार है— 1. अविद्या, 2. संस्कार, 3. विज्ञान, 4. नामरूप, 5. षडायतन, 6.

स्पर्श, 7. वेदना, 8. तृष्णा, 9. उपादान, 10. भव, 11. जाति, 12. जरा-मरण। ये द्वादश निदान हमारे पिछले, वर्तमान एवं भावी जीवन में व्याप्त हैं। हमें अपने कर्मफलों के कारण ही एक जीवन से दूसरे जीवन को धारण कर बराबर भटकना पड़ता है।

निर्वाण—निःशेषता ही निर्वाण है। निर्वाण की अवस्था आने पर मनुष्य की सारी तृष्णाएँ। नष्ट हो जाती हैं। वासना रहित मनुष्य निःशेष होकर जीवनमुक्ति की अवस्था प्राप्त कर लेता है। निर्वाण जीवन की पूर्णता है, जिसमें तृष्णा का पूर्ण क्षय हो जाता है।

संघ अथवा त्रिरत्न—गौतम बुद्ध ने अपने अनुयायी भिक्षुओं का संगठन भिक्षु संघ के रूप में किया। यह एक प्रकार का धार्मिक गणतन्त्र था। बुद्ध ने भिक्षुओं के अनुशासन के लिए कुछ नियमों का विधान किया। ये भिक्षु विहारों में रहते थे और घूम-घूम कर धर्मोपदेश देते थे। बुद्ध, धम्म एवं संघ बौद्ध धर्म के त्रिरत्न हैं। त्रिरत्न वंदना में बुद्धं शरणं गच्छामि, धम्मं शरणं गच्छामि, संघं शरणं गच्छामि वाक्यों का उच्चारण करना अनिवार्य माना जाता था।

बौद्ध संगीतियाँ—बौद्ध धर्म के विकास में बौद्ध संगीतियों का महत्त्वपूर्ण योगदान है। इस क्रम में कुल 4 बौद्ध संगीतियाँ आयोजित की गयीं। पहली बौद्ध संगीति बुद्ध के महापरिनिर्वाण के कुछ ही समय बाद 487 ई० पू० में मगध की राजधानी राजगृह में महाराज अजातशत्रु की देखरेख में आयोजित हुई। इसकी अध्यक्षता महाकस्सप ने की। इस संगीति में विनय-पिटक और सुत्त-पिटक का सम्पादन किया गया।

द्वितीय बौद्ध संगीति 387 ई० पू० में वैशाली में आयोजित हुई। इसमें बौद्ध संघ में विभेद उत्पन्न हो गया। भेद का कारण मुख्यतः विनय के 10 नियम थे। जिस सम्प्रदाय ने प्राचीन नियमों को अपनाया वह 'स्थविरवादी सम्प्रदाय' कहलाया और जिसने नये नियमों को अपनाया वह 'महासांघिक' कहलाया।

तृतीय बौद्ध संगीति लगभग 251 ई० पू० में सम्राट अशोक के काल में पाटलिपुत्र में आयोजित की गयी। इस संगीति की अध्यक्षता मोग्गलिपुत्त तिस्स ने किया। इसमें अभिधम्म पिटक को सम्पादित किया गया। इसमें स्थविरवादियों का प्रभाव अधिक था।

चौथी बौद्ध संगीति प्रथम शताब्दी में कनिष्क के राज्यकाल में कश्मीर में आयोजित की गयी। इसकी अध्यक्षता अश्वघोष ने की। इस संगीति में विभाषा नाम से पूर्व सम्पादित तीन पिटक ग्रन्थों की टीका भी तैयार की गयी। इसके परिणामस्वरूप बौद्ध धर्म में महायान नामक एक सर्वथा नवीन शाखा का जन्म हुआ जो तत्कालीन विचारधाराओं को अपने में समाहित करने में समर्थ थी। महायान के उदय के पूर्व प्रचलित बौद्ध शाखा को 'हीनयान' कहा गया।

बौद्ध धर्म के सम्प्रदाय—प्रथम शताब्दी में बौद्ध धर्म स्पष्ट तौर पर दो सम्प्रदायों में विभाजित हो गया— (i) हीनयान तथा (ii) महायान। जो लोग बौद्ध धर्म के प्राचीन आदर्शों एवं स्वरूप में कोई फेरबदल नहीं करना चाहते थे। ऐसे लोगों का सम्प्रदाय 'हीनयान' कहा गया। हीनयान का शाब्दिक अर्थ है—'निम्न मार्ग'। बौद्ध धर्म का सुधारवादी सम्प्रदाय 'महायान' कहा गया। महायान का अर्थ है—'उत्कृष्ट मार्ग'। यह मार्ग सर्वसाधारण के लिए सुलभ था। अब बुद्ध की मूर्ति रूप में पूजा होने लगी। दोनों सम्प्रदायों में मुख्य अन्तर इस प्रकार है—

1. हीनयान में महात्मा बुद्ध को एक महापुरुष माना गया ज़बकि महायान में एक देवता मानकर उनकी पूजा की जाने लगी। इसी के साथ अनेक बोधिसत्वों की भी पूजा प्रारम्भ हुई। निर्वाण (मोक्ष) प्राप्त करने के पश्चात् भी मानव जाति को उनके दुखों से छुटकारा दिलाने के लिए प्रयत्नशील रहने वाले लोगों को बोधिसत्व कहा गया। बोधिसत्व को दस आदर्शों को प्राप्त करने का आदेश दिया गया जिन्हें 'पारमिता' कहा गया ये हैं—दान, शील, सहनशीलता, वीर्य, ध्यान, प्रज्ञा, उपाय, प्राणिधान, बल तथा ज्ञान। इन्हें 'दसशील' भी कहा जाता है।

2. हीनयान व्यक्तिवादी धर्म है जिसमें प्रत्येक व्यक्ति को अपने प्रयत्नों से ही मोक्ष प्राप्त करना है जबकि महायान का उद्देश्य समस्त मानव जाति का कल्याण है।

3. हीनयान मूर्ति पूजा एवं भक्ति में विश्वास नहीं करता जबकि महायान मूर्ति पूजा में विश्वास के साथ-साथ मोक्ष के लिए बुद्ध की कृपा को आवश्यक मानता है।

4. हीनयान की साधना पद्धति अत्यन्त कठोर है और वह भिक्षु जीवन का हिमायती है जबकि महायान के सिद्धान्त सरल एवं सर्वसाधारण के

लिए सुलभ है। यह मुख्य रूप से गृहस्थ धर्म है जिसमें भिक्षुओं के साथ-साथ सामान्य उपासकों को भी महत्त्व दिया गया है।

5. हीनयान का आदर्श 'अर्हत' पद प्राप्त करना है। जो अपनी साधना से निर्वाण प्राप्त करते हैं, उन्हें अर्हत कहा जाता है। निर्वाण के बाद इनका पुनर्जन्म नहीं होता। महायान का आदर्श 'बोधिसत्व' है। बोधिसत्व मोक्ष प्राप्ति के पश्चात भी दूसरे प्राणियों की मुक्ति का निरन्तर प्रयास करते रहते हैं।

कालान्तर में हीनयान एवं महायान दोनों में दो-दो सम्प्रदाय बन गये। हीनयान के प्रमुख सम्प्रदाय हैं—शून्यवाद (माध्यमिक) और विज्ञानवाद (योगाचार)।

वज्रयान—पाँचवीं-छठीं शताब्दी से बौद्ध धर्म के ऊपर तन्त्र-मन्त्रों का प्रभाव बढ़ने लगा जिसके परिणामस्वरूप वज्रयान नामक नया सम्प्रदाय अस्तित्व में आया। इसमें मन्त्रों तथा तान्त्रिक क्रियाओं द्वारा मोक्ष प्राप्ति का विधान है। इस सम्प्रदाय के लोग मद्य, माँस, मैथुन, मुद्रा, मत्स्य जैसे पंच मकारों वाली वाममार्गी साधना में विश्वास करने लगे। वज्र से तात्पर्य है—मूल धर्म, जो परम सम्बोधि तथा परम सत्य है उसे जीवन में पूर्णतया प्राप्त करने के लिए तन्त्र साधना को आवश्यक समझा जाने लगा। कालान्तर में वज्रयान-तन्त्रयान में भ्रष्टाचार को बढ़ावा मिला जिससे भारत में बौद्ध धर्म अपने पतन की ओर बढ़ चला।

बौद्ध धर्म के पतन के कारण—गौतम बुद्ध ने एक अवसर पर कहा था 'जिस प्रकार जन्म का कारण होता है उसी प्रकार मृत्यु का भी कारण होता है। सत कर्मों द्वारा ही कारणों का मूलोच्छेद किया जा सकता है।' तथागत की यह उक्ति स्वयं बौद्ध धर्म के उत्थान एवं पतन पर लागू होती है। जिस मार्ग पर चलने से बौद्ध धर्म ने अपनी विशिष्ट पहचान बनायी, उसी मार्ग से भ्रष्ट हो जाने पर बौद्ध धर्म अपने पतन की ओर अग्रसर हो चला। बौद्ध धर्म के पतन के लिए उत्तरदायी कारण इस प्रकार थे।

1. राज्याश्रय की समाप्ति
2. हिन्दू धर्म का पुनरुत्थान एवं एकीकरण
3. बौद्ध धर्म की संघीय व्यवस्था का विकारग्रस्त होना
4. भिक्षुओं के आचरण की पथभ्रष्टता

5. बौद्ध धर्म में दोषों का प्रवेश

6. बौद्ध धर्म में आपसी मतभेद

7. बौद्ध धर्म के अनेक सम्प्रदाय

8. बौद्ध धर्म के सिद्धान्तों में परिवर्तन

9. प्रभावशाली बौद्ध धर्माचार्यों एवं दार्शनिकों का अभाव

10. राजपूतों का अभ्युदय

11. विदेशियों के आक्रमण

बौद्ध धर्म का भारतीय संस्कृति को योगदान—लगभग 2600 वर्ष पहले उद्भूत धर्म तमाम झंझावातों को झेलते हुए आज तक अपना अस्तित्व बनाये हुए है तो यह उसकी विशिष्ट उपलब्धि को ही परिलक्षित करता है। भारतीय संस्कृति पर बौद्ध धर्म के प्रभाव पर समय भी कोई प्रभाव डाल पाने में सफल नहीं हो पाया। बौद्ध धर्म का भारतीय संस्कृति को कुछ प्रमुख योगदान इस प्रकार है—

1. बौद्ध धर्म ने ही पहले-पहल भारतीयों को एक ऐसा सरल तथा आडम्बररहित धर्म प्रदान किया जिसका अनुकरण राजा से लेकर समाज का निम्नतम तबका तक भी कर सकता था। बौद्ध धर्म की एक प्रमुख देन उसकी अहिंसा एवं सहिष्णुता की भावना है जिसका अनुकरण करते हुए अशोक, कनिष्क, हर्ष जैसे शासकों ने सफलतापूर्वक शासन कार्य किया। अशोक ने तो धम्म नीति को अपनाकर समस्त विश्व के समक्ष लोककल्याण का आदर्श प्रस्तुत किया।

2. महात्मा बुद्ध ने अपने मत के प्रचार के लिए जनसाधारण की भाषा प्राकृत को अपनाया। बौद्ध धर्म के उपदेशों तथा सिद्धान्त पाली भाषा में लिखे गये। इस प्रकार बौद्ध धर्म से लोक भाषाओं का काफी प्रचार-प्रसार हुआ साथ ही उनके भाषा एवं साहित्य का चहुँमुखी विकास हुआ।

3. बौद्ध संघों की व्यवस्था जनतन्त्रात्मक प्रणाली पर आधारित थी। इस जनतन्त्रात्मक तत्त्व को बाद में हिन्दू मठों एवं राजशासन में ग्रहण किया गया।

4. बौद्ध धर्म के प्रभाव से ही भारतीय दर्शन में तर्कशास्त्र को बढ़ावा मिला। बौद्ध धर्म में शून्यवाद एवं विज्ञानवाद की जिन दार्शनिक प्रणालियों का उदय हुआ। इसका प्रभाव शंकराचार्य के दर्शन पर पड़ा। इसी कारण

शंकराचार्य को कभी-कभी प्रच्छन्न बौद्ध की संज्ञा भी दी जाती है।

5. बौद्ध धर्म ने जीवन में सदाचार एवं सच्चरित्रता पर विशेष बल दिया। स्वयं गौतम बुद्ध नैतिकता को सर्वोच्च प्राथमिकता देते थे और इसे ज्ञान से भी बढ़कर मानते थे। भारतीय लोगों के जीवन पर बौद्ध धर्म के इस विशिष्ट पहलू का व्यापक प्रभाव आज भी दिखायी पड़ता है।

6. बौद्ध धर्म अपनी उदारता और लचीलेपन की प्रवृत्ति के कारण अन्य देशों में भी प्रचलित प्रसरित हुई। अहिंसा, शान्ति, विश्व-बन्धुत्व, सह अस्तित्व आदि आदर्शों को बौद्ध धर्म ने विश्व भर में फैलाया। इस प्रकार भारत का विश्व के अन्य देशों पर नैतिक आधिपत्य स्थापित हुआ।

7. बौद्ध धर्म के माध्यम से भारत का विश्व के विभिन्न देशों के साथ सांस्कृतिक सम्बन्ध स्थापित हुआ। बुद्ध की शिक्षाओं से आकर्षित शक, कुषाण, पार्थियन आदि जातियों ने बौद्ध धर्म को ग्रहण कर लिया। फाह्यान, ह्वेनसांग, इत्सिंग जैसे विदेशी यात्री बौद्ध धर्म के अध्ययन के लिए भारत आये और इसका प्रत्यक्ष ज्ञान प्राप्त किया।

8. बौद्ध धर्म को इस बात का श्रेय है कि उसने धार्मिक संगठन के लिए पहली बार संघों की स्थापना की जिसे कालान्तर में सभी भारतीय धर्मों ने अपना लिया।

9. बौद्ध धर्म ने भारतीय साहित्य को नवजीवन प्रदान किया। बौद्ध साहित्य की जातक कथाएँ एवं उसके त्रिपिटक ग्रन्थ न केवल भारत अपितु विश्व साहित्य की अनमोल धरोहर है। चन्द्रगोविल का 'व्याकरण' तथा अमरसिंह रचित 'अमरकोष' बौद्ध साहित्यिक क्षमता की ही देन है।

10. गौतम बुद्ध ने पहली बार बौद्धिक स्वतन्त्रता पर बल दिया। वे कहा करते थे 'तुम स्वयं के लिए दीपक बनो।' बौद्धिक स्वतन्त्रता की प्राप्ति स्वचिन्तक के जरिये ही होती है। अंधानुकरण का विरोध करके उन्होंने व्यक्तिगत चिन्तन तथा चेतना के विकास को महत्त्व प्रदान किया।

11. बौद्ध धर्म की सर्वाधिक महत्त्वपूर्ण देन भारतीय कला एवं स्थापत्य का विकास है। इस धर्म की प्रेरणा पाकर शासकों एवं श्रद्धालु जनता द्वारा अनेक स्तूप, विहार, चैत्यगृह, गुहाएँ, मूर्तियाँ आदि निर्मित की गयीं, जिन्होंने भारतीय कला को अत्यंत समृद्ध बनाया साँची, सारनाथ, भरहुत आदि के स्तूप, अजन्ता की गुफाएँ और उसकी चित्रकला अनेक स्थानों से प्राप्त बुद्ध एवं बोधिसत्वों की नायाब मूर्तियाँ बौद्ध धर्म की

भारतीय संस्कृति को अनुपम देन है। गान्धार, मथुरा, अमरावती, नासिक, कार्ले, भाजा आदि बौद्ध कला के प्रमुख केन्द्र थे। गान्धार कला के अन्तर्गत ही सर्वप्रथम बुद्ध मूर्तियों का निर्माण किया गया।

इस प्रकार भारतीय संस्कृति बौद्ध धर्म की आभारी है, धर्म, दर्शन, कला, साहित्य हो या जीवन प्रणाली एवं सोच-विचार का ढंग सब पर बौद्ध धर्म का प्रभाव स्पष्ट रूप से दृष्टिगोचर होता है। बौद्ध धर्म को आदर प्रदान करते हुए भारत ने उसके प्रतीक को अपने राजचिह्न के रूप में अपनाया है। भारत की वैदेशिक नीति का प्रमुख आधार पंचशील भी बौद्ध दर्शन से ग्रहण किया गया है। आधिपत्य स्थापना के इस साम्राज्यवादी दौर में भारत आज भी शान्ति एवं सह-अस्तित्व के सिद्धान्तों का पक्षधर बना हुआ है एवं उस मार्ग पर लगातार बढ़ता जा रहा है।

शैव धर्म

हिन्दू त्रिदेववाद के महत्त्वपूर्ण स्थान रखने वाले शिव की पूजा की परम्परा सैन्धव सभ्यता में स्पष्ट रूप से दिखायी पड़ती है। इन्हीं शिव से सम्बन्धित धर्म को 'शैव' धर्म की संज्ञा दी जाती है। ऋग्वेद में रुद्र से सम्बन्धित तीन सूक्त प्राप्य हैं। जिसमें इस नाम को कुल 75 बार दुहराया गया है। ऋग्वेद की देवमंडली में रुद्र का महत्त्व विष्णु से कम दिखायी पड़ता है। अथर्ववेद में उन्हें नीलकण्ठ, लोहितपृष्ठ तथा नीलोदर कहा गया है। यजुर्वेद में रुद्र को नीलग्रीव, पर्वतवासी कृत्तिकावास—ताम्रवर्ण तथा लोहित आदि अभिधानों से सम्बोधित किया गया है।

वाजसनेयी संहिता के शतरुद्रीय मन्त्र में रुद्र को समस्त लोकों का स्वामी बताया गया है। ब्राह्मण ग्रन्थों में रुद्र की गणना सर्वप्रमुख देवता के रूप में की गयी है जिसकी शक्ति से देवता तक डरते थे। इसमें उनके आठ नाम बताये गये हैं—रुद्र, सर्व, उग्र, अशनि, भव, पशुपति, महादेव, ईशान। इनमें से प्रथम चार उनके उग्र रूप जबकि अन्तिम चार मंगलरूप के द्योतक हैं।

उपनिषद काल में रुद्र की प्रतिष्ठा में और अधिक वृद्धि हुई। वस्तुतः यहाँ रुद्र एवं शिव में एकत्व होता दिखायी पड़ता है। श्वेताश्वर उपनिषद एवं अथर्व-शिरस उपनिषदों में शिव के दर्शन का महत्त्व निरूपित किया गया है। तैत्तिरीय संहिता में रुद्र एवं शिव में एकता के अतिरिक्त उन्हें

जीव, जगत् एवं प्रकृति तत्त्वों से उनके गहरे सम्बन्ध को दिखाया गया है। श्वेताश्वर उपनिषद में रुद्र को सर्वश्रेष्ठ देवता मानते हुए कहा गया है, जो अपनी शक्ति से संसार पर शासन करता है, जो प्रलय के समय प्रत्येक वस्तु के सामने विद्यमान रहता है तथा उत्पत्ति के समय जो सभी वस्तुओं का सृजन करता है वह रुद्र है। वह स्वयं अनादि एवं अजन्मा है।

महाकाव्य काल तक शैव धर्म को व्यापक लोकाधार प्राप्त हो गया। अब शिव पूजा का प्रसार दक्षिण भारत के साथ-साथ लंका तक हो गया। रामायण की अपेक्षा महाभारत में शिव को अपेक्षाकृत अधिक महान देवता बताया गया है। महाभारत में विभिन्न स्थानों पर शिव को सर्वदेव, सर्वव्यापी, सर्वशक्तिमान आदि संज्ञा प्रदान की गयी है जिनकी आराधना ब्रह्मा से लेकर पिशाच तक किया करते हैं। अनुशासन पर्व के अनुसार स्वयं कृष्ण ने पुत्र प्राप्ति के निमित्त हिमालय पर्वत पर जाकर शिव की आराधना की थी तथा शिव ने उन्हें मनोवांछित फल प्राप्ति का वरदान दिया था। एक अन्य स्थान पर कृष्ण युधिष्ठिर से कहते हैं कि शिव सभी चल-अचल वस्तुओं के स्रष्टा हैं तथा उनसे बढ़कर कोई दूसरा नहीं है।

पुराणों में भी शिव को प्रधान देवता स्वीकार किया गया है। वायुपुराण में उन्हें देवों में श्रेष्ठतम देव 'महादेव' कहा गया है। स्कंद पुराण में उन्हें परम ईश्वर कहा गया है जो सभी कालों एवं युगों में परमेश्वर रूप में विद्यमान रहते हैं। शिव पुराण के अनुसार शिव ही सत्य, ज्ञान एवं अनन्त रूप हैं। इनके वाम अंग से हरि, दक्षिण अंग से ब्रह्मा तथा हृदय से रुद्र की उत्पत्ति हुई। तत्त्व की दृष्टि से विष्णु एवं शिव में कोई अन्तर नहीं है। मत्स्य, ब्रह्माण्ड तथा वायुपुराण में शिव लिंग की महिमा का विशद वर्णन प्राप्त होता है। लिंग-पूजा की विशेष प्रतिष्ठा मत्स्य पुराण में मिलती है। इसमें त्रिपुर के दग्ध होने के काल में बाणासुर ने शिवलिंग को अपने सिर पर रखकर उसकी गंभीर पूजा-अर्चना की थी।

प्राचीन भारत में शिव के उपासना की पुष्टि अनेक पुरातत्त्विक साक्ष्यों एवं अन्य साहित्यिक ग्रन्थों से भी होती है। प्राचीनतम आहत मुद्राएँ जिनकी प्राचीनता, पाँचवीं-छठीं शताब्दी ई० पू० तक मानी जाती है, के ऊपर प्रायः वृषभ एवं नन्दि पद आदि शिव प्रतीक मिलते हैं। यूनानी राजदूत मेगस्थनीज 'डायनोसस' नाम से शिव पूजा का उल्लेख करता है। अर्थशास्त्र में कहा गया है कि नगर के मध्य में शिव-सदन स्थापित करना चाहिए। पतंजलि के महाभाष्य में रुद्र, गिरीश, महादेव, त्र्यम्बक, भव, सर्व

आदि का उल्लेख मिलता है। शक, पहलव, कुषाण आदि शासकों के सिक्कों पर शिव, वृषभ, त्रिशूल आदि आकृतियाँ मिलने से यह स्पष्ट होता है कि विदेशियों में भी शिव पूजा का प्रचार था।

गुप्तकाल में वैष्णव धर्म के समानान्तर ही शैव धर्म अपना विकास करता रहा उदयगिरि गुहालेख के अनुसार चंद्रगुप्त द्वितीय का प्रधानमन्त्री वीरसेन शैव ने उदयगिरि पहाड़ी पर एक शैव गुफा का निर्माण कराया था। कुमारगुप्त प्रथम के काल में करमदण्डा तथा खोह में शिवलिंगों की स्थापना करायी गयी थी। गुप्तकाल के विख्यात साहित्यकार कालिदास अपनी रचनाओं में शिव की महिमा का गुणगान करते हैं। उज्जैन के महाकाल, काशी के विश्वनाथ तथा गोकर्ण के शिव की महिमा का वर्णन कालिदास ने अपने ग्रंथों में किया है।

गुप्तोत्तर काल में भी शैव धर्म की उन्नति होती रही। महाकवि बाणभट्ट ने हर्षचरित में स्थाणेश्वर नगर के प्रत्येक परिवार में खण्ड परशु (शिव) की पूजा का उल्लेख किया है। चीनी यात्री ह्वेनसांग अपने यात्रावृन्त में लिखता है कि वाराणसी शैव धर्म का प्रमुख केन्द्र था जहाँ उनके एक सौ मन्दिर थे। यहाँ शिव के 10000 भक्त निवास करते थे। बाणभट्ट के उल्लेख के अनुसार हर्ष के समकालीन शासक कामरूप नरेश भास्करवर्मन और गौड़ शासक शशांक भी शिव भक्त थे। बौद्ध धर्म के प्रति अनुराग रखने के बावजूद पाल शासक अपने अभिलेखों में 'ॐ नम शिवाय' मन्त्र का उल्लेख करते हैं जो बंगाल में शैव धर्म की लोकप्रियता को ही रेखांकित करता है।

पूर्वमध्यकालीन राजवंशों गुर्जर-प्रतिहार, चन्देल, चौहान, सेन, कलचुरि चेदि आदि राजवंशों ने शिव को परम आराध्य के रूप में स्वीकार किया था। कलचुरि वंश के अधिकांश नरेशों ने 'परम माहेश्वर' का विरुद धारण कर अपनी शिवभक्ति को उजागर किया। चन्देल तथा परमार नरेशों ने अनेक भव्य शिव मंदिरों एवं मूर्तियों का निर्माण कराया। भोज परमार ने उदयपुर में नीलकंठेश्वर शिव मन्दिर का निर्माण कराकर अपनी शिवभक्ति को प्रदर्शित किया। इसी प्रकार चन्देल नरेशों ने कालिंजर में नीलकंठेश्वर तथा खजुराहो में कन्दरिया महादेव प्रभृति मन्दिरों का निर्माण कराया था।

दक्षिण भारत में भी शैव धर्म व्यापक रूप से पुष्पित-पल्लवित हुआ। चालुक्य, पल्लव, राष्ट्रकूट, चोल, तथा पाण्ड्य आदि के शासनकाल में शैव धर्म का व्यापक प्रचार-प्रसार हुआ। पल्लवकाल में शैव धर्म का

प्रचार-प्रसार नायनारों द्वारा किया गया जिनकी संख्या 63 थी। इनमें अप्पार, तिरुज्ञान, सम्बन्दर, सुन्दरमूर्ति, मणिक्कवाचगर के नाम उल्लेखनीय हैं। इन सन्तों ने अपने भजन कीर्तन, शास्त्रार्थ एवं उपदेशों के माध्यम से तमिल समाज में शिवभक्ति का जोरदार प्रचार-प्रसार किया। तंजौर में चोल नरेश राजराज प्रथम ने 'राज राजेश्वर' शिव मन्दिर; गंगैकोण्डचोलपुरम में राजेन्द्र प्रथम चोल ने वृहदीश्वर मंदिर तथा राष्ट्रकूट नरेशों ने एलोरा में कैलाश नाथ गुहा मन्दिर का निर्माण कराया। इस प्रकार पूर्वमध्यकाल में सम्पूर्ण दक्षिण भारत में भी शैव धर्म विशेष व्यापक एवं लोकप्रिय धर्म बन चुका था।

शैव धर्म के विभिन्न सम्प्रदाय

गुप्तोत्तर काल में शैव धर्म के कतिपय विभिन्न सम्प्रदाय दिखायी पड़ते हैं। इनमें से प्रमुख सम्प्रदाय हैं— (i) शैव सम्प्रदाय (ii) पाशुपत सम्प्रदाय (iii) कापालिक (iv) कालामुख सम्प्रदाय।

शैव सम्प्रदाय—वामन पुराण के अनुसार शैव सम्प्रदाय उत्पत्ति वशिष्ठ के पुत्र शक्ति से बतायी गयी है जो स्वयं शिव के अवतार माने गये हैं। इस संप्रदाय के अनुसार शिव, शक्ति और बिन्दु को त्रिरत्न तथा भक्ति का केन्द्र माना गया है। कर्त्ता शिव हैं, कारण शक्ति है और उपादान बिन्दु है। शिव के मुख्यतया पाँच कार्य हैं—सृष्टि (उद्भव), पालन (स्थिति), संहार (आदान), तिरोभाव (आवरण) और प्रसाद (अनुग्रह)।

शैव मत के 4 पद हैं—विद्या, क्रिया, योग तथा चर्या। शैव मत के तीन पदार्थ हैं—पति, पशु और पाश। पति का तात्पर्य शिव से है जो सबके स्वामी हैं। पशु से तात्पर्य जीवात्मा से है जो सूक्ष्म तथा सीमित शक्ति रखता है। पाश का तात्पर्य बंधन से है जिसके दूर होते ही जीव ज्ञान एवं क्रिया योग से समन्वित होकर मुक्ति प्राप्त कर शिवत्व को प्राप्त कर लेता है। मुक्ति प्राप्त करने के लिए उपासना मार्ग का अनुकरण करना पड़ता है जिससे जीव अन्ततः शिवत्व को प्राप्त कर लेता है।

पाशुपत सम्प्रदाय—शैव मत का सर्वाधिक पुराना सम्प्रदाय है जिसका उल्लेख सर्वप्रथम महाभारत में मिलता है। वायु, लिंग और वामन पुराणों के अनुसार पाशुपत मत का आद्य-प्रवर्तन ब्रह्मचारी, लकुलीन, अथवा लकुलीश से हुआ था जिन्हें शिव का 28वां अवतार माना गया है। इस सम्प्रदाय के लोग हाथ में लगुड (दण्ड) धारण करते हैं जो साक्षात्

शिव का प्रतीक है। कुषाण नरेश हुविष्क के सिक्कों पर इसी हाव-भाव में मुद्रा का निर्माण तत्कालीन समाज में पाशुपात मत की लोकप्रियता को इंगित करता है। वाणभट्ट के अनुसार इस मत के अनुयायी ललाट पर भस्म तथा हाथ में रुद्राक्ष की माला धारण किया करते थे। गुप्त, चाह्मान, कलचुरि तथा चेदि आदि राजवंशों के अभिलेखों में पाशुपत-शैवों एवं उनके द्वारा शिव मन्दिरों की स्थापना का विशद उल्लेख मिलता है।

पाशुपत मत में 5 सिद्धान्तों कार्य, कारण, योग, विधि तथा दुखान्त को स्वीकार किया गया। पाशुपतों की एक और शाखा ग्यारहवीं शताब्दी में प्रमुख बन गयी। इसके अनुयायियों को 'कालमुख' अर्थात कालेमुख वाले कहा जाता था। वे कापालिकों, कनफटों, अघोरियों तथा अन्य वाममार्गी सम्प्रदायों के अग्रदूत हैं। पाशुपत सम्प्रदाय का प्रतिनिधि मन्दिर नेपाल का सुप्रसिद्ध पशुपतिनाथ का मन्दिर है।

कापालिक सम्प्रदाय—कापालिकों के मुख्य आराध्य देव भैरव थे। कापालिकों का चरित्र और स्वभाव अत्यंत भयंकर एवं क्रूर होता है। सिर पर जटा, गले में रुद्राक्ष, शरीर पर श्मशान भस्म, हाथ में नरकपाल धारण करना कापालिकों के प्रधान लक्षण हैं। उनका मत है कि छह मुद्रिकाओं के प्रयोग से भगासन पर बैठकर परमब्रह्म 'आत्मा' का चिन्तन करने से मुक्ति संभव है। उनकी छः मुद्राएँ हैं—कण्णिका, रुचक, कुण्डल, शिखामणि, भस्म और यज्ञोपवीत। कापालिकों का प्रधान केन्द्र श्रीशैल था। कापालिकों की विशद चर्चा शिव पुराण, वामन पुराण एवं तान्त्रिक ग्रन्थों के अतिरिक्त ललित विस्तर, मत्तविलास प्रहसन, मालती माधव, कर्पूरमंजरी, प्रबन्धचन्द्रोदय, रामानुजाचार्य के श्रीभाज्य तथा चण्डकौशिक आदि ग्रन्थों में प्राप्त होता है।

कालमुख (कालदमन) सम्प्रदाय—इसके आद्य प्रवर्तक आपस्तम्ब माने जाते हैं। इस सम्प्रदाय में शिव की उपासना महाकाल शिव अथवा मृत्युञ्जय महादेव के रूप में की जाती है। इस संप्रदाय के लोग अतिवादी थे इसीलिए शिवपुराण में उन्हें 'महाव्रतधर' कहा गया है। वे नर कपाल में भोजनपान, सुरापान, जलपान करते हैं तथा अपने शरीर पर चिता भस्म मलते हैं। दक्षिण भारत में इस मत का बड़ा प्रचार-प्रसार था।

लिंगायत (वीरशैव/जंगम) सम्प्रदाय)—पुराणों के अनुसार लिंगायत सम्प्रदाय के प्रवर्तक आचार्य अल्लभ प्रभु थे। इसके अधिक प्रसरित करने का श्रेय उनके योग्य शिष्य वसव (वसवण्ण) को दिया जाता

है जो कलचुरि नरेश विजय का आमात्य था। इस सम्प्रदाय के पाँच विशिष्ट उपदेशक आचार्य थे—रेणुकाचार्य, दारुकाचार्य, एकोरामाचार्य, पण्डिताराध्य और विश्वाराध्य। लिंगायत सम्प्रदाय का अधिकांश साहित कन्नड़ भाषा में निबद्ध है।

लिंगायत सम्प्रदाय के अनुयायियों को वीरशैव अथवा जंगम भी कहा जाता था। इस संप्रदाय के अनुयायी शिवलिंगी को चाँदी के सम्पुट में रखकर गले में लटकाये रहते थे। इनका व्यवहार वर्णव्यवस्था के प्रतिकूल होता था।

कश्मीरी शैव सम्प्रदाय—कश्मीरी शैव सम्प्रदाय को त्रिक दर्शन भी कहा जाता है। यह अन्य शैव मतों की अपेक्षा अधिक मानवीय एवं उच्च विचारों से युक्त था। इस सम्प्रदाय में पाशुपत, कापालिक और कालमुख के निन्दनीय आचारों एवं गंदे व्यवहारों का अभाव है। इस मत में ज्ञान एवं ध्यान को शिवत्व की प्राप्ति के लिए आवश्यक बताया गया है। कश्मीरी शैव सम्प्रदाय में जिन तीन दर्शनों को शामिल किया गया वे हैं—आगमशास्त्र, स्पन्दनशास्त्र एवं प्रत्यभिज्ञा शास्त्र। इस मत के दो प्रधान ग्रंथ हैं—शिवसूत्रम एवं स्पन्दकारिका।

कश्मीरी शैव सिद्धान्त में परम तत्त्व अद्वय परमेश्वर है जो शिव और शक्ति का तथा कामेश्वर व कामेश्वरी का समन्वित रूप है। वह चैतन्य, परा, संवित, अनुत्तर, परमेश्वर, स्पन्द और परम शिव है। उसके दो तत्त्व हैं—'विश्वात्मक' तथा 'विश्वोत्तीर्ण' तथा उनकी पाँच शक्तियाँ हैं—चित्त, आनन्द, इच्छा, ज्ञान और क्रिया, जिसमें समस्त सृष्टि का स्पन्दन है।

नाथ सम्प्रदाय—दसवीं शती के अन्त में मत्स्येन्द्र नाथ ने नाथपंथ का प्रवर्तन किया इसमें शिव को आदिनाथ मानते हुए नौ नाथों को दिव्य पुरुष के रूप में मान्यता प्रदान की गयी है। इनकी क्रियाएँ तथा आचार-व्यवहार वज्र यानी बौद्धों से मिलते-जुलते हैं।

इस सिद्धान्त में शिव को 'अकुल' तथा उनकी शक्ति को 'कुल' कहा गया है जिसमें परस्पर अन्योन्याश्रित सम्बन्ध है। उनका पारस्परिक संयोग ही सृष्टि का मूल है। इस संयोग का अनुभव पुरुष एवं स्त्री के आपसी सम्बन्ध से प्रकट होता है। मत्स्येन्द्र नाथ के शिष्य गोरखनाथ ने इस मत का अधिकाधिक प्रचार-प्रसार किया।

वैष्णव धर्म अथवा भागवत धर्म

भगवान विष्णु को अपना आराध्य देव मानने वाले भक्त वैष्णव मतावलम्बी कहे गये इन्हें भागवत भी कहा गया। कृष्ण के भक्त उन्हें भगवत् (पूज्य) कहते थे इसी कारण उनके द्वारा प्रवर्तित धर्म भागवत कहलाया। महाभारत काल में वासुदेव कृष्ण का समीकरण विष्णु से किया गया तथा भागवत धर्म वैष्व धर्म बन गया। विष्णु एक ऋग्वैदिक देवता हैं। ऐतरेय ब्राह्मण में विष्णु को सर्वोच्च देवता बताया गया है महाभारत में विष्णु सर्वश्रेष्ठ देवता के रूप में प्रतिष्ठित हैं। इसमें विष्णु के विभिन्न अवतारों का उल्लेख मिलता है। विष्णु के 24 अवतारों की कल्पना की गयी जिसमें से 10 अवतार सर्वाधिक ख्यात हुए। ये दस अवतार हैं— मत्स्य, कच्छप, वराह, नृसिंह, वामन, परशुराम, राम, बलराम, बुद्ध और कल्कि। इन अवतारों में कृष्ण का अवतार शामिल नहीं है क्योंकि कृष्ण को ईश्वर का साक्षात् रूप माना गया है। वासुदेव, जो कृष्ण का प्रारम्भिक नाम था पाणिनी के युग में प्रचलित था। जब कृष्ण-विष्णु का तादात्म्य नारायण से स्थापित हुआ तब वैष्णव धर्म की एक संज्ञा 'पांचरात्र धर्म' हो गयी क्योंकि नारायण के उपासक पांचरात्र कहे जाते हैं। ब्राह्मण ग्रन्थों में उल्लिखित 'नारायण' ने सभी का अतिक्रमण करने के लिए पांचरात्र यज्ञ किया तथा सर्वोच्च एवं सर्वव्यापी बन गये। महाभारत के शान्तिपर्व में नारायण का तादात्म्य वासुदेव कृष्ण के साथ स्थापित करते हुए उन्हें सर्वव्यापी एवं सभी को उत्पन्न करने वाला बताया गया है।

पाणिनी ने भागवत धर्म एवं वासुदेव की पूजा का उल्लेख किया है। प्रारम्भ में मथुरा और उसके आसपास के क्षेत्रों में यह धर्म प्रचलित था। यूनानी राजदूत मेगस्थनीज शूरसेन (मथुरा) के लोगों को 'हेराक्लीज' का उपासक बताता है जिसका तात्पर्य वासुदेव कृष्ण से ही है। ईस्वी सन् की शुरुआत के थोड़ा पहले से ही उनकी देवता रूप में पूजा प्रारम्भ हो गयी।

शुंग काल में इस धर्म का विकास हुआ तथा विदेशी भी इसे स्वीकार करने लगे। भागवत धर्म से सम्बन्धित प्रथम प्रस्तर स्मारक विदिशा (बेसनगर) का गरुड़ स्तम्भ लेख है। इसके अनुसार तक्षशिला के यवन राजदूत हेलियोडोरस ने भागवत धर्म ग्रहण किया तथा इस स्तम्भ की स्थापना करवाकर उसकी पूजा की। इस पर उत्कीर्ण लेख में हेलियोडोरस को 'भागवत' तथा वासुदेव को 'देवदेवस' अर्थात देवताओं का देवता कहा गया है। घोसुंडी तथा नानाघाट के अभिलेखों से भागवत धर्म के क्रमशः

राजस्थान एवं महाराष्ट्र क्षेत्र में प्रसार का पता चलता है। कुषाण काल में यह धर्म भारत के विभिन्न भागों में प्रचलित हुआ।

गुप्त काल (320 ई० -550 ई०) वैष्णव धर्म अथवा भागवत धर्म के उत्कर्ष के सन्दर्भ में महत्त्वपूर्ण काल है। अधिकांश गुप्त नरेश वैष्णव धर्मानुयायी थे और उन्होंने इसे अपना राजधर्म बनाया। गुप्त शासक 'परम भागवत' की उपधि धारण करते थे तथा 'गरुड़' को अपना राजचिह्न बनाया। विष्णु की उपासना के उद्देश्य से इस काल में अनेक मंदिरों एवं मूर्तियों का निर्माण कराया गया। मेहरौली लौह स्तम्भ लेख से ज्ञात होता है कि राजा चंद्र (चंद्रगुप्त द्वितीय) ने विष्णु पद पर्वत पर विष्णुध्वज की स्थापना करायी थी। स्कंदगुप्त के भितरी (गाजीपुर-उत्तर प्रदेश) लेख में विष्णु मूर्ति स्थापित किये जाने का उल्लेख है। जूनागढ़ लेख से भी ज्ञात होता है कि चक्रपालित ने सुदर्शन झील के तट पर विष्णु की मूर्ति स्थापित करायी थी। गुप्तकालीन पुराण ग्रन्थों में विष्णु के अवतारों का विस्तृत वर्णन किया गया है। इस समय के प्रख्यात कोशकार अमरसिंह ने अपने ग्रन्थ 'अमरकोश' में विष्णु के 39 नाम गिनाते हुए उन्हें वसुदेव का पुत्र बताया है।

हर्षवर्द्धन के काल में भी वैष्णव धर्म व्यापक रूप से प्रसरित था। महाकवि बाणभट्ट ने हर्षचरित में पाँचरात्र तथा भागवत सम्प्रदायों का उल्लेख किया है। अधिकांश राजपूत नरेश वैष्णव मतावलम्बी थे तथा उनके लेखों में 'ॐ नमो भगवते वासुदेवाय' वैष्णव मन्त्र उल्लिखित मिलता है। चन्देल राज़ाओं ने खजुराहो में कई वैष्णव मन्दिरों का निर्माण कराया। चेदि, परमार, पाल तथा सेन राजाओं के शासनकाल में भी कई विष्णु मन्दिरों का निर्माण कराया गया।

दक्षिण भारत में वैष्णव धर्म का प्रचार-प्रसार आलवार सन्तों द्वारा किया गया। आलवार संतों की संख्या 12 थी जिसमें तिरुमंगई, पेरिय, अलवर, आण्डाल, नाम्मालवार आदि के नाम उल्लेखनीय हैं। इन संतों ने भजन, कीर्तन, नामोच्चारण, मूर्ति दर्शन आदि माध्यमों से वैष्णव धर्म का प्रचार किया। इन आलवार सन्तों के प्रभाव में ही कई पल्लव राजाओं ने वैष्णव धर्म को ग्रहण कर उसे राजधर्म बनाया तथा विष्णु मन्दिरों, मूर्तियों का निर्माण कराया। पल्लव शासक दन्तिवर्मा जो विष्णु का महान उपासक था, को लेखों में विष्णु का अवतार बताया गया है। बादामी के चालुक्य नरेशों ने भी वैष्णव धर्म से प्रभावित होकर 'परम भागवत' की उपाधि

ग्रहण की। चोल राजाओं के शासन काल में शैव धर्म के साथ-साथ वैष्णव धर्म की भी प्रगति हुई। इस काल के प्रमुख वैष्णव आचार्यों में नाथमुनि, आलवंदार अथवा यामुनाचार्य, रामानुजाचार्य (1016-1137 ई०) तथा निम्बार्काचार्य आदि विशेष उल्लेखनीय हैं।

प्रख्यात वैष्णव आचार्य रामानुज का जन्म इसी समय हुआ। इन्होंने दक्षिण भारत में वैष्णव मत का प्रचार-प्रसार किया तथा श्रीरंगम (त्रिचनापल्ली) मठ की स्थापना करके दक्षिण भारत में वैष्णव धर्म के समुन्नयन में महान योगदान दिया।

चतुर्व्यूह—चतुर्व्यूह की अवधारणा ई० पू० द्वितीय शताब्दी में पतंजलि के समय में ही प्रादुर्भूत हो चुकी थी और इस काल में स्थापित विभिन्न ध्वज-स्तम्भ इन व्यूहों की अवधारणात्मक उपस्थिति के द्योतक हैं। पाञ्चरात्र धर्म में वासुदेव विष्णु की उपासना के साथ-साथ चतुर्व्यूह देवों (चार देवताओं) की उपासना भी की जाती थी जो इस प्रकार हैं—

(i) **संकर्षण**—ये वसुदेव के रोहिणी से उत्पन्न पुत्र थे। इनका एक अन्य नाम बलराम भी मिलता है।

(ii) प्रद्युम्न—ये कृष्ण के रुक्मिणी से उत्पन्न पुत्र थे।

(iii) साम्ब—ये वासुदेव-कृष्ण के जाम्बवन्ती से उत्पन्न पुत्र थे।

(iv) अनिरुद्ध—ये प्रद्युम्न के पुत्र थे।

महाभारत के नारायणीय खण्ड में इन चातुर्व्यूह देवताओं का विशद वर्णन प्राप्त होता है। भागवत धर्म के अनुयायी वासुदेव कृष्ण की भाँति उपर्युक्त चारों देवताओं की मूर्तियों की पूजा किया करते थे। कृष्ण को पर अथवा परमतत्त्व के रूप में तथा संकर्षण, प्रद्युम्न, साम्ब एवं अनिरुद्ध को उनके अंश तत्त्व के रूप में स्वीकार किया गया है। संकर्षण, अनिरुद्ध तथा प्रद्युम्न को क्रमशः जीव, अहंकार तथा मन (बुद्धि) का प्रतिरूप माना गया है।

वैष्णव धर्म के सिद्धान्त

भागवत धर्म ज्ञान, योग तथा आत्मतत्त्व का प्रदीपक है। इस धर्म में मनुष्य ईश्वर की भक्ति द्वारा मोक्ष की प्राप्ति कर लेता है। ईश्वर स्वनिर्भर भक्त को अपनी शरण में लेकर उसे भक्ति भाव में डुबो देता है। श्रीमद्‌भगवदगीता में विवेचित ज्ञान, भक्ति एवं कर्मभोग के साथ सामंजस्य स्थापित करते हुए निष्काम कर्म करता हुआ व्यक्ति भक्ति के माध्यम से

अन्ततः मोक्ष की प्राप्ति कर सकता है। गीता में स्वयं भगवान कृष्ण अपने भक्तों से कहते हैं कि 'सभी धर्मों को छोड़कर एकमात्र मेरी शरण में आओ, मैं तुम्हें सभी पापों से मुक्त करूँगा।'

वैष्णव धर्म आशावादिता का धर्म है। इसके लिए वैष्णव धर्म में अवतारवाद का सिद्धान्त परिकल्पित किया गया। गीता में कृष्ण कहते हैं— जब-जब धर्म की हानि तथा अधर्म की वृद्धि होती है तब-तब मैं अवतरित होता हूँ।

यदा यदा हि धर्मस्य ग्लानिर्भवति भारत।
अभ्युत्थानमधर्मस्य तदात्मानं सृजाम्यहम्।।
परित्राणाय साधूनां विनाशाय च दुष्कृताम्।
धर्मसंस्थापनार्थाय संभवामि युगे-युगे।।

एक अन्य जगह भक्तों को विश्वास दिलाते हुए यह कहा गया है कि जो सम्पूर्ण कर्मों को मेरे में अर्पण करके मुझे अनन्य भाव से भजते हैं उनको मैं शीघ्र ही मृत्युरूपी संसार सागर से उद्धार कर देता हूँ।

वैष्णवधर्म मूलतः एक उत्सवधर्मी सम्प्रदाय है। वर्ष भर के अनेकानेक तीज-त्यौहारों के समय भक्तजन अपने आराध्य के प्रति श्रद्धा व्यक्त करने के लिए उपवास रखते हैं और पूजा-पाठ करते हैं। धर्म से सामान्य जनता को जोड़ने के लिए इसमें काफी लचीलापन लाने का प्रयास किया गया है और इस सन्दर्भ में यह व्यवस्था की गयी कि विष्णु के नामोच्चारण मात्र से मोक्ष प्राप्ति की जा सकती है। इसके अतिरिक्त भक्तजन मन्दिर में अपने आराध्य का कीर्तन-पूजन कर भी इसका सामीप्य प्राप्त कर सकते हैं। मध्यकाल में गोस्वामी तुलसीदास द्वारा रामचरितमानस का प्रणयन किया गया जिससे रामकथा घर-घर में प्रतिष्ठित हो गयी। हिन्दू समाज में रामचरितमानस को धार्मिक ग्रन्थ के रूप में पूजित किया जाता है।

अध्याय-4

प्राचीन भारतीय सामाजिक संस्थाएँ

वर्णाश्रम व्यवस्था

प्राचीन भारत के समाज में वर्णाश्रम व्यवस्था का महत्त्वपूर्ण स्थान था इस व्यवस्था के अन्तर्गत नाम के ही अनुरूप दो संगठन थे—वर्ण और आश्रम। इसका सम्बन्ध मनुष्य की प्रगति और उसके प्रशिक्षण से था जिससे कि वह अपना जीवन सुव्यवस्थित तरीके से व्यतीत कर पाता था।

वर्ण व्यवस्था

समाज को प्रगतिशील एवं समयानुरूप बनाने के उद्देश्य से प्राचीन भारतीय चिन्तकों ने कतिपय शाश्वत मूल्यों का निर्धारण किया। इसमें वर्ण व्यवस्था प्रमुख थी। यह भारतीय समाज की आधारशिला थी जिसके अन्तर्गत जन्म से ही व्यक्ति के क्रियाकलापों तथा उसकी सामाजिक स्थिति का निर्धारण हो जाता था।

वर्ण शब्द संस्कृत की 'वृ' धातु से निकला है जिसका अर्थ है—वरण करना अथवा चुनना। इस प्रकार इसका अर्थ मुख्य रूप से व्यवसाय के चयन से है। वैसे वर्ण शब्द का प्राचीनतम प्रयोग ऋग्वेद में रंग के अर्थ में किया गया है। इस समय आर्यों ने स्वयं को श्वेत वर्ण का जबकि दास-दस्युओं को कृष्ण वर्ण का बताया है। कालान्तर में यह शब्द वृत्ति का सूचक बन गया।

वर्ण व्यवस्था की उत्पत्ति के सन्दर्भ में विविध उल्लेख प्राप्त होते हैं जिनमें से प्रमुख सिद्धान्त इस प्रकार हैं—

(i) **दैवी सिद्धान्त**—दैवी सिद्धान्त का प्रतिपादन मुख्य रूप से ऋग्वेद, महाभारत, गीता, मनुस्मृति एवं मत्स्य, वायु, ब्रह्माण्ड आदि पुराणों में मिलता है। ऋग्वेद के पुरुष सूक्त के अनुसार विराट पुरुष के मुख से ब्राह्मण, भुजाओं से क्षत्रिय, जंघा से वैश्य तथा पैरों से शूद्र की उत्पत्ति हुई। यहाँ पर विभिन्न अंग समाज के विविध वर्गों का प्रतिनिधित्व करते हैं। मुख वाणी का स्थान है अतः ब्राह्मणों की उत्पत्ति मानव-जाति के शिक्षक के रूप में हुई। भुजाएँ शौर्य एवं शक्ति की प्रतीक हैं अतः क्षत्रिय का कार्य मानव जाति की रक्षा करना है। जंघा का तात्पर्य संभवतः उस भाग से है जो अन्न ग्रहण करता है, अतः वैश्य की उत्पत्ति मानव जाति को अन्न प्रदान करने के लिए है। पैर शरीर के भारवाहक हैं, अतः शूद्र की उत्पत्ति सभी वर्णों की सेवा करने के निमित्त हुई। महाभारत में विराट पुरुष के स्थान पर ब्रह्मा के विभिन्न अंगों से चारों वर्णों की उत्पत्ति बतायी गयी है। गीता में कृष्ण ने स्वयं को चारों वर्णों का कर्त्ता तथा विनाशक बताया है। मनुस्मृति एवं मत्स्य, वायु, ब्रह्माण्ड पुराण भी वर्णव्यवस्था के दैवी उत्पत्ति के सिद्धान्त का ही समर्थन करते हैं।

(ii) **कर्म का सिद्धान्त**—इस सिद्धान्त के अनुसार वर्ण व्यवस्था का प्रतिपादन लोगों के कर्म के अनुसार किया गया। इस व्यवस्था के अन्तर्गत प्रत्येक वर्ण का कार्य सामाजिक रूप से समान महत्त्व का था। ऋग्वेद के एक मन्त्र में एक कवि कहता है कि मैं स्तुतिकर्त्ता हूँ, मेरा पिता वैद्य है और मेरी माँ आटा पीसने का काम करती है।' उपनिषदों की तो मान्यता है कि सत्कर्म करने वालों का जन्म उच्च वर्ण में जबकि बुरे कर्म करने वालों का जन्म निम्न वर्ण में होता है। महाभारत में वृत्ति को ही द्विजत्व का हेतु बताया गया।

(iii) **गुण का सिद्धान्त**—इस सिद्धान्त के अनुसार मनुष्य अपने गुणों के अनुसार ही वर्ण प्राप्त करता है। गुण तीन प्रकार के हैं—सत्व, रज एवं तम। सत्व गुण का लक्षण है—शान्ति, तप, ज्ञान एवं शुद्ध आचरण। रज का लक्षण है—राजसी प्रवृत्ति धन तथा यश अर्जित करने का उत्साह। तम का लक्षण है—जड़ता, अहंकार और आलस्य। इन गुणों को क्रमशः श्वेत तथा कृष्ण वर्ण कहा जाता है। सत्वगुण प्रधान व्यक्ति ब्राह्मण वर्ग के

अन्तर्गत आते हैं। रजोगुण प्रधान व्यक्ति जो मान सम्मान एवं यश के प्रति आसक्त होते हैं वे क्षत्रिय वर्ण तथा जो व्यक्ति धन संचय के प्रति लगाव रखते थे वे वैश्य वर्ण में रखे गये। तमोगुण प्रधान व्यक्ति शूद्र की श्रेणी में रखे गये।

(iv) रंग का सिद्धान्त—ऋग्वेद में वर्ण शब्द का प्रयोग रंग के अर्थ में किया गया वस्तुतः श्वेत रंग सत्व गुण का, लाल रंग रजोगुण का, पीला रंग सत्व व रज के मिश्रण का और काला रंग तमोगुण का प्रतिनिधि माना गया। इस सिद्धान्त में कर्म को प्रमुखता देने के साथ-साथ उसे रंग से भी जोड़ दिया गया।

(v) जन्म का सिद्धान्त—जन्म से ही व्यक्ति अपना वर्ण ग्रहण करता है। बंशानुगत रूप से प्राप्त जन्मजात प्रवृत्तियों की सीमाओं का कोई भी व्यक्ति उल्लंघन नहीं कर सकता था क्योंकि वे उनके स्वभाव में अन्तर्निहित होती थीं।

प्राचीन ग्रन्थों में समाज के परम्परागत चार वर्णों—ब्राह्मण, क्षत्रिय वैश्य एवं शूद्र के कर्तव्यों का विस्तृत उल्लेख मिलता है।

ब्राह्मण—वर्ण व्यवस्था का सर्वप्रथम वर्ण था ब्राह्मण। विराट पुरुष के मुख से उत्पन्न होने के कारण वह वाणी अथवा ज्ञान का भंडार था। ब्राह्मण के छः प्रमुख कार्य थे—(i) अध्ययन, (ii) अध्यापन, (iii) यज्ञ करना, (iv) यज्ञ कराना, (v) दान देना, (vi) दान लेना। अपने ज्ञान के आधार पर ही ब्राह्मण सामाजिक श्रेष्ठता का अधिकारी बना। इसी आधार पर उसे दण्डों से भी छूट मिली थी। राज्य के समस्त धार्मिक क्रियाओं का सम्पादन ब्राह्मण द्वारा ही किया जाता था। संकट काल में ब्राह्मण आपद्धर्म के रूप में क्षत्रिय एवं वैश्य के कर्तव्यों को अपना सकता था।

क्षत्रिय—क्षत्रिय-समाज का दूसरा प्रमुख वर्ण था। इसका विशिष्ट कार्य अध्ययन प्रजा की रक्षा, यज्ञ करना तथा दान देना बताया गया है। प्राचीन साहित्य में कुछ ऐसे क्षत्रिय शासकों के नाम मिलते हैं जो अपने दार्शनिक ज्ञान के लिए प्रख्यात थे तथा ब्राह्मणों को शिक्षा प्रदान किया था। विदेह के राजा जनक, पञ्चाल के राजा प्रवाहण जैबलि, कैकय नरेश अश्वपति अपने ज्ञान के लिए प्रख्यात थे। इस प्रकार अपने शक्ति एवं ज्ञान के बल पर क्षत्रिय ब्राह्मणों के सामाजिक श्रेष्ठता के दावे को चुनौती देते रहते थे। क्षत्रिय का आपातकालीन धर्म वैश्य वृत्ति, कृषि एवं व्यापार था।

वैश्य—समाज का तीसरा वर्ण वैश्यों का था जो धन एवं सम्पत्ति के स्वामी थे। महाभारत में उनका प्रमुख कार्य अध्ययन, दान देना, यज्ञ करना तथा सही ढंग से अर्जित करना बताया गया है। ऐसा लगता है कि बाद में वैश्यों ने अध्ययन करना छोड़ कर स्वयं को व्यापार-वाणिज्य में पूरी तरह लगा दिया। वैश्य के लिए आपात काल में क्षत्रिय तथा शूद्र वृत्ति अपनाने का विधान मिलता है।

शूद्र—समाज का सबसे निम्न वर्ण शूद्र था। विराट पुरुष के पैरों से उत्पन्न होने के कारण उसे समाज के सभी वर्णों की सेवा करनी पड़ती थी। शूद्र का मुख्य कार्य द्विजातियों अर्थात ब्राह्मण, क्षत्रिय एवं वैश्य की सेवा करना था। शूद्र को अत्यन्त हेय समझा जाता था जो सभी प्रकार के अधिकारों एवं संस्कारों से रहित था। प्रायः सभी शास्त्रकारों ने शूद्र को आपातकाल में वैश्यवृत्ति द्वारा जीविकोपार्जन करने की अनुमति प्रदान की है।

जाति प्रथा

कालान्तर में वर्ण व्यवस्था कठोर होकर जाति व्यवस्था में परिणत हो गयी। जाति का आधार विशुद्ध रूप से जन्म हो गया। वैदिक साहित्य में जाति प्रथा का कोई उल्लेख नहीं मिलता। निरुक्त एवं अष्टाध्यायी में हमें सर्वप्रथम कृष्णजातीय और ब्राह्मण जातीय शब्दों का प्रयोग मिलता है जिससे स्पष्ट होता है कि पाँचवी सदी ई० पू० तक समाज में जाति प्रथा प्रतिष्ठित हो गयी थी।

'जन' से उद्भूत हुआ है जाति शब्द। इसका अर्थ होता है—जन्म लेना, इस प्रकार जाति वर्ण से अलग संस्था है। जाति प्रथा की उत्पत्ति के सन्दर्भ में भी विद्वानों के अलग-अलग मत हैं जो निम्नलिखित हैं—

(i) प्रजातीय उत्पत्ति का सिद्धान्त—रिजले महोदय का मानना है कि जाति प्रथा की उत्पत्ति प्रजातीय विभेदों के कारण हुई। इण्डो-आर्यन लोगों ने भारत आकर यहाँ के मूल निवासियों को पराजित कर यहाँ अपना अधिकार जमा लिया। यहाँ उन्होंने स्वयं को श्रेष्ठ माना तथा अपने रक्त पर गर्व किया। यहाँ की पराजित जातियों की कन्याओं के साथ उनके विवाह हुए जिससे कई जातियाँ उत्पन्न हुईं। घुर्ये, एन० के० दत्त, एच० राव जैसे विद्वानों ने प्रकारान्तर से इस मत का समर्थन किया है।

(ii) व्यावसायिक उत्पत्ति का सिद्धान्त—इस सिद्धान्त का प्रतिपाद्न नेसफील्ड ने किया उनके अनुसार जाति प्रथा की उत्पत्ति के लिए व्यवसायगत कारण ही मुख्य रूप से उत्तरदायी था। व्यावसायिक उच्चता तथा निम्नता ही जातिगत ऊँच-नीच का आधार बन गयी। इस प्रकार समाज में विविध जातियों की स्थिति का निर्धारण हुआ।

(iii) ब्राह्मण उत्पत्ति का सिद्धान्त—डुबायसन, घुर्ये, इबेटसन आदि विद्वानों के अनुसार ब्राह्मणों ने समाज में अपनी श्रेष्ठता कायम रखने के उद्देश्य से इस प्रथा की रचना की। उन्होंने विभिन्न वर्गों के व्यवसाय सुनिश्चित कर उसे शास्त्रीय मान्यता प्रदान कर दी। जिसका पालन करना सभी के लिए अनिवार्य कर दिया गया।

(iv) धार्मिक उत्पत्ति का सिद्धान्त—होकार्ट, सेनार्ट जैसे विद्वान जाति प्रथा को देवताओं की बलि चढ़ाने का संगठन मात्र मानते हैं। प्राचीन समाज में प्रचलित यज्ञीय तथा बलि के कर्मकाण्ड को सम्पन्न करने के लिए विभिन्न वर्गों की आवश्यकता पड़ी। जैसे जानवरों की बलि देने के लिए, हवन सामग्री एकत्रित करना, बलि कार्य में मदद करने के लिए अलग-अलग वर्णों की जरूरत पड़ी। बाद में इन सभी की अलग-अलग जातियाँ बन गयीं।

(v) भौगोलिक उत्पत्ति का सिद्धान्त—गिल्बर्ट प्रभृति विद्वान भौगोलिक कारणों को जाति प्रथा की उत्पत्ति के लिए उत्तरदायी ठहराते हैं। विभिन्न भौगोलिक परिवेश में रहने वाले लोग एक ही प्रकार का व्यवसाय करते थे। बाद में इन विभिन्न स्थानों के निवासियों की अलग-अलग जातियाँ बन गयीं।

जाति प्रथा की उत्पत्ति के लिए किसी एक कारण को ही उत्तरदायी मानना उचित नहीं जान पड़ता। संभवतः इसके मूल में विभिन्न कारणों का योग ही उत्तरदायी रहा होगा। हट्टन महोदय का यह कथन इस सन्दर्भ में उचित जान पड़ता है कि 'भारत की जाति प्रथा विभिन्न सामाजिक, आर्थिक, राजनीतिक, धार्मिक तथा भौगोलिक तत्त्वों के पारस्परिक प्रभावों का स्वाभाविक परिणाम है जो अन्यत्र कहीं भी एक साथ नहीं मिलता।

जाति प्रथा की विशेषताएँ—जाति प्रथा की कतिपय प्रमुख विशेषताएँ इस प्रकार हैं—

(i) एक जाति का व्यक्ति दूसरी जाति में खान-पान पर प्रतिबन्ध रखता है।

(ii) जाति विशेष के लोग अपनी ही जाति में वैवाहिक सम्बन्ध स्थापित करते हैं।

(iii) विभिन्न जातियाँ एक सुनिश्चित व्यवसाय का अनुसरण करती हैं।

(iv) जाति व्यवस्था के शीर्ष पर ब्राह्मणों का आधिपत्य रहता है।

(v) जाति व्यवस्था में ऊँच-नीच की भावना रहती है।

(vi) जाति का निर्धारण जन्म से किया जाता है।

(vii) एक जाति से दूसरी जाति में संक्रमण संभव नहीं होता।

आश्रम व्यवस्था

प्राचीन भारतीय सामाजिक व्यवस्था में आश्रम व्यवस्था का अपना विशिष्ट स्थान था। इसकी व्यवस्था मानव के जीवन को सुसंगठित एवं सुव्यवस्थित करने के लिए की गयी थी। वस्तुतः इसका स्वरूप मनुष्य के प्रशिक्षण से है जो अपने आप में अद्वितीय है। प्रशिक्षण की चार अवस्थाएँ हैं जिससे प्रत्येक मनुष्य को होकर गुजरना पड़ता है। 'आश्रम' शब्द की उत्पत्ति 'श्रम' धातु से हुई जिसका अर्थ है—परिश्रम करना अथवा प्रयास करना। इस प्रकार आश्रम वे स्थान हैं जहाँ प्रयास किया जाये।

हिन्दू धर्मशास्त्रों ने मनुष्य की आयु 100 वर्ष की परिकल्पित कर प्रत्येक आश्रम के निमित्त 25-25 वर्ष की अवधि निर्धारित किया है। चार आश्रमों का वर्ण के साथ गहरा सम्बन्ध है। ये चार आश्रम इस प्रकार हैं।

(i) **ब्रह्मचर्य आश्रम**—ब्रह्मचर्य आश्रम प्रथम आश्रम है। इसका अर्थ है—ब्रह्म के मार्ग पर चलना। ब्रह्मचर्य आश्रम में उपनयन संस्कार के पश्चात प्रवेश मिलता था। इस आश्रम में रहकर मनुष्य शारीरिक, शैक्षणिक एवं आध्यात्मिक योग्यता प्राप्त करता था। इसमें बुद्धि का प्रशिक्षण, क्रियाओं का नियन्त्रण और इच्छाओं का परिष्कार, आध्यात्मिक आकांक्षाओं की सन्तुष्टि तथा आत्मा का उद्धार होता था। ब्रह्मचर्य के पालन से आयु, तेज, बल, वीर्य, बुद्धि श्री, यश एवं पुण्य की प्राप्ति होती थी अतः आश्रमों की सिद्धि में इसे मूल माना गया।

अध्ययन की समाप्ति के पश्चात ब्रह्मचारी स्नान करता था। अब वह 'स्नातक' कहा जाता था और अगले आश्रम में प्रवेश के योग्य बन जाता था। ब्रह्मचर्य आश्रम से गृहस्थाश्रम में प्रवेश करते समय 'समावर्तन' संस्कार होता था। इस समय तक व्यक्ति 25 वर्ष की आयु पूरी कर लेता था।

(ii) गृहस्थ आश्रम—गृहस्थ आश्रम की अवधि 25 वर्ष से 50 तक मानी गयी है। इसे सभी आश्रमों का स्रोत बताया गया है। जिसमें रहकर मनुष्य त्रिवर्ग अर्थात धर्म, अर्थ एवं काम का उपयोग करते हुए मोक्ष प्राप्त के योग्य बनता है। गृहस्थ आश्रम में मनुष्य अपने तथा परिवार के भरण-पोषण हेतु धर्मानुकूल अर्थसंग्रह करता था। अर्थशास्त्र में गृहस्थ के प्रमुख कर्त्तव्य इस प्रकार बताये गये हैं—

(1) अपने धर्म के अनुकूल जीविकोपार्जन करना।

(2) विधिपूर्वक विवाह करना।

(3) अपनी विवाहिता पत्नी से ही सम्पर्क रखना।

(4) देवों, पितरों, भृत्यों आदि को खिलाने के बाद बचे अन्न को ग्रहण करना।

विवाह संस्कार के साथ व्यक्ति गृहस्थाश्रम में प्रवेश करता था। इसी आश्रम में मनुष्य तीन ऋणों से मुक्ति पाता था। ये तीन ऋण हैं—

1. देव ऋण—देवताओं के प्रति कृतज्ञता ज्ञापित करने हेतु यज्ञ का अनुष्ठान करना।

2. ऋषि ऋण—वेदों का अध्ययन कर ऋषि ऋण से मुक्ति प्राप्त करना।

3. पितृ ऋण—सन्तानोत्पत्ति करके पितृ ऋण से मुक्ति पाना।

गृहस्थाश्रम में रहते हुए ही मनुष्य को 5 महायज्ञों का अनुष्ठान करना पड़ता था।

1. ब्रह्म यज्ञ—यज्ञों के माध्यम से प्राचीन ऋषियों के प्रति कृतज्ञता ज्ञापन।

2. पितृ यज्ञ—पितरों की शान्ति हेतु श्राद्ध, तर्पण आदि करना।

3. देव यज्ञ—अग्नि में हवन के साथ देवताओं का पूजन करना।

4. भूत यज्ञ—समस्त ऋषियों को बलि प्रदान करना।

5. मनुष्य यज्ञ—अतिथियों का सेवा-सत्कार करना।

इस प्रकार तीन ऋण एवं पंचमहायज्ञों द्वारा व्यक्ति अपनी वैयक्तिक उन्नति तो करता ही था साथ ही सामाजिक दायित्वों का बखूबी निर्वहन भी करता था।

(iii) वानप्रस्थ आश्रम—इस आश्रम की आयु 50 से 75 वर्ष की होती थी। गृहस्थाश्रम के कर्तव्यों को पूरा कर लेने के बाद मनुष्य वानप्रस्थ आश्रम में प्रवेश करता था। इसका उद्देश्य विद्या, तपस्या की वृद्धि एवं शरीर की शुद्धि बताया गया है। इस आश्रम में व्यक्ति राग-द्वेष से रहित होकर सभी के प्रति मैत्री भाव रखता था। यद्यपि वह दान लेने का अधिकारी नहीं था तथापि उसका यह दायित्व था कि वह सभी के प्रति दानशील बना रहे। वानप्रस्थी की दिनचर्या अत्यन्त कठोर थी। वह काया-क्लेश का जीवन व्यतीत करता हुआ धीरे-धीरे अपने चित्त को सांसारिक मोह-माया से हटाता हुआ अन्ततोगत्वा स्वयं को पूर्णतया निर्लिप्त कर लेता था।

(iv) संन्यास आश्रम—संन्यास आश्रम की आयु 75-100 वर्ष तक मानी गयी। इसका मुख्य लक्ष्य मोक्ष की प्राप्ति था। इस अवस्था में व्यक्ति पूर्णतया निर्लिप्त होकर अपना मन परमात्मा के चिन्तन में लगाता था। वह अपने पास कुछ भी नहीं रखता था तथा समस्त राग-द्वेष, मोहमाया से विरत होकर एकाकी भ्रमण करता था। इसे अपनी इन्द्रियों पर कठोर नियन्त्रण रखना होता था। उसके लिए निरन्तर भ्रमण करने तथा एक स्थान पर स्थायी रूप से टिक कर न रहने का आदेश था। इस प्रकार कठोर तपस्या एवं काया-क्लेश का जीवन व्यतीत करते हुए संन्यासी के समस्त पाप नष्ट हो जाते थे तथा वह परमपद को प्राप्त कर लेता था।

पुरुषार्थ

मनुष्य तथा समाज की उन्नति के लिए हिन्दू शास्त्रकारों द्वारा जिन आदर्शों का प्राविधान किया गया उन्हें 'पुरुषार्थ' की संज्ञा दी गयी। इसका सम्बन्ध मानव तथा समाज दोनों से है। ये मनुष्य तथा समाज

के बीच के सम्बन्धों को नियमित बनाने के साथ-साथ इन्हें नियन्त्रित भी करते हैं।

धर्म, अर्थ, काम तथा मोक्ष में चार पुरुषार्थ हैं। इनमें से अर्थ तथा काम भौतिक सुखों के प्रतिनिधि हैं जबकि धर्म तथा मोक्ष आध्यात्मिक सुखों के प्रतिनिधि हैं। मोक्ष मानव जीवन का चरम लक्ष्य है जिसकी प्राप्ति में अन्य पुरुषार्थ सहायक हैं। मोक्ष प्राप्ति की प्रक्रिया जटिल होने के कारण कालान्तर में धर्म, अर्थ तथा काम के पालन पर ही बल दिया गया। इन्हें 'त्रिवर्ग' की संज्ञा दी गयी। मानव जीवन का पूर्ण विकास तभी संभव है जब सभी पुरुषार्थों का सम्यक् रूप से पालन किया जाये।

धर्म—धर्म को पुरुषार्थों के क्रम में पहला स्थान दिया गया है। हिन्दू जीवन दर्शन में भी धर्म को सर्वाधिक महत्त्व प्रदान किया गया है। धर्म शब्द 'धृ' धातु से निष्पन्न होता है जिसका अर्थ है धारण करना अथवा अस्तित्व बनाये रखना। महाभारत में कहा गया है कि 'धर्म' सभी प्राणियों की रक्षा करता है, सभी को सुरक्षित रखता है तथा सृष्टि का अस्तित्व बनाये रखता है। मनुस्मृति में धर्म के चार स्रोत बताये गये हैं—वेद, स्मृति, सदाचार तथा आत्मतुष्टि। अर्थात जो अपनी आत्मा को प्रिय लगे। प्राचीन ग्रन्थों वेद स्मृति ग्रन्थों में जो कर्तव्य विहित है, उसके निष्ठापूर्वक पालन करने को ही धर्म बताया गया है। इस प्रकार धर्म से तात्पर्य आचरण की उस संहिता से है जिसके माध्यम से मनुष्य नियमित होता हुआ विकास करता है। और अन्ततोगत्वा 'मोक्ष' की प्राप्ति करता है।

अर्थ—प्राचीन सन्दर्भों में अर्थ का तात्पर्य व्यापक था। इसका आशय उन समस्त आवश्यकताओं एवं साधनों से था जिसके माध्यम से मनुष्य भौतिक सुखों एव ऐश्वर्य को प्राप्त करता है। महाभारत में अर्थ को 'परम धर्म' कहा गया है जिस पर सभी वस्तुएँ निर्भर करती हैं। जिनके पास अर्थ नहीं है वे मृतक तुल्य हैं जबकि धनी व्यक्ति संसार में सुखपूर्वक निवास करते हैं। नीतिशतक में अर्थ की महत्ता स्पष्ट करते हुए बताया गया है कि जिसके पास धन है वही कुलीन है, पण्डित है, वेदों का ज्ञाता है, गुणवान है, वक्ता है तथा दर्शनीय है। सभी गुण धन में ही होते हैं। किन्तु अर्थ की महत्ता को स्वीकार करते हुए भी उसे धर्म के अधीन बताया गया है। मनुस्मृति में स्पष्ट कहा गया है कि धर्मविरुद्ध अर्थ तथा काम का परित्याग कर देना चाहिए।

काम—काम का अर्थ मनुष्य की सहज इच्छाओं एवं प्रवृत्तियों से है। यह संसार की प्रमुख प्रवृत्ति है। इसी के वशीभूत होकर ही मनुष्य सन्तानोत्पत्ति करता है, गृहस्थ जीवन के विविध आनन्दों को भोगता है तथा एक दूसरे के प्रति आकर्षण रखता है। काम के महत्त्व को स्वीकार करते हुए भी उस पर धर्म का अंकुश लगाया गया तथा यह प्रतिपादित किया गया कि धर्मसंगत काम का आचरण ही व्यक्ति तथा समाज की उन्नति कर सकता है। काम के निरंकुश आचरण से व्यक्ति का विकास अवरुद्ध हो जाता है। मत्स्यपुराण में कहा गया है कि 'धर्मरहित काम बन्ध्या पुत्र के समान है।' इस प्रकार हिन्दू धर्मशास्त्रकारों ने धर्म संवलित काम का आचरण किये जाने पर ही बल दिया।

मोक्ष—हिन्दू विचारधारा में मोक्ष जीवन का चरम लक्ष्य है। मोक्ष का अर्थ है—पुनर्जन्म अथवा आवागमन के चक्र से मुक्ति प्राप्त कर आत्मा का परमात्मा में विलीन हो जाना। ज्ञान, भक्ति तथा कर्म मोक्ष प्राप्ति के साधन हैं। जिसका समन्वय गीता में दिखायी पड़ता है। प्रायः सभी भारतीय दर्शन अविद्या एवं अज्ञान को ही बन्धन का कारण मानते हैं। अतः मोक्ष तभी संभव है जब व्यक्ति अज्ञान के बन्धन को काट दे। गीता के अनुसार इन्द्रिय, मन तथा बुद्धि पर नियन्त्रण रखने वाले व्यक्ति को मोक्ष स्वयमेव ही प्राप्त हो जाता है। जैन एवं बौद्ध दर्शन में भी अविद्या के विनाश को ही मोक्ष का उपाय माना गया है। जैन धर्म इसके लिए त्रिरत्नों का जबकि बौद्ध धर्म अष्टांगिक मार्ग का प्राविधान करते हैं। मनुस्मृति के अनुसार इन्द्रिय विरोधी, राग-द्वेष रहित तथा अहिंसा परायण व्यक्ति ही मोक्ष की प्राप्ति करता है। पुराणों में मोक्ष के लिए दया, प्राणियों में समभाव, क्षमा, अक्रोध, सत्य, लोभ, मोह, कामादि का त्याग आदि गुणों का आचरण आवश्यक बताया गया है। वस्तुतः पहले तीन पुरुषार्थों धर्म, अर्थ, काम का भी मुख्य प्राप्य, मोक्ष ही है।

संस्कार

संस्कार शब्द का शाब्दिक अर्थ है—परिष्कार, शुद्धता अथवा पवित्रता। हिन्दू समाज व्यवस्था में संस्कारों का विधान व्यक्ति के शरीर को परिष्कृत अथवा पवित्र बनाने के उद्देश्य से किया गया ताकि वह वैयक्तिक एवं सामाजिक विकास के लिए उपयुक्त बन सके। संस्कार व्यक्ति के जीवन में आने वाली बाधाओं का निवारण कर उसकी प्रगति के मार्ग को

निष्कण्टक बनाते हैं। इसके माध्यम से मनुष्य आध्यात्मिक विकास करता है। इस प्रकार व्यक्तित्व की सर्वांगीण उन्नति के लिए भारतीय संस्कृति में संस्कारों का विधान किया गया।

संस्कारों का विधान मुख्य रूप से गृह्यसूत्र में प्राप्त होता है। स्मृति ग्रन्थों में संस्कारों का विस्तृत विवरण प्राप्त होता है। गौतम धर्मसूत्र में इनकी संख्या 38 तथा अन्यत्र 40 मिलती है। बाद की स्मृतियों में संस्कारों की संख्या 16 स्वीकार कर ली गयी जो सर्वप्रचलित है। ये संस्कार हैं—1. गर्भाधान, 2. पुंसवन, 3. सीमन्तोन्नयन, 4. जातकर्म, 5. नामकरण, 6. निष्क्रमण, 7. अन्नप्राशन, 8. चूड़ाकरण, 9. कर्णबेध, 10. विद्यारंभ, 11. उपनयन, 12. वेदारंभ, 13, केशान्त, 14. समावर्तन, 15. विवाह और 16. अन्त्येष्टि।

1. गर्भाधान—गर्भाधान जीवन का पहला संस्कार था जिसके माध्यम से व्यक्ति अपनी पत्नी के गर्भ में बीज स्थापित करता था। यह प्रत्येक विवाहित स्त्री-पुरुष के लिए पवित्र एवं अनिवार्य संस्कार था। जिसका उद्देश्य स्वस्थ, सुन्दर एवं सुशील सन्तान प्राप्त करना था। सामाजिक एवं धार्मिक दोनों दृष्टियों से इस संस्कार का महत्त्व था। निःसंतान व्यक्ति समाज में आदर का पात्र नहीं था। पितृऋण से मुक्ति भी सन्तानोत्पत्ति करने पर ही मिलती थी।

2. पुंसवन—गर्भाधान के तीसरे माह में पुत्र प्राप्ति के उद्देश्य से पुंसवन संस्कार सम्पन्न किया जाता था। इस संस्कार के माध्यम से उन देवताओं को पूजा द्वारा प्रसन्न किया जाता था जो गर्भ में शिशु की रक्षा करते थे।

3. सीमन्तोन्नयन—गर्भाधान के चौथे से आठवें मास तक यह संस्कार सम्पन्न होता था। ऐसी मान्यता थी कि गर्भवती स्त्री के शरीर को प्रेतात्माएँ नाना प्रकार की बाधा पहुँचाती हैं जिसके निवारण हेतु सीमन्तोन्नयन संस्कार किया जाना चाहिए। इसके माध्यम से गर्भवती नारी की समृद्धि तथा भ्रूण के दीर्घायु की कामना की जाती थी।

4. जातकर्म—शिशु के जन्म के समय जातकर्म संस्कार सम्पन्न होता था। सामान्यतः बच्चे के नार काटने के पूर्व ही इस संस्कार को किया जाता था। इस संस्कार के द्वारा माता एवं शिशु के दीर्घायु एवं स्वस्थ जीवन की कामना की जाती थी।

5. नामकरण—बच्चे के जन्म के 10वें-12वें दिन नामकरण संस्कार होता था। जिसमें उसका नाम रखा जाता था। मनु के अनुसार बच्चे का नाम उसके वर्ण का द्योतक होना चाहिए। इसके अनुसार बच्चे का नाम मंगलसूचक, क्षत्रिय का बलसूचक, वैश्य का धनसूचक तथा शूद्र का निन्दासूचक होना चाहिए। विष्णु पुराण के अनुसार ब्राह्मण अपने नाम के अन्त में शर्मा, क्षत्रिय, वर्मा, वैश्य गुप्त तथा शूद्र दास लिखे। कन्या का नाम मनोहर, मंगलसूचक, स्पष्ट अर्थवाला तथा अन्त में दीर्घ अक्षर वाला रखे जाने का विधान था।

6. निष्क्रमण—बच्चे के जन्म के तीसरे-चौथे माह में यह संस्कार सम्पन्न होता था जिसमें उसे पहली बार घर से बाहर निकाला जाता था। इसी क्रम में बच्चे को पहली बार सूर्य दर्शन कराया जाता था। इस संस्कार द्वारा बच्चे का घर के बाहरी वातावरण से सम्पर्क होता था।

7. अन्नप्राशन—बच्चे के जन्म के छठें माह में अन्नप्राशन संस्कार होता था। जिसमें पहली बार बच्चे को पका हुआ अन्न खिलाया जाता था। इस संस्कार का उद्देश्य बच्चे को शारीरिक एवं बौद्धिक दृष्टि के स्वस्थ बनाना था। साथ ही एक अन्य उद्देश्य यह भी था कि बच्चा उचित समय पर माँ का दूध पीना छोड़कर अन्न आदि से अपना निर्वाह करने योग्य बन सके।

8. चूड़ाकरण (चौल कर्म)—चूड़ाकरण संस्कार के अन्तर्गत पहली बार बच्चे के बाल काटे जाते थे। यह संस्कार बच्चे के जन्म के प्रथम वर्ष की समाप्ति अथवा तृतीय वर्ष की समाप्ति के पूर्व किया जाता था। इस संस्कार के पीछे यह भावना थी कि बच्चे को स्वच्छता एवं सफाई का ज्ञान कराया जा सके जो स्वास्थ्य के लिए आवश्यक था।

9. कर्णबेध—कर्णबेध संस्कार के अन्तर्गत बालक का कान छेदकर उसमें बाली अथवा कुण्डल पहना दिया जाता था। सुश्रूत ने इसका उद्देश्य रक्षा तथा अलंकरण बताया है। विभिन्न शास्त्रकार इस संस्कार का समय जन्म के 10वें दिन से लेकर पाँचवें वर्ष तक बताते हैं। कर्णबेध संस्कार का विधान बच्चे को भविष्य में स्वस्थ रखने के उद्देश्य से किया गया। सुश्रूत के अनुसार कर्णबेध अण्डकोश वृद्धि तथा आंतवृद्धि (हार्निया) के रोगों से छुटकारा दिलाता है।

10. विद्यारम्भ—इस संस्कार द्वारा बच्चे को अक्षरों का बोध कराया जाता था। इसी कारण कुछ लोग इसे अक्षरारंभ की संज्ञा भी देते हैं। इसका समय जन्म के पाँचवें वर्ष अथवा उपनयन संस्कार के पूर्व बताया गया है। विद्यारम्भ संस्कार का सम्बन्ध बालक की बुद्धि एवं ज्ञान से था। इससे उसमें अन्तर्निहित गुण प्रकट होकर सामने आते थे।

11. उपनयन—उपनयन का शाब्दिक अर्थ है—समीप ले जाना। इसका तात्पर्य बालक को शिक्षा के निमित्त गुरु के पास ले जाने से है। प्राचीन हिन्दू संस्कारों में उपनयन का महत्त्व सर्वाधिक था जिसके माध्यम से बालक सम्पूर्ण ज्ञान प्राप्त करने का अधिकारी बन जाता था वस्तुतः उसके बौद्धिक उत्कर्ष का प्रारम्भ इसी संस्कार से होता था। कालान्तर में इसका उद्देश्य धार्मिक हो गया तथा इसे एक कर्मकाण्ड के रूप में सम्पादित किया जाने लगा।

उपनयन संस्कार प्राचीन हिन्दू समाज का एक अनिवार्य एवं महत्त्वपूर्ण संस्कार था जिसका विधान समाज के प्रथम तीन वर्णों—ब्राह्मण, क्षत्रिय एवं वैश्य के लिए किया गया। इन तीनों को द्विज कहा जाता था जिनका इसके द्वारा दूसरा जन्म होता था। इस संस्कार का सामाजिक एवं आध्यात्मिक दोनों महत्त्व था। इस संस्कार के बाद ही बालक अपने वर्ग तथा समाज का पूर्ण सदस्य बनता था तथा अपने पूर्वजों की सांस्कृतिक विरासत को प्राप्त करने का अधिकार उसे मिलता था।

12. वेदारम्भ—इस संस्कार का सर्वप्रथम उल्लेख व्यास स्मृति में मिलता है। वेदों का अध्ययन मंद पड़ने एवं संस्कृत के बोलचाल की भाषा न रह जाने के पश्चात इस संस्कार का विधान किया गया। यह पूर्णतया शैक्षणिक संस्कार था जिसका प्रारम्भ बालक के वेदाध्ययन से होता था।

13. केशान्त अथवा गो दान—गुरु के पास रहकर अध्ययन करते हुए विद्यार्थी की 16 वर्ष की आयु में पहली बार दाढ़ी-मूछ बनवायी जाती थी। इसे केशान्त संस्कार कहा गया। इसी अवसर पर गुरु को दक्षिणास्वरूप गाय दिये जाने का प्रचलन था अतः इसे 'गोदान संस्कार' भी कहा जाता था। इस संस्कार के माध्यम से विद्यार्थी को ब्रह्मचर्य जीवन के व्रतों की एक बार पुनः याद दिलायी जाती थी जिसका पालन करने का वह पुनः व्रत लेता था।

14. समावर्तन—गुरुकुल में शिक्षा समाप्त कर लेने के पश्चात् विद्यार्थी के घर-लौटने के समय समावर्तन संस्कार सम्पन्न होता था। इसका अर्थ है—'गुरु के आश्रम से स्वगृह को वापस लौटना।' इसे स्नान भी कहा गया क्योंकि इस अवसर पर स्नान सबसे महत्त्वपूर्ण कार्य था। इसी के बाद विद्यार्थी स्नातक बनता था। समावर्तन संस्कार के पश्चात ही व्यक्ति गृहस्थाश्रम में प्रवेश करता था।

15. विवाह—विवाह शब्द 'वि' उपसर्गपूर्वक 'वह' धातु से बना है जिसका शाब्दिक अर्थ है—'वधू को वर के घर ले जाना या पहुँचाना।' हिन्दू समाज का यह सर्वाधिक महत्त्वपूर्ण संस्कार था जिसका महत्त्व आज भी है। विवाह द्वारा ही गृहस्थाश्रम की शुरुआत होती थी। विवाह संस्कार को सम्पन्न करना प्रत्येक व्यक्ति के लिए धार्मिक एवं सामाजिक बाध्यता थी। याज्ञवल्क्य ने स्पष्ट लिखा है कि कोई भी वर्ण यदि विवाहित नहीं है तो कर्म के योग्य नहीं है।

स्मृति ग्रन्थों में आठ प्रकार के विवाहों का उल्लेख मिलता है—ब्राह्म, दैव, आर्ष, प्राजापत्य, आसुर, गन्धर्व, राक्षस, पिशाच। इसमें प्रथम 4 प्रशस्त जबकि अंतिम 4 अप्रशस्त हैं।

1. ब्राह्म विवाह—इस विवाह में पिता सावधानीपूर्वक वेदज्ञ एवं शीलवान वर का चयन करने के बाद उसे घर बुलाकर उसकी पूजा करके वस्त्राभूषणों से सुसज्जित कन्या उसे प्रदान प्रदान करता था। विवाह का यह सर्वोत्तम प्रकार था।

2. दैव विवाह—इस विवाह में कन्या का पिता एक यज्ञ का आयोजन करता था जिसमें बहुत से पुरोहित आमन्त्रित किये जाते थे। जो पुरोहित विधि-विधानपूर्वक यज्ञ का अनुष्ठान करा लेता था, उसी के साथ कन्या का विवाह कर दिया जाता था।

3. आर्ष विवाह—इस विवाह में कन्या के पिता वर को कन्या प्रदान करने के बदले में एक जोड़ी गाय और बैल प्राप्त करता था ताकि वह याज्ञिक क्रियाएँ सम्पन्न कर सके। यह विवाह मुख्यतः पुरोहित परिवार में ही प्रचलित था।

4. प्राजापात्य विवाह—इस विवाह के अन्तर्गत कन्या का पिता वर को कन्या प्रदान करते हुए यह आदेश देता था कि दोनों साथ-साथ

मिलकर सामाजिक एवं धार्मिक कर्तव्यों का निर्वाह करें। पिता वर से इसके लिए एक प्रकार की वचनबद्धता प्राप्त कर लेता था।

5. आसुर विवाह—इस विवाह में कन्या का पिता अथवा उसके सम्बन्धी धन लेकर कन्या का विवाह करते थे। यह एक प्रकार से कन्या की बिक्री थी।

6. गान्धर्व विवाह—यह प्रणय विवाह था—जिसमें माता-पिता की इच्छा के बिना ही वर-कन्या एक दूसरे पर अनुरक्त होकर अपना विवाह कर लेते थे। चूँकि इस विवाह का प्रचलन अधिकतर गान्धर्व जाति के लोगों में था, अतः इसे गान्धर्व विवाह कहा गया।

7. राक्षस विवाह—राक्षस विवाह में बलपूर्वक कन्या का अपहरण कर उसके साथ विवाह किया जाता था। मनु के अनुसार 'कन्या पक्ष वालों की हत्या कर, घायल कर, उसके घरों को गिराकर, रोती चिल्लाती हुई कन्या को बलात उठा ले जाना तथा उसके साथ विवाह करना ही राक्षस विवाह है।

8. पैशाच विवाह—विवाह का यह निकृष्टतम प्रकार है जिसकी कटु आलोचना प्रायः सभी शास्त्रकार करते हैं। इसमें वर छल एवं छद्म के द्वारा कन्या के शरीर पर अधिकार कर लेता था। मनु के अनुसार 'अचेत, सोती हुई, पागल अथवा मदमत्त कन्या के साथ व्यक्ति जब संभोग करता है तब वह पैशाच विवाह है। इसका प्रचलन संभवतः आदिम जंगली जनजातियों में रहा होगा।

इन आठ विवाहों के अतिरिक्त प्राचीन हिन्दू समाज में अनुलोम तथा प्रतिलोम विवाहों का भी प्रचलन था। अनुलोम विवाह में उच्च वर्ण का व्यक्ति अपने ठीक नीचे के वर्ण की कन्या के साथ विवाह करता था। वैदिक समाज में इस प्रकार के विवाह प्रायः हुआ करते थे। ऋषि च्यवन ने सुकन्या, श्यावस्य ने रथवीति, अगस्त्य ने लोपामुद्रा आदि क्षत्रिय कन्याओं के साथ अपने विवाह किये। बाद की स्मृतियों में इस विवाह की निन्दा की गयी।

प्रतिलोम विवाह के अन्तर्गत उच्च वर्ण की कन्या का विवाह निम्न वर्ण के व्यक्ति के साथ होता था। इस प्रकार के विवाह को निन्दनीय माना गया समाज में इसका प्रचलन बहुत कम था। मनु ने इस प्रकार के वैवाहिक सम्बन्धों से उत्पन्न पुत्रों को अति दूषित एवं घृणित बताया है।

हिन्दू शास्त्रकारों ने निम्न वर्ण के व्यक्ति को अपने ऊँचे वर्ण की कन्या के साथ विवाह करने की अनुमति प्रदान नहीं की है।

16. अन्त्येष्टि संस्कार—अन्त्येष्टि संस्कार मानव जीवन का अन्तिम संस्कार है। जो मृत्यु के समय सम्पादित किया जाता है। इसका उद्देश्य मृतात्मा को स्वर्ग लोक में सुख और शान्ति प्रदान करना है। हिन्दू समाज में मृतक शरीर को जलाने, गाड़ने अथवा फेंकने की प्रथा थी। शवदाह के तेरह दिन बाद त्रयोदश संस्कार होता था जिसके पश्चात मृतक का परिवार शुद्ध हो जाता था।

इस प्रकार ये संस्कार मनुष्य के जन्म के पहले से लेकर मृत्युपर्यन्त तक चलते रहते थे। इन संस्कारों द्वारा मनुष्य के भौतिक तथा आध्यात्मिक उन्नति में सहायता मिलती थी। विभिन्न स्तरों पर संपादित किये जाने वाले संस्कारों से मनुष्य के जीवन में परिष्कार तथा निखार आता था जिससे वह अपनी उन्नति के साथ ही परिवार एवं समाज की उन्नति करता था।

अध्याय-5

सल्तनत कालीन संस्कृति

1206 ई० से 1526 ई० के बीच के समय को भारतीय इतिहास में सल्तनत काल के नाम से जाना जाता है। इस अवधि में भारत पर गुलाम वंश (1206-1290 ई०), ख़लजी वंश (1290-1320 ई०), तुग़लक वंश (1320-1412 ई०), सैय्यद वंश (1414-1450 ई०) तथा लोदी वंश (1451-1426 ई०) ने शासन किया। इस अवधि में कुतुबुद्दीन ऐबक, इल्तुतमिश, रजिया सुल्तान, बलबन, अलाउद्दीन ख़लजी, मुहम्मद तुग़लक, फीरोज तुग़लक, बहलोल लोदी तथा सिकन्दर लोदी जैसे प्रमुख शासकों ने दिल्ली शासन का नेतृत्व किया। इसी दौरान 1398 ई० में तैमूरलंग ने तुगलक साम्राज्य को आघात पहुँचाया और 1526 ई० में मुगल सम्राट बाबर ने पानीपत के मैदान में लोदी वंश की सत्ता को समाप्त कर सल्तनत युग का समापन कर दिया। इसी अवधि में भारतीय सांस्कृतिक इतिहास के दो महत्त्वपूर्ण आन्दोलन-भक्ति एवं सूफी आन्दोलन प्रारम्भ हुए जिससे भारत के सामाजिक एवं धार्मिक जीवन को एक नवीन शक्ति मिली एवं उसमें गतिशीलता का संचार हुआ।

प्राचीन भारत पर आक्रमण करने वाली जितनी भी विदेशी शक्तियाँ थीं वे कालान्तर में भारतीय संस्कृति में ही इस तरह घुल-मिल गयीं कि उन्हें अलग से पहचान पाना असम्भव-सा कार्य था। परन्तु आठवीं शताब्दी में भारतीय परिवेश में प्रविष्ट होने वाला इस्लामी समाज भारतीय समाज के साथ सम्पृक्त न हो सका। डॉ० रमेश चन्द्र मजूमदार के अनुसार, 'हिन्दू-मुस्लिम समाज नदी के दो छोरों की भाँति थे जिनका मिलना असंभव था। दोनों समाजों के बीच चीन की दीवार थी, छः शताब्दियों तक एक साथ

रहने के बाद भी उसमें दरार तक न पड़ सकी और उसके ध्वस्त होने की बात तो एक कल्पना मात्र है।' इसके विपरीत डॉ० ताराचन्द के अनुसार इस्लाम के सर्वांगीण प्रभाव के कारण भारतीय संस्कृति की आत्मा परिवर्तित हो उठी। तत्कालीन परिस्थितियों में ही सूफी सन्तों, भक्ति सन्तों, अकबर एवं दाराशिकोह जैसे उदारवादी शासकों एवं राजकुमारों, अबुल फ़ज़ल, बीरबल जैसे सलाहकारों ने दोनों किनारों को जोड़ने के लिए सांस्कृतिक तथा सामाजिक पुल का निर्माण किया। इसके परिणामस्वरूप हिन्दू-मुस्लिम सहयोग और सद्भावना का सूत्रपात साहित्य, वास्तुकला, चित्रकला एवं संगीत के क्षेत्रों में निर्वाध रूप से हुआ मलिक मुहम्मद जायसी, अब्दुर्रहीम खानखाना, रसखान, कुतुबन जैसे साहित्यकारों की उपलब्धियों पर प्रत्येक हिन्दी साहित्य प्रेमी गर्व का अनुभव करता है। कुतुबमीनार, लाल किला, आगरा का ताजमहल किसी एक सम्प्रदाय की उपलब्धि नहीं अपितु हिन्दू-मुस्लिम सहयोग की बहुमूल्य निधियाँ हैं। इस प्रकार मध्यकालीन संस्कृति को अगर समन्वयात्मक संस्कृति की संज्ञा दिया जाये तो यह अतिशयोक्ति नहीं होगी।

भारत में सूफी मत—'सूफी' वह कहा जाता है जो तसव्वुफ का अनुयायी और सारे धर्मों से प्रेम करने वाला होता है। सूफी शब्द को लेकर विद्वानों में एकमत नहीं रहा है। 'सफ' का अर्थ है बकरी या भेड़ के बाल का ऊनी कपड़ा। अतः सफ के बने वस्त्र पहनने वाले को 'सूफी' कहा गया। कुछ विद्वानों के अनुसार 'सफा' का अर्थ है—'पवित्रता' अर्थात जो लोग आचार-विचार में पवित्र थे वे सूफी क़हलाये। एक अन्य मत यह भी है कि मदीना में मुहम्मद साहब द्वारा बनवायी गयी मस्जिद के बाहर 'सफ़ा' नामक पहाड़ी पर जिन व्यक्तियों ने शरण ली और खुदा की आराधना में लीन रहे वे 'सूफ़ी' कहलाये।

सैय्यद मुहम्मद हाफ़िज के अनुसार चिश्ती भारत का सबसे पहला सूफी सिलसिला है। मुहम्मद गोरी की सेना के साथ ख्वाजा मुइनुद्दीन चिश्ती 1192 ई० में भारत आये और यहाँ चिश्तिया परम्परा की नींव रखी। अबुल फजल ने अपने ग्रन्थ आइने-अकबरी में 14 सूफी सिलसिलों का उल्लेख किया है जिसमें चिश्ती, सुहरावर्दी, बाहरी और नक्शबंदी अत्यन्त प्रसिद्ध रहे हैं। अनेक स्थानों का भ्रमण करने के पश्चात मुइनुद्दीन चिश्ती ने अजमेर को अपना स्थायी निवास बनाया। उनकी समाधि अजमेर में 'ख्वाजा साहब' नाम से विख्यात है। भारतीय सूफीमत के विकास में

चिश्ती संत बाबा फरीद का विशिष्ट स्थान है। उनका दृष्टिकोण इतना व्यापक विशाल और मानवीय था कि आगे चलकर उनकी कुछ रचनाओं को सिखों के धार्मिक ग्रन्थ 'गुरु ग्रन्थ साहिब' में शामिल कर लिया गया। निजामुद्दीन औलिया और नसीरुद्दीन चिराग-ए-दिल्ली चिश्ती सम्प्रदाय के अन्य महत्त्वपूर्ण सन्त थे। इन सन्तों का जीवन बहुत पवित्र एवं सीधा-सादा था और वे लोगों से उनकी जुबान हिन्दवी में ही बातचीत करते थे। अपने प्रवचनों में ईश्वर की निकटता का आभास उत्पन्न करने के लिए इन सूफी-सन्तों ने गीत-संगीत की पद्धति अपनायी, जिसे 'समा' कहा जाता है। निजामुद्दीन औलिया ने भोग की प्राणायाम की पद्धति इस हद तक अपनायी कि वे योगी सिद्ध नाम से ही विख्यात हो गये। हिन्दू-मुसलमानों की एकता एवं समाज-सुधार में उनका महत्त्वपूर्ण योगदान था।

इसी समय भारत में एक अन्य सूफी सिलसिला काफी विख्यात हुआ। यह था—सुहरावर्दी सिलसिला। इसका कार्यक्षेत्र मुख्यतः पंजाब और मुल्तान था। इस सिलसिले के प्रख्यात सन्तों में शेख शहाबुद्दीन सुहरावर्दी और हमीदुद्दीन नागौरी का नाम अग्रणी है। चिश्ती सन्तों के विपरीत सुहरावर्दी राज्य सरकार की सेवा स्वीकार करते थे। इस प्रकार दोनों सिलसिलों ने विभिन्न वर्गों में जनमत बनाकर उनमें एकसाथ रहने की भावना उत्पन्न करके शासकों की सहायता की।

यह सूफियों के प्रयत्नों का ही फल था कि इस्लाम में उदार एवं गतिशील तत्वों को प्रेरणा मिली जो आगे चलकर हिन्दू-मुस्लिम एकता के लिए सेतु साबित हुए। भारत में सूफी मत ने अनेक महत्त्वपूर्ण काव्य तथा साहित्य को जन्म दिया है जिसके माध्यम से वह उदार विचारों को स्वतन्त्र रूप से जनता तक पहुँचाने में समर्थ हुआ। सूफियों ने दिव्य प्रेम की आड़ में सम्पूर्ण मानवता को विश्व प्रेम का जो पाठ पढ़ाया वह मानव समाज एवं जीवमात्र के लिए कल्याणकारी साबित हुआ।

भक्ति आन्दोलन—धार्मिक विचारकों तथा सुधारकों ने भारत के सामाजिक-धार्मिक जीवन में सुधार लाने के उद्देश्य से मध्यकाल में भक्ति को साधन बनाकर-जिस आन्दोलन को प्रारम्भ किया उसे हम भक्ति आन्दोलन के नाम से जानते हैं। इस्लाम के सामीप्य से इसे वेग प्राप्त हुआ तथा यह जनान्दोलन में बदल गया। भारतीय जनजीवन में इसने एक नवीन शक्ति एवं गतिशीलता का संचार किया।

भक्ति आन्दोलन का सूत्रपात दक्षिण में आठवीं शती में महान् दार्शनिक शंकराचार्य के उदय के साथ हुआ। कालान्तर में हिन्दू धर्म को व्यापक आधार प्रदान करने के उद्देश्य से मध्यकाल में अनेक धार्मिक सुधारकों का आविर्भाव हुआ। जिन्होंने मोक्ष प्राप्ति के लिए भक्ति पर जोर दिया। भक्ति आन्दोलन के प्राचीनतम प्रचारक प्रसिद्ध वैष्णव आचार्य रामानुज (1017-1137 ई०) थे जिन्होंने सगुण ईश्वर की उपासना पर बल दिया।

उत्तर भारत में भक्ति आन्दोलन के प्रथम प्रवर्तक रामानन्द थे जिन्होंने भक्ति के द्वारा जनता को एक नया मार्ग दिखाया। इनका जन्म 1299 ई० में प्रयाग के एक कान्यकुब्ज ब्राह्मण परिवार में हुआ। रामानन्द ने एकेश्वरवाद पर जोर देकर हिन्दू-मुसलमानों में प्रेम-भक्ति सम्बन्ध के साथ सामाजिक समाधान प्रस्तुत किया। ज्ञान और दर्शन के कठिन मार्ग की जगह इन्होंने भक्ति की सुगमता पर जोर दिया। जाति-पांति और बाह्याडम्बरों का विरोध करते हुए रामानन्द ने सभी जातियों के लोगों को अपना उपदेश दिया। इन्होंने अपने मत का प्रचार आभिजात्य भाषा संस्कृत में न करके जनता की क्षेत्रीय बोली-बानी में किया। ब्राह्मण से लेकर शूद्र तक को रामानन्द ने अपना शिष्यत्व प्रदान किया। रामानन्द के बारह प्रमुख शिष्यों में एक जुलाहा (कबीर), एक चमार (रैदास) तथा एक नाई (सेना) के नाम से उल्लेखनीय हैं।

अनतानन्द कबीर, सुखा सुरसुरा पदमावति नरहरि।
पीपा भावानन्द रैदास धना सेन, सुरसरि की धरहरि।।

इस प्रकार रामानन्द ने ही कबीर, नानक तथा चैतन्य के समाज एवं धर्म-सुधार आन्दोलन की पृष्ठभूमि तैयार की।

कबीर (1440-1510 ई०)

निर्गुण परम्परा के प्रमुख प्रतिनिधि कबीर भक्ति आन्दोलन की एक ऐतिहासिक देन है। वे केवल भक्त ही नहीं अपितु एक दूरदर्शी समाज सुधारक थे। उन्होंने बिना किसी की परवाह किये तत्कालीन समाज में व्याप्त दकियानूसी मान्यताओं, अन्धविश्वासों, अमानवीय धारणाओं एवं कुरीतियों का जम कर विरोध किया। कबीर का नाम हिन्दू तथा मुसलमान

दोनों सम्प्रदायों में समाज समान रूप से आदरणीय है। कबीर सिकन्दर लोदी के समकालीन थे और किंवदन्तियाँ हैं कि सिकन्दर लोदी ने इन्हें मारने के लिए कई प्रयत्न किये परन्तु वह असफल रहा।

कबीर का प्रारम्भिक जीवन अन्धकारमय रहा है। परम्परानुसार उनका जन्म वाराणसी के समीप लहरतारा में एक विधवा ब्राह्मणी के गर्भ से हुआ। इनका पालन- पोषण एक जुलाहा दम्पत्ति नीरू तथा नीमा ने किया। आगे चलकर कबीर ने रामानन्द का शिष्यत्व ग्रहण किया। उन्होंने एक गृहस्थ का जीवन व्यतीत किया। इन्हें एक पुत्र और पुत्री थी। वे आजीवन जुलाहे का कार्य करते रहे एवं एक फक्कड़ अन्दाज में साफ-साफ अपनी बात करते रहे।

कबीर ने हिन्दू तथा मुसलमान दोनों के बीच का भेदभाव समाप्त करने के लिए दोनों धर्मों की कुरीतियों एवं बाह्याडम्बरों का डटकर विरोध किया। जन्मगत श्रेष्ठता उन्हें कत्तई स्वीकार्य नहीं थी। कर्म की प्रधानता स्वीकार करते हुए इन्होंने धर्म की मौलिक एकता पर बल दिया। मूर्ति पूजा, मन्दिर-मस्जिद, तीर्थ व्रत आदि की कड़ी निन्दा करते हुए इन्हें त्याज्य बताया। कबीर ने पौराणिक हिन्दू मत के साथ-साथ मुल्लाओं और काजियों की रूढ़िवादी धार्मिक परम्पराओं का भी डटकर विरोध किया।

कांकर पाथर जोरि कै, मस्जिद लई चुनाय।
ता चढ़ि मुल्ला बाग दै, क्या बहरा हुआ खुदाय।।
पाहन पूजे हरि मिलैं, तो मैं पूजूँ पहार।
ताते तो चकिया भली, पीस खाय संसार।।

कबीर किसी पाठशाला या मकतब में नहीं गये। इन्होंने जो कुछ सीखा कहा वह अनुभव जनित था। इसी अनुभव के आधार पर वे पण्डित की व्याख्या इस प्रकार करते हैं—

पोथी पढ़ि-पढ़ि जग मुआ, पण्डित भया न कोय।
ढाई अक्षर प्रेम का, पढ़ै सो पंडित होय।।

अपने उपदेशों में इन्होंने मानव मात्र की समानता पर बल दिया।

एक बूँद एकै मूल मूतर एक चाम का गूदा।
एक जोति से सब उत्पन्ना को बाभन को सूदा।।

कबीर ने अपने उपदेश दोहे अथवा छोटी-छोटी कविताओं के रूप में दिये। बाद में एक पुस्तक 'बीजक' में इनके उपदेशों को संकलित किया गया। कबीर ने कोई नया धर्म प्रवर्तित नहीं किया। आगे चलकर उनके अनुयायियों ने कबीरपंथी सम्प्रदाय को जन्म दिया जिसके समर्थक हिन्दू एवं मुसलमान दोनों ही थे। जन्म के समान उनकी मृत्यु भी विवादास्पद है। किंवदन्ती है कि कबीर की मृत्यु हो जाने पर हिन्दू और मुसलमानों में झगड़ा हुआ। हिन्दू उनके शरीर को जलाना चाहते थे जबकि मुसलमान उन्हें दफनाना चाहते थे। अन्ततः जब उनके मृत शरीर से कपड़ा हटाया गया तो वहाँ केवल फूल मिले जिसे हिन्दुओं और मुसलमानों ने आपस में बाँट लिया। कबीर की वाणी ने समाज के निम्न वर्गों को सम्मान दिया तथा उपेक्षित एवं अनादृत जनसमूह में आशा एवं विश्वास का सृजन किया। डॉ० हजारीप्रसाद द्विवेदी के शब्दों में, 'युगावतार की शक्ति और विश्वास लेकर' वे पैदा हुए और युग-प्रवर्तन की दृढ़ता उनमें वर्तमान थी इसीलिए वे युग प्रवर्तन कर सके।

नानक (1469-1538 ई०)

नानक का जन्म 1469 ई० में वर्तमान पाकिस्तान में लाहौर से 35 मील दूर दक्षिण-पश्चिम में तलवण्डी नामक जगह पर एक खत्री परिवार में हुआ। आजकल इस जगह को ननकाना नाम से जाना जाता है। कम उम्र में ही इनकी शादी हो गयी और इनके दो पुत्र हुए। युवावस्था में इन्होंने गृहस्थ जीवन त्यागकर सन्यास ग्रहण कर लिया। ज्ञान प्राप्ति के उद्देश्य से ये लम्बे समय तक भ्रमण करते रहे। इस दौरान इन्होंने अनेक हिन्दू योगियों, मुसलमान फकीरों, जैन साधुओं तथा अन्य संतों के साथ सत्संग किया। रैदास एवं नामदेव से भी इनकी भेंट हुई। अंततः ये करतारपुर में रहकर अपने उपदेश देने लगे। यहीं पर इनका निधन हुआ।

गुरुनानक ने अत्यन्त सरल तथा व्यावहारिक भाषा में अपने उपदेश दिये जिसे सिखों के पांचवें गुरु अर्जुनदेव ने आदि ग्रन्थ में संकलित किया। कबीर की तरह ही गुरुनानक भी हिन्दू-मुस्लिम एकता के प्रबल पक्षधर थे। अपने समय के अन्धविश्वासों एवं सामाजिक बुराइयों के खिलाफ इन्होंने आवाज उठायी। गुरुनानक का मानना था कि व्यक्ति अपने कर्मों के अनुसार ही फल पाता है। परन्तु निर्वाण की प्राप्ति वह ईश्वर कृपा

से ही प्राप्त कर सकता है। गुरुनानक व्यक्ति की उन्नति के लिए गुरु तथा उनके मार्गदर्शन पर भी बल देते हैं। इन्होंने अपनी विनम्र वाणी में हिन्दुओं और मुसलमानों को समझाने का प्रयास किया। कबीर के विपरीत इनकी वाणी में भक्ति, सरसता एवं आत्मसमर्पण की भावना मिलती है। गुरुनानक ने पारिवारिक सन्त के विचार को दृढ़ता प्रदान करते हुए स्त्रियों को समाज में सम्मानित स्थान प्रदान किया। स्त्री को उन्होंने पुरुष का साथी और सहयोगी बताया। उन्होंने स्त्री को भी समान रूप से मोक्ष प्राप्ति का अधिकार दिया। गुरुनानक ने हिन्दुओं के अवतारवाद, स्वर्ग-नर्क की अवधारणा, जाति-पाँति तथा कर्मकाण्ड आदि का कड़ा विरोध किया। गुरु नानक ने स्वयं अपना पृथक सम्प्रदाय बनाने का कभी भी विचार नहीं किया। इन्होंने केवल शिष्य बनाये थे जो सिख कहलाने लगे। बाद में सिख धर्म एक अलग धार्मिक सम्प्रदाय के रूप में विकसित हुआ।

दादू (1544-1603 ई०)

कबीर के अनुयायियों में दादू का महत्त्वपूर्ण स्थान था। दादू का जन्म गुजरात के अहमदाबाद में एक ब्राह्मण परिवार में 1544 ई० में हुआ। दादू के जीवन का मुख्य उद्देश्य सभी धर्मानुयायियों को एकसूत्र में आबद्ध करना था। इसी उद्देश्य से इन्होंने परब्रह्म सम्प्रदाय की स्थापना की। गृहस्थ जीवन व्यतीत करने वाले दादू का विश्वास धर्म ग्रन्थों की सत्ता में नहीं अपितु आत्मज्ञान में था। दादू ने हिन्दू तथा मुसलमान दोनों को अपना शिष्य बनाया। इनकी मृत्यु 1603 ई० में राजस्थान के नारायण गाँव में हुई जहाँ अब इनके अनुयायियों का केन्द्र है।

रैदास

रामानन्द के शिष्यों में रैदास का नाम भी महत्त्वपूर्ण सन्त के रूप में जाना जाता है। इन्होंने काशी में ही रहकर अपने उपदेश दिये। कबीर की ही तरह रैदास भी निर्गुण एवं निराकार ईश्वर की उपासना पर बल देते हैं। रैदास ने दिखावे की जगह मन की पवित्रता पर बल दिया—'मन चंगा तो कठौती में गंगा।' आजीवन अपने जातिगत व्यवसाय में लगे रहकर इन्होंने श्रम की महत्ता का प्रतिपादन किया तथा यह साबित किया कि जाति से कोई व्यक्ति ऊँचा या बड़ा नहीं होता। अपनी सहज वाणी एवं सरस

उपदेशों के द्वारा रैदास ने समाज के निम्नवर्ग के लोगों में नवीन आशा तथा विश्वास की भावना का संचार किया।

चैतन्य महाप्रभु (1486-1534 ई०)

भक्ति आन्दोलन के प्रमुख सन्तों में से एक चैतन्य का जन्म बंगाल के नदिया जिले में एक संभ्रान्त ब्राह्मण परिवार में हुआ। बीस वर्ष की आयु में ये संन्यासी हो गये। इन्होंने विभिन्न स्थानों का भ्रमण किया और लोगों को प्रेम और भक्ति का उपदेश दिया। चैतन्य ने कृष्ण को अपना आराध्य बनाकर उनकी भक्ति का प्रचार किया। चैतन्य मूलतः मानवतावादी थे और सभी मनुष्यों को समान मानते थे। जाति-पाँति, कर्मकांड, छुआछूत, ब्राह्मणों की श्रेष्ठता आदि के ये विरोधी थे। ये हिन्दू-मुस्लिम एकता के समर्थक थे। 1534 ई० में पुरी में इनका निधन हो गया।

नामदेव

मध्ययुगीन भक्ति सन्तों में नामदेव को अतीव सम्मान के साथ याद किया जाता है। इनका जन्म 1270 ई० में सतारा जिले के कन्हाड़ के समीप नरसीबमनी गाँव में हुआ था। सन्त ज्ञानेश्वर के समकालीन नामदेव निर्गुणवादी थे। इन्होंने मूर्ति पूजा तथा धार्मिक बाह्याडम्बरों का कड़ा विरोध करते हुए प्रेम, भक्ति एवं समानता का उपदेश दिया। नामदेव ने जाति-प्रथा का भी खण्डन किया और सभी जातियों के लोगों को अपना अनुयायी बनाया। नामदेव हिन्दू-मुस्लिम एकता के भी समर्थक थे। इनकी गणना मराठी साहित्य के प्रमुख कवियों में की जाती है।

इन सन्तों के अतिरिक्त मध्ययुगीन समाज में कुछ अन्य संत भी हुए जिन्होंने धर्म के पारम्परिक स्वरूप में सुधार पर जोर दिया साथ ही सामाजिक बदलावों को भी एक नयी दिशा प्रदान की। इन सन्तों में धन्ना, पीपा, साईं आदि के नाम उल्लेखनीय हैं। हिन्दुओं एवं मुसलमानों दोनों ने इनके विचारों का स्वागत किया।

भक्ति आन्दोलन में दो भिन्न धारणाएँ दृष्टिगोचर होती हैं—(i) निर्गुण सन्त परम्परा और (ii) सगुण सन्त परम्परा। निर्गुण सन्तों जैसे कबीर, रैदास, नानक आदि ने ईश्वर की भक्ति निराकरण रूप में करने पर जोर

दिया है जबकि सगुण सन्तों जैसे तुलसी, सूरदास, मीरा, चैतन्य आदि ने ईश्वर की सगुणोपासना पर जोर दिया है। निर्गुण संतों ने वैयक्तिक साधना पर जोर दिया जबकि सगुण सन्तों ने मूर्ति पूजा, अवतारवाद एवं कीर्तन-उपासना पर जोर दिया। इन सन्तों के सन्देशों का तत्कालीन समाज ने काफी स्वागत किया। इन सन्तों ने अपने प्रयासों के द्वारा सांस्कृतिक रूप से एक ऐसे भारत का निर्माण किया जिस पर मुगल बादशाहों ने भविष्य के भारत की नींव रखी। ताराचन्द ने सन्तों के प्रभावों को विश्लेषित करते हुए यह उचित ही लिखा है कि अकबर का 'दीन-ए-इलाही' किसी निरंकुश शासक की ऐकांतिक सनक नहीं थी बल्कि उन अवश्यंभावी शक्तियों का स्वाभाविक परिणाम था जो भारतीय जनमानस में सागर की तरह उमड़-घुमड़ रही थी और जो कबीर तथा नानक जैसे सन्तों की वाणी में मुखरित हो रही थी।

सल्तनतकालीन समाज

भारतीय समाज में मुसलमानों के प्रवेश से इसकी परम्परागत संरचना में कुछ महत्त्वपूर्ण बदलाव आये। शासक वर्ग होने के कारण विदेशी मुसलमानों का समाज में अधिक सम्मान एवं प्रभाव था। राज्य के सभी उच्च पदों पर ये काबिज रहते थे और इन लोगों को बड़ी-बड़ी जागीरें प्राप्त होती थीं। विदेशी मुसलमान भी विभिन्न वर्गों में बँटे हुए थे—तुर्क, ईरानी, अरब, अफगान, अबीसीनियाई आदि ऐसे ही वर्ग थे। ख़लजियों द्वारा सत्ता संभालने पर तुर्कों की सामाजिक श्रेष्ठता समाप्त हो गयी और बदलती परिस्थितियों में सभी विदेशी मुसलमान समान स्तर पर आ गये।

समाज का दूसरा वर्ग भारतीय मुसलमानों का था। ये वे लोग थे जो धर्म परिवर्तन द्वारा हिन्दू से मुसलमान बने अथवा परिवर्तित मुसलमानों की सन्तान थे। इन्हें समाज और शासन में अपेक्षाकृत निम्न स्थान प्राप्त था। हिन्दू धर्म के प्रभाव के कारण भारतीय मुसलमान भी विभिन्न वर्गों में बँट गये। धार्मिक पदाधिकारी उलेमा वर्ग का प्रभाव लगभग पूरे शासन काल में दिखायी पड़ता है। मुस्लिम समाज का निम्न स्तर शिल्पी, दुकानदार, क्लर्क और छोटे व्यापारियों से मिल कर बना था।

भारतीय समाज का बहुसंख्यक वर्ग हिन्दुओं का था। पहले से ही जाति व्यवस्था से विभिन्न वर्गों में बँटे हिन्दू समाज ने मुसलमानों के आने पर

अपने जाति बंधन को और अधिक कठोर बना लिया जिससे कई नवीन उपजातियों का जन्म हुआ। शुरू में यदि कोई हिन्दू एक बार अपना धर्म छोड़ देता अथवा मुसलमानों के साथ किसी रूप में रह लेता तो वह अपने धर्म में वापस नहीं लौट सकता था। बाद में यह बंधन कुछ शिथिल पड़ा। हिन्दुओं को शासन में कोई उच्च पद प्राप्त नहीं होता था और उन्हें हेय दृष्टि से देखा जाता था। फिर भी हिन्दू व्यापारी, कारीगर, किसान एवं लगान विभाग के लिए महत्त्वपूर्ण बने रहे।

वेशभूषा—सल्तनतकालीन, वेशभूषा पर सामाजिक स्तरीकरण का प्रभाव दिखायी पड़ता है। शासक, अभिजातवर्ग एवं सर्वसाधारण वर्ग के पहनावे अलग-अलग थे। हसन निजामी के अनुसार इस समय के सुल्तान और राजकुमार कीमती वस्त्रों को धारण करते थे जिनमें दिबा-ए-हश्त-रंग (सात रंगों का जरीवाला वस्त्र), बिसत-ए-जमुर्रदी (मखमली वस्त्र), लिबास-ए-पर्नियान (चीनी सिल्क का पतला कपड़ा) जामा-ए-संजब (फर कोट), लिबास-ए-बहमन (फूल-पत्ती का काम किया कपड़ा) उल्लेखनीय है। शासक वर्ग रूस, चीन, खुरासान, सीरिया से भी कीमती वस्त्रों को मँगाता था। अमीर खुसरो ने कतान-ए-रूसी, कतान-ए-बिहारी, जामा-ए-देवगिरि, मवाज-ए-मारवाड़ी, रूपक-ए-बिहारी आदि का उल्लेख किया है। सुल्तान सिर पर कुलाह अथवा तारतारटोपी धारण करता था। रजिया पर्दा प्रथा त्यागकर पुरुषों का वस्त्र धरण करने लगी। हिन्दू और मुस्लिम आभिजात्य वर्ग वेशभूषा में प्रायः शासक वर्ग की नकल करता था। यद्यपि उसके पास बहुमूल्य रत्न जटित वस्त्रों का अभाव था। साधारण वर्ग के अन्तर्गत कृषक, श्रमिक, कारीगर और दास आते थे। आर्थिक संसाधनों के अभाव में ये अच्छे वस्त्र के बारे में सोच नहीं सकते थे इब्नबतूता ने यह उल्लेख किया है कि सामान्य वर्ग को बड़ी कठिनाई से सूती वस्त्र उपलब्ध हो पाता था। ये लोग किसी तरह केवल आधे शरीर को ढक पाते थे। सामान्य ब्राह्मण परिवार के पुरुष धोती एवं कमीज पहनते थे जबकि स्त्रियाँ रंग-बिरंगी साड़ियाँ पहनती थीं।

खान-पान—सल्तनतकालीन समाज के उच्च वर्ग का खान-पान भी विशिष्ट होता था। इस काल में मुस्लिम देशों में प्रचलित पोलाव का प्रचलन हुआ। हिन्दू वर्ग प्रातः काल में नाश्ता के समय दाल तथा चावल की मिली हुई खिचड़ी खाता था जबकि मुसलमान भूनी हुई रोटी और कबाब खाते थे। अमीर खुसरो ने मूँग, चना, अरहर तथा मसूर के दाल का

उल्लेख किया है। भारत में बना अचार उच्चवर्ग में बहुत लोकप्रिय था। तुर्क लोग घोड़े का जबकि राजपूत सुअर का माँस खाते थे। जैन, ब्राह्मण एवं वैश्य लोग माँस नहीं खाते थे। सल्तनतकालीन उच्च वर्ग में मद्यपान एक साधारण प्रथा थी। साधारण वर्ग का खान-पान उसकी आर्थिक स्थिति पर निर्भर करता था। साधारण लोग प्रायः रोटी, चावल दाल तथा साधारण सब्जी खाते थे। कुछ लोग मांस-मछली भी खाते थे।

सतीप्रथा—सल्तनतकालीन हिन्दू समाज में सती प्रथा का प्रचलन था जिसमें पति की मृत्यु के बाद स्त्री स्वयं को मृत पति के साथ जला लेती थी। यह कई प्रकार का होता था—सहमरण, अनुसरण, सहगमन तथा अनुगमन। इब्नबतूता इस बात का उल्लेख करता है कि इस काल में सती होने से पहले सरकारी अनुमति प्राप्त करना अनिवार्य था कभी-कभी समाज स्त्रियों को सती होने के लिए प्रोत्साहित करता था। के० एम० अशरफ के अनुसार हिन्दू समाज में विधवाओं की उपेक्षा के कारण स्त्रियाँ पति की मृत्यु के बाद सती होकर शरीर त्याग कर देती थीं।

जौहर-प्रथा—राजपूत समाज में प्रचलित जौहर प्रथा राजपूत रानियों के लिए सम्मान का विषय था। अलाउद्दीन खिलजी के आक्रमण के समय रणथंभौर के शासक हम्मीर देव के किले में राजपूत स्त्रियों ने जौहर किया था। तैमूर के आक्रमण के समय भटनेर के गवर्नर कमालुद्दीन ने अपनी सम्पत्ति तथा स्त्रियों को जलाकर आक्रमणकारियों का सामना किया था।

मनोरंजन—मध्ययुगीन समाज के आमोद-प्रमोद के साधनों को अशरफ महोदय ने दो भागों में बाँटा है—राज्य (युद्ध प्रणाली) तथा वज़्म (सामाजिक मनोरंजन) युद्ध प्रणाली के अन्तर्गत कुश्ती, तलवार भाँजना, तीरन्दाजी, चक्रप्रक्षेपण, जैबलिन प्रक्षेपण आदि आते हैं। तैराकी को भी प्रोत्साहन दिया जाता था। क्रीड़ा मैदानों में चौगान सर्वाधिक प्रसिद्ध था। कुतुबुद्दीन ऐबक की मृत्यु लाहौर में चौगान खेलते समय ही हुई थी। तुर्कों के अतिरिक्त राजपूत और अफगान की इस खेल में रुचि रखते थे। दिल्ली के सुल्तान शिकार करके भी अपना मनोरंजन करते थे। शिकार की व्यवस्था के लिए 'अमीर-ए-शिकार' नामक मन्त्री नियुक्त किया जाता था। इल्तुतमिश, बलबन, अलाउद्दीन खलजी, मुहम्मद तुगलुक और फीरोज तुगलक की शिकार खेलने में विशेष रुचि थी। फीरोज तुगलक को शेर का शिकार खेलने का विशेष शौक था। हसन निजामी, अमीर खुसरो तथा जायसी ने शतरंज का उल्लेख किया है। सामान्य वर्ग अपनी आजीविका में

ही इस तरह परेशान रहता था कि उसे मनोरंजन के लिए समय नहीं मिल पाता था। धार्मिक त्यौहार तथा मेला सर्वसाधारण वर्ग के लिए आनन्द का बड़ा अवसर होता था।

त्यौहार—मुस्लिम तथा हिन्दू समाज के अपने-अपने त्यौहार थे जिसे लोग विशेष उल्लास के साथ मनाते थे। फटेहाल जीवन बिताने वाले आमवर्ग के लिए तो ये त्यौहार संजीवनी सरीखे साबित होते थे एवं उनके जीवन में एक नया रंग भरते थे।

मुस्लिम त्यौहारों में इदुल-अजहा, इदुल-फितर, मुहर्रम, शब-ए-वरात, मिलद-ए-शरीफ, नौरोज आदि प्रमुख थे। हिन्दू त्यौहारों में बसंत पंचमी, शिवरात्रि, होली दशहरा, दीपावली, रक्षाबन्धन आदि को विशेष रूप से मनाया जाता था।

दासप्रथा—सल्तनतकालीन समाज में हिन्दू एवं मुसलमान दोनों सम्प्रदायों में दास प्रथा प्रचलित थी। गुलामों को बाजार में बेचा एवं खरीदा जा सकता था। दास रखना सामाजिक प्रतिष्ठा की बात होती थी। हिन्दू एवं मुसलमान दोनों अपने गुलामों के साथ बहुत अच्छा व्यवहार करते थे। गुलामों के जीवन और उनकी सम्पत्ति पर मालिकों का अधिकार होता था। मुसलमान दासों की स्थिति हिन्दू दासों की अपेक्षा अधिक अच्छी थी। सुल्तान स्वयं बड़ी संख्या में योग्य दासों को रखते थे। कई अवसरों पर तो दासों में से अनेक ने राज्य के बड़े से बड़े पद को प्राप्त किया। फीरोज तुगलक ने तो दासों की देखभाल के लिए एक अलग विभाग दीवान-ए-बन्दगान की स्थापना की और एक अधिकारी भी नियुक्त किया। साथ ही दासों की शिक्षा का पूरा ध्यान रखा गया।

स्त्रियों की स्थिति—मुस्लिम आक्रमण के पश्चात हिन्दू समाज में स्त्रियों की स्थिति काफी खराब हो गयी। शासक वर्ग का होने के कारण चूँकि मुसलमान हिन्दू स्त्रियों को पाने के लिए लालायित रहते थे और अपहरण के लिए तत्पर रहते थे अतः इसी कारण से हिन्दू समाज में अल्पायु विवाह और पर्दा-प्रथा का प्रारम्भ हुआ। घरों से बाहर न निकल पाने के कारण लड़कियाँ शिक्षा प्राप्त नहीं कर पाती थीं। इस काल में हिन्दू विधवाओं को पुनर्विवाह करने की अनुमति नहीं थी। उन्हें या तो सती होना पड़ता था अथवा मृत्युपर्यन्त संन्यासियों का जीवन व्यतीत करना पड़ता था। इस समय परिवार में लड़की का जन्म होना शोक का कारण माना जाता था फलस्वरूप बाल हत्याएँ भी की जाती थीं। इसी समय हिन्दू समाज में

देवदासी प्रथा भी प्रचलित थी जिसमें सुंदर अविवाहित लड़कियों को देवदासी के रूप में रख दिया जाता था।

मुस्लिम समाज में भी स्त्रियों की दशा अच्छी नहीं थी। एक मुसलमान कम से कम चार स्त्रियों से शादी कर सकता था। समृद्ध लोग और राजपरिवार से जुड़े लोग तो सैकड़ों स्त्रियाँ एवं दासियाँ रखते थे। मुसलमानों में पर्दा-प्रथा कठोर रूप से लागू थी और उनमें शिक्षा का प्रसार भी बहुत कम था। मुस्लिम स्त्रियाँ विधवा होने पर पुनर्विवाह कर सकती थीं। उन्हें तलाक देने का भी अधिकार था। साथ ही माँ-बाप की सम्पत्ति में हिस्सा लेने का भी अधिकार था। कुल मिलाकर इस काल में स्त्रियों की स्थिति खराब थी और उनको 'भोग्या' के रूप में देखा जा रहा था।

स्थापत्य कला—विभिन्न ललित कलाओं में से स्थापत्य कला को ही सल्तनत काल में बढ़ावा मिला क्योंकि इस्लाम में चित्रकला, गायन एवं नृत्यकला वर्जित है। इस काल में मुख्य रूप से दो तरह की कलाएँ दिखायी देती हैं—(i) शाही स्थापत्य कला एवं (ii) प्रान्तीय स्थापत्य कला। राजस्थान एवं विजयनगर जैसे राज्यों में हिन्दू स्थापत्य कला भी दिखायी पड़ती है।

स्थापत्य कला की दृष्टि से सल्तनत काल इसलिए विशिष्ट है कि इस काल में एक नयी शैली 'भारतीय-इस्लमी कला' का विकास हुआ जो न तो पूर्णरूपेण इस्लामी थी न ही पूर्णतः हिन्दू कला, परन्तु दोनों को 'भारतीय कला' कहा जा सकता है। कुतुबुद्दीन ऐबक ने दिल्ली में कुव्वत-उल-इस्लाम मस्जिद और अजमेर में ढाई दिन का झोपड़ा इमारत का निर्माण कराया। इल्तुतमिश ने सूफी संत ख्वाजा बख्तियार काकी की स्मृति में 71.4 मीटर ऊँची भव्य इमारत कुतुबमीनार का निर्माण कराया। अलाउद्दीन खिलजी ने कुतुब के साथ एक प्रवेश द्वार 'अलाई दरवाजा' का निर्माण कराया जिसके निमित्त होने में पहली बार वैज्ञानिक विधि का प्रयोग किया गया।

इसके अतिरिक्त खलजी ने सीरी का नगर बसाया, उसमें हजारों स्तंभों वाला महल बनवाया निजामुद्दीन औलिया के दरगाह के अन्तर्गत जमैयतखाना मस्जिद भी बनवाया। गियासुद्दीन तुगलुक ने एक नवीन नगर तुगलकाबाद, उसमें स्वयं का मकबरा और अपना महल बनवाया। मुहम्मद तुगलक ने 'जहाँपनाह' नामक का नया नगर बनवाया साथ ही तुगलकाबाद

के निकट आदिलाबाद का किला बनवाया। फीरोज तुगलक ने दिल्ली के निकट फीरोजाबाद बसाया और उसमें फीरोजशाह कोटला नगर और किला तथा स्वयं का मकबरा बनवाया। उसके पुत्र जूनाशाह ने 'खाने-जहाँ' तिलंगानी का मकबरा, उसके निकट 'काली मस्जिद', जहाँपनाह में 'खिरकी मस्जिद' और 'कलन मस्जिद' बनवायी। लोदी काल की प्रमुख इमारत सिंकदर लोंदी के प्रधानमन्त्री द्वारा बनवायी गयी दिल्ली की मोठ मस्जिद है।

दिल्ली सल्तनत जिस समय अपने विघटन की ओर अग्रसर हो रहा था ठीक उसी समय भारत के अनेक भागों में फैले राज्यों ने अपनी विशिष्ट स्थापत्य शैलियों से कलाविदों का ध्यान आकृष्ट किया। मुल्तान, बंगाल, जौनपुर, मालवा, गुजरात, कश्मीर तथा बहमनी राज्य में अपनी विशिष्ट स्थानीय स्थापत्य शैलियों के साथ बनायी गयी इमारतें सौन्दर्य का अपना प्रतिमान गढ़ती हुई दिखायी पड़ती हैं।

अन्य ललित कलाएँ—इस्लाम के भारत आगमन के पश्चात् सल्तनतकाल में मुसलमान और हिन्दू धर्मों के मध्य एकीकरण की जो कुछ प्रवृत्तियाँ सार्थक हस्तक्षेप करती दिखायी पड़ती हैं उनमें ललित कलाओं विशेषकर संगीत का स्थान प्रमुख है। भारत आने वाले तुर्क अपने साथ ईरान और मध्य एशिया में पल्लवित समृद्ध अरबी संगीत परम्परा भी लाये। उनके पास कई नये वाद्य जैसे रबाब और सारंगी थे जिनकी अपनी विशिष्ट वाद्य शैली थी। संगीत में अच्छा दखल रखने वाले अमीर खुसरो को संगीत के सिद्धान्त एवं कला के कारण 'नायक' की उपाधि मिली। उसने ऐमान, गोरा और सनम जैसे अनेक ईरानी अरबी रागों को प्रचलित किया। खुसरो को 'सितार' और 'तबले' के निर्माण का श्रेय भी दिया जाता है। खुसरो ने भारतीय संगीत में कव्वाली की एक नवीन शैली को जोड़ा। फीरोज तुगलक भी संगीत प्रेमी सुल्तान था। सिंहासन पर बैठने के समय उसने जनसाधारण के मनोरंजन के लिए बीस दिनों तक संगीत गोष्ठी का प्रबन्ध किया। इसी समय शासकीय रचना 'रागदर्पण' का फारसी अनुवाद हुआ।

प्रान्तीय शासकों ने भी संगीत कला को अपना संरक्षण प्रदान किया। शर्की शासक हुसैन शाह शर्की स्वयं अच्छा संगीतज्ञ था और उसने एक नये राग-'खयाल' को भारतीय संगीत में शामिल किया। इसी के काल में 'संगीत-शिरोमणि' नामक श्रेष्ठ संगीत ग्रन्थ का संकलन किया गया।

मालवा का शासक बाजबहादुर संगीत में बहुत रुचि लेता था उसकी पत्नी रूपमती इस कला की अच्छी ज्ञाता थी। कश्मीर का सुल्तान जैन-उल-आबदीन स्वयं एक योग्य संगीतकार था। तिरहुत क्षेत्र में विद्यापति जैसे महान संगीतज्ञ हुए जिन्होंने 'कजरी' नामक संगीत को लोकप्रिय बनाया। ग्वालियर के राजा मानसिंह के संगीत-विद्वानों ने भारतीय संगीत को 'ध्रुपद राग' प्रदान किया। जो एक उत्साहवर्द्धक राग है। इस काल में संगीत पर कई बेहतरीन ग्रन्थ लिखे गये सारंगदेव ने 'संगीत-रत्नाकर' का प्रणयन किया। लोकन कवि ने 'रागतरंगिनी' की रचना की ओर इसमें भारतीय संगीत की मुख्य 12 शैलियाँ—भैरवी, टोडी, गौरी, कर्नट, केदार, यामन, सारंग, मेघ-राग, धनसरी, पूर्वी, तुखारी और दियाक का वर्णन किया। इस प्रकार सल्तनत काल में संगीत कला का निरन्तर विकास होता रहा।

भाषा एवं साहित्य—सल्तनत काल में संस्कृत एवं फारसी के अतिरिक्त हिन्दी उर्दू एवं प्रायः सभी प्रान्तीय भाषाओं में ग्रन्थों की रचना की गयी। काव्य, गद्य, पद्य, नाटक एवं धार्मिक तथा ऐतिहासिक ग्रन्थों का प्रणयन हुआ। उच्च विचारों के सम्प्रेषण और साहित्य का माध्यम अभी भी संस्कृत ही थी इसी काल में रामानुज, माधव, वल्लभ आदि की रचनाएँ प्रकाश में आयीं। कागज के आविष्कार के कारण अनेक प्राचीन ग्रन्थों को पुनर्लिखित किया गया दर्शन के अतिरिक्त चिकित्सा, ज्योतिष, न्याय, संगीत आदि क्षेत्र में भी रचनाएँ होती रहीं। हिन्दू न्याय शास्त्र की दो प्रमुख धाराओं में से एक विज्ञानेश्वर की मिताक्षरा 12वीं शताब्दी का ग्रन्थ है। अपवादस्वरूप फ़ारसी कवि जामी द्वारा रचित युसुफ और जुलेखा की प्रेमकथा के अनुवाद को अगर छोड़ दिया जाये तो इस काल में फारसी साहित्य को संस्कृत में अनुदित करने का कोई प्रयास नहीं दिखायी पड़ता।

तुर्कों के भारत आगमन के साथ यहाँ फारसी जैसी समृद्ध भाषा भी आयी फारसी के विकास का पहला केन्द्र संभवतः लाहौर था। इस काल के सर्वाधिक उल्लेखनीय फारसी लेखक अमीर खुसरो हैं। खुसरो ने स्वयं के भारतीय होने पर गर्व करते हुए लिखा—'मैंने दो कारणों से हिन्दुस्तान की प्रशंसा की है। पहला कारण है हिन्दुस्तान मेरी जन्मभूमि और हमारा देश है। देश को प्यार करना महत्त्वपूर्ण कर्त्तव्य है....हिन्दुस्तान जन्नत की तरह है। इसकी आबोहवा खुरासान से भी बेहतर है....सारा साल हरा-भरा और फूलों से भरा रहता है.....यहाँ के ब्राह्मण अरस्तू की तरह विद्वान हैं और प्रत्येक क्षेत्र में अनेक विद्वान हैं। अमीर खुसरो ने अपनी कविताओं में

हिन्दी शब्दों का प्रयोग प्रारम्भ किया। उसके प्रमुख ग्रन्थ 'खजाइन-उल-फुतूह', 'तुगलकनामा' और 'तारीख-ए-अलाई' माने गये हैं।

सल्तनत काल में फारसी में इतिहास लेखन की एक विशिष्ट शैली उद्भूत होती दिखायी पड़ती है। फीरोज तुगलक ने स्वयं अपनी आत्मकथा लिखी। इतिहासकार बरनी और शम्स-ए-सिराज अफीक उसके संरक्षण में था। इतिहासकारों में किताबुल हिन्द का लेखक अल-बरुनी, ताजुल-मासिर का लेखक हसन निजामी, तबकाते नासिरी का लेखक मिनहाजुद्दीन सिराज, तारीखे फिरोजशाही और फतवा-ए-जहाँदारी का लेखक जियाउद्दीन बरनी, तारीख-ए-फीरोजशाही का लेखक शम्स-ए-सिराज अफीक, तारीख-ए-मुबारकशाही का लेखक याह्या-बिन-अहमद सरहिन्दी और फुतूह-उस-सलातीन का लेखक ख्वाजा अबूमलिक इसामी प्रमुख हैं।

क्षेत्रीय भाषाएँ—सल्तनत काल में क्षेत्रीय भाषाओं का विकास एवं साहित्यिक भाषा के रूप में उसका प्रयोग किया जाता रहा। पश्चिमी उत्तर प्रदेश की खड़ी बोली और ब्रज भाषा हिन्दी के निर्माण का आधार बनी। चंदबरदायी का 'पृथ्वीराज रासो', सारंगधर का 'हम्मीर काव्य' तथा जगनक का 'आल्हाखण्ड' इस भाषा के प्रमुख ग्रन्थ थे। इसी समयान्तराल में विद्यापति ने मैथिली साहित्य के विकास में अप्रतिम योगदान दिया। सूफी सन्तों एवं भक्ति संतों ने अपनी बात जनता तक पहुँचाने के लिए क्षेत्रीय भाषाओं का ही सहारा लिया। अवधी, राजस्थानी, सिंधी, पंजाबी, गुजराती, मराठी, उड़िया, बंगाली, कन्नड़, तेलुगु, मलयालम आदि भाषाओं का इसी क्रम में विकास दिखायी पड़ता है। बंगाल के शासक नुसरत शाह ने महाभारत एवं रामायण का बंगाली भाषा में अनुवाद कराया। सुल्तान हुसैन शाह के संरक्षण में मालधर वसु ने भागवत गीता का बंगाली में अनुवाद कराया। चैतन्य महाप्रभु ने अपने भजनों एवं गीतों से बंगाली साहित्य को समृद्ध किया। एकनाथ ने भागवत का मराठी भाषा में अनुवाद किया और 'रुक्मणी स्वयंवर' तथा 'भावार्थ-रामायण' लिखा। इसी काल की मराठी साहित्य को अप्रतिम देन तुकाराम के अभंग हैं। विजयनगर के सम्राटों ने संस्कृत, तेलुगु और कन्नड़ भाषाओं की प्रगति को बढ़ावा दिया। इस प्रकार सल्तनतकाल में क्षेत्रीय भाषाओं को पनपने का पर्याप्त आधार मिला और इन स्थानीय भाषाओं में ही अनेकानेक महत्त्वपूर्ण ग्रन्थों की रचना की गयी।

अध्याय-6

मुगल कालीन संस्कृति

भारतीय इतिहास में मुगल काल का प्रारम्भ एक नये युग का प्रारम्भ था। 1526 ई० में पानीपत के युद्ध में विजय प्राप्त कर बाबर ने मुगल राजवंश की नींव डाली। इस राजवंश ने भारत पर लगभग तीन शताब्दियों तक अपना गौरवपूर्ण शासन बनाये रखा। यद्यपि इसके पश्चात भी प्रतीकात्मक तौर 1857 ई० तक मुगल राजवंश सत्ता शीर्ष पर रहा तथापि 1707 ई० के बाद का समय मुगल वंश के पतन का दौर ही है। एक लम्बे अरसे के बाद गुप्तकाल के पश्चात भारतीय राजनीति में स्थिरता आयी तथा भारतीय समाज एवं संस्कृति के विविध क्षेत्रों में चहुँमुखी विकास देखने को मिलता है इसी वजह से मुगल काल को द्वितीय क्लासिकल युग की संज्ञा भी दी जाती है। मुगल काल के सांस्कृतिक विकास में भारत के विभिन्न हिस्सों, मतों तथा जातियों ने विविध प्रकार से योगदान दिया और इस अर्थ में सांस्कृतिक तौर पर एक राष्ट्रीय संस्कृति का विकास हुआ।

मुगल समाज—मुगल कालीन भारत की जनसंख्या में पहले की ही तरह हिन्दू एवं मुस्लिम ये दो प्रमुख वर्ग थे। सामाजिक स्तर पर इनकी स्थिति इस प्रकार थी मुस्लिम समाज-शासक वर्ग का होने के कारण समाज में अल्पसंख्यक होते हुए भी मुसलमान प्रभावशाली स्थिति में थे। तत्कालीन मुस्लिम समाज मोटे तौर पर दो वर्गों में बँटा था—(i) विदेशी मुसलमान—जो अरब, फारस, अथवा अन्य देशों से भारत आये थे। तथा (ii) देशी मुसलमान—जो मूल रूप से यहीं के निवासी थे और उनके

पूर्वजों ने विभिन्न कारणों से इस्लाम धर्म स्वीकार कर लिया था। देशी मुसलमानों की स्थिति विदेशी मुसलमानों की तुलना में हीन थी। विदेशी मुसलमान प्रायः राजकीय सेवाओं पर अपना आधिपत्य जमाये रखते थे। स्तर के दृष्टिकोण से मुस्लिम समाज को तीन वर्गों में विभक्त किया जा सकता है—(i) सम्राट एवं सामन्तों का वर्ग, (ii) उलेमा अथवा धर्मतत्वज्ञों का वर्ग एवं, (iii) सर्वसाधारण वर्ग।

सैद्धान्तिक रूप से इस्लाम जाति प्रथा का विरोधी रहा है किन्तु भारत में यहाँ की हिन्दू जाति व्यवस्था का इस पर गहरा प्रभाव पड़ा। इस समय में मुसलमानों के दो सामाजिक वर्ग थे— (i) उच्चवर्ग अथवा शरीफ—इस वर्ग में सैय्यद, शेख, मुगल तथा पठान आते थे, (ii) निम्न वर्ग अथवा अफजला—इस वर्ग में किसान, शिल्पी, व्यापारी, आदि आते थे जो उच्च वर्ग की सेवा किया करते थे।

हिन्दू समाज—इस समय का हिन्दू समाज परम्परागत वर्ण जाति व्यवस्था पर आधारित समाज था। ब्राह्मणों का समाज में श्रेष्ठतम स्थान था जबकि शूद्रों का स्थान निम्नतम था। इसके अतिरिक्त समाज में अछूतों का भी एक वर्ग था जिसमें डोम, चमार, चाण्डाल, कसाई आदि लोग आते थे। इनकी स्थिति अत्यन्त दयनीय थी एवं किसी तरह से दास वर्ग के लोगों से बहुत अच्छी नहीं थी।

इस समय कुछ नयी उपजातियाँ भी पैदा हो गयीं। जैसे—तोशखानी, काजी और आगा-कश्मीरी ब्राह्मण जाति की उपजातियाँ, गुजराती, ब्राह्मणों में मुंशी तथा कायस्थों में कानूनगो और रायजादा आदि। इसी प्रकार देश के विभिन्न भागों में ऊँची जातियों में मेहता एवं बख्शी उपजातियाँ उत्पन्न हो गयी।

हिन्दू समुदाय, देश के अधिकांश भूक्षेत्र का स्वामी था और कोई भी शक्ति हिन्दुओं के इस आधिपत्य को समाप्त कर पाने में स्वयं को असमर्थ पाती। राजस्व के मामलों में मुगल शासकों को अनिवार्य तौर पर हिन्दू अधिकारियों का सहयोग लेना पड़ा क्योंकि इस क्षेत्र में वे काफी अनुभवी थे। चौधरी, खुत, मुकद्दम आदि पदों पर सामान्यतया हिन्दुओं की ही नियुक्ति की जाती थी। अकबर के शासन काल से लेकर औरंगजेब के शासनकाल के प्रारम्भिक वर्षों तक हिन्दुओं को ऊँचे-ऊँचे मनसब प्राप्त हुए तथा उन्हें शासन में उच्च पद भी प्राप्त हुए।

वेशभूषा—मुगल सम्राट अपनी वेशभूषा के सन्दर्भ में बहुत जागरुक थे। मुगल सम्राटों ने भारतीय परिवेश के अनुसार नवीन वेशभूषा को अपनाया। सम्राट हुमायूँ एक प्रकार का ढीला कोट पहनता था जिसे 'कांबा' या 'उलबग्चा' कहा जाता था। सम्राट अकबर की वस्त्रों में अधिक रुचि थी इसके लिए उसने अनेक दर्जियों को नियुक्त किया। अकबर हिन्दुओं की तरह धोती धारण करता था। जहाँगीर कलगीदार पगड़ी पहनता था। उसके वस्त्रों के ऊपर हीरा, मोती जैसे रत्न जड़ित किये होते थे। शाहजहाँ भी मुगलकालीन वैभव के अनुरूप वस्त्र धारण करता था। रूढ़िवादी सम्राट औरंगजेब साधारण वस्त्र पहनता था। प्रायः सभी शासक 'कुलाह' या 'पगड़ी' पहनते थे। शासक वर्ग जूते का प्रयोग करता था।

राजमहल की स्त्रियाँ चूड़ीदार पायजामा तथा घाघरा का प्रयोग करती थीं। राजमहल में प्रयुक्त स्त्री वस्त्रों में बुर्का, शलवार, तथा कश्मीरी शाल प्रमुख था। नूरजहाँ ने अनेक तरह के वस्त्रों का उपयोग किया जिनमें नूरमहली, हददुमामी, पंचतोलिया, बदला, कैनारी, फर्स-ए-चादनी विशेष उल्लेखनीय है।

हिन्दू शासक वर्ग प्रायः धोती एवं कोट पहनता था। स्त्रियाँ साड़ी, चोली तथा राजकुमारियाँ दुपट्टे का प्रयोग करती थीं। हिन्दू स्त्रियों में आभूषण पहनने का प्रचलन था। चौक, बिंदुल, कर्णफूल, कर्णफूल, मोरपंख, नथ, हार, गुलबन्द, बाजूबन्द, चूड़ियाँ, पायल तथा बिछिया उनके प्रमुख आभूषण थे।

समाज का आभिजात्य वर्ग प्रायः शासक वर्ग के वेशभूषा की ही नकल करता था। इस वर्ग में भी सोने-चाँदी के आभूषण का प्रचलन था। मुस्लिम स्त्रियाँ अरबी शैली जबकि हिन्दू स्त्रियाँ स्वस्तिक चिह्न वाली बाजूबन्द पहनतीं थीं।

साधारण वर्ग का जीवन कठिन था जो उनकी वेशभूषा में भी परिलक्षित होता है। बाबर ने अपनी आत्मकथा में लिखा है कि साधारण वर्ग के लोग लंगोट पहनते थे एवं नंगे पाव चला करते थे। स्त्रियाँ केवल अपने शरीर को ढकने के लिए धोती पहनती थीं। गरीब जनता अपने शरीर से तब तक वस्त्र नहीं उतारती थी जब तक वह फट नहीं जाता था। पी० एन० चोपड़ा के अनुसार मुस्लिम शासन की स्थापना के बाद भी हिन्दू समाज में धोती, साड़ी, तथा कुर्त्ता उतना ही लोकप्रिय रहा है। जितना गौतम बुद्ध तथा महावीर स्वामी के समय में था।

खान-पान—मुगल काल में माँस खाने का प्रचलन पहले की अपेक्षा कम था। अकबर तो कभी-कभार ही माँस खाता था। बदायूँनी के अनुसार सम्राट ने माँस के साथ लहसुन तथा प्याज खाना बन्द कर दिया था। जहाँगीर ने रविवार तथा गुरुवार को पशुओं के वध पर रोक लगा दिया। मुगल सम्राटों एवं अमीरों के भोजनालय में सोने एवं चाँदी के बर्तन रहते थे। कभी-कभी मिट्टी के बर्तनों का प्रयोग भी किया जाता था। हिन्दुओं का खाना रसोईघर में पकाया जाता था। इसमें कोई जूता पहनकर नहीं जा सकता था। साधारण लोगों को पत्तल में खाना खिलाया जाता था। राजपूतों में दोने का प्रचलन था।

औरंगजेब को छोड़कर प्रायः सभी मुगल सम्राट शराब पीते थे। बाबर बहुत अधिक शराब पीता था। किन्तु खानवा के युद्ध में उसने शराब के सभी पात्रों को तोड़वा कर फेकवा दिया। हुमायूँ एक बड़ा अफीमची था। जहाँगीर भी बहुत अधिक शराब पीता था जबकि अकबर एवं शाहजहाँ एक सीमा तक ही शराब पीते थे। औरंगजेब शराब का सेवन बिल्कुल नहीं करता था। औरंगजेब ने तो 1668 ई० में एक आदेश निकालकर शराब पीने पर प्रतिबन्ध लगा दिया। साधारण वर्ग में शराब पीने का प्रचलन प्रायः नहीं था। फिर भी कुछ लोग महुआ, जौ, चावल तथा ताड़ के रस को शराब के रूप में प्रयोग करते थे। सामान्य वर्ग के लोग भाँग, तम्बाकू तथा अफीम का प्रयोग भी करते थे।

सतीप्रथा एवं जौहर प्रथा—मुगलकाल में भी हिन्दू समाज में सती प्रथा जैसी कुरीति का प्रचलन था। इसे हतोत्साहित करने के लिए हुमायूँ तथा अकबर ने अपने शासन काल में सती प्रथा पर प्रतिबन्ध लगा दिया। औरंगजेब ने 1663 ई० ने सती प्रथा को निषेधित कर दिया। इस प्रतिबन्ध के बावजूद सतीप्रथा पर रोक नहीं लग पायी।

मुगलकाल में भी राजपूतों में जौहर प्रथा का प्रचलन दिखायी पड़ता है। बाबर के आक्रमण के समय मेदिनीराय ने रायसेन के किले में जौहर कराया था। गुजरात के सुल्तान बहादुर शाह के आक्रमण के समय रायसेन एवं मेवाड़ की राजपूत स्त्रियों ने जौहर द्वारा अपने सतीत्व की रक्षा की थी। अकबर के सेनापति आसफ खाँ के आक्रमण के समय में गोंडवाना की राजपूत स्त्रियों ने भी जौहर किया था।

नारी की स्थिति—मुगलकाल में नारियों की स्थिति अच्छी नहीं थी। स्त्रियाँ भोग- विलास का साधन मात्र समझी जाती थीं। मुगल सम्राटों का

रनिवास 'हरम' कहा जाता था, जिसमें अनेक रानियाँ होती थीं। अकबर के हरम 'सविस्तान-ए-इकबाल' या 'सविस्तान-ए-खास' में लगभग 5000 स्त्रियाँ थीं। कट्टर सम्राट औरंगजेब के शाही रनिवास में स्त्रियों की संख्या घटकर 2000 हो गयी। सम्राटों का अनुकरण करते हुए आभिजात्य वर्ग भी अपने महल में अधिकाधिक स्त्रियाँ रखने का प्रयास करते थे। इस काल में सामन्त खुलेआम रखैल रखते थे।

मुगलशाही परिवार में रानियों तथा राजकुमारियों को विशेष सुविधाएँ प्राप्त थीं गुलबदन बेगम, माहम अनगा, माह चुचक बेगम, वस्तूनिशा बेगम, मिरीयम मकानी, सलिमा सुल्ताना बेगम, नूरजहाँ, मुमताज महल, जहाँनारा बेगम, रोशनआरा बेगम, जब्बू निशा बेगम, जीनतू निशा बेगम, लाल कुँवर (जहाँदार शाह की रखैल) आदि स्त्रियों का राजनीति में भी अच्छा दखल था। शाही रनिवास की सर्वाधिक प्रतिष्ठित स्त्रियाँ हमीरा बानू, मरियम-उज-जमानी, नूरजहाँ, जहाँआरा आदि ने अपने नाम से हुकुम, सनद, निशान एवं परवाना भी निकाला। नूरजहाँ अपने नाम से फरमान भी निकालती थी जो सिर्फ सम्राट का अधिकार था।

मुगलकाल में उच्च वर्ग की कुछ स्त्रियाँ अच्छी लेखिकाएँ एवं कवियित्रियाँ थीं। गुलबदन बेगम, नूरजहाँ, मुमताज महल, जहाँनारा बेगम, जब्बुनिशा, मीराबाई, रूपमती, आदि नाम इसमें अग्रणी है। हुमायूँ की पत्नी बेगा बेगम माहम अनगा, जहाँनारा बेगम आदि ने स्कूल-कॉलेजों की स्थापना कर शिक्षा के विस्तार में महत्त्वपूर्ण योगदान दिया।

उच्च वर्ग की कुछ स्त्रियाँ विभिन्न ललित कलाओं में भी विशेष रुचि रखतीं थीं। नूरजहाँ की चित्रकला और महल की साज-सज्जा में निपुणता हासिल थी। माहिम बेगम भी आवासीय साज-सज्जा में प्रवीण थीं। जहाँनारा बेगम की गहरी अभिरुचि पाक कार्यों में थी।

उच्च वर्ग के हिन्दू एवं मुस्लिम स्त्रियों का जीवन संतोषजनक था। समाज में बहुविवाह का प्रचलन था। सामान्य हिन्दू केवल एक स्त्री से विवाह करता था। जबकि मुसलमान एवं हिन्दू-सामंतवर्ग के लोग अधिक स्त्रियों से शादी करते थे। हिन्दू समाज में तलाक प्रथा नहीं थी। हिन्दू स्त्रियों को बचपन से ही अपने परिवार के प्रति श्रद्धा एवं सम्मान रखने की शिक्षा दी जाती थी।

मनोरंजन—मुगलकालीन समाज के लोग खेल-कूद शिकार, नृत्य-संगीत एवं पर्व त्यौहारों के माध्यम से अपना मनोरंजन किया करते थे। बाबर चौगान खेलने का शौक रखता था। अबुल फजल के अनुसार अकबर ने इस खेल को विशेष प्रोत्साहन दिया। फतेहपुर सीकरी तथा आगरा में इसके लिए मैदान बनाया गया। शिकार भी मुगलकालीन शासकों एवं सामन्तों के मनोरंजन का प्रमुख साधन था। हाथी, शेर, चीता, भैंस एवं जंगली बकरों का शिकार किया जाता था। शिकार के उद्देश्य से जहाँगीर ने इंग्लैण्ड तथा काबुल से अच्छे नस्ल के कुत्तों को मँगाया था। मुगल बादशाहों को चिड़ियों के शिकार का भी शौक था। जहाँगीर मछलियों के शिकार का शौकीन था। मुगल सम्राट जानवरों के युद्ध में भी विशेष रुचि लेते थे। बाबर ने अपनी आत्मकथा में हाथियों की लड़ाई का उल्लेख किया है। जहाँगीर ने मनोरंजन के लिए कई नटों, सपेरों और जादूगरों को बंगाल से राजधानी बुलाया। राजमहल की स्त्रियाँ भी इस मनोरंजन को देखती थीं।

बाबर ने भारत में सबसे पहले ताश खेलने का प्रचलन शुरू किया। सम्राट हुमायूँ अपनी माँ के साथ यह खेल खेलता था। सम्राट अकबर ने ताश की पत्तियों पर कुछ विशेष आकृतियों को बनवाकर इस खेल का नाम चण्डाल मण्डप रखा।

मुगल काल में हिन्दू समाज में रामलीला और कृष्णलीला का आयोजन प्रारम्भ हो गया। शाहजहाँ के शासनकाल में नाटक का भी आयोजन होता था। सूफी सन्तों के यहाँ संगीत समारोहों और मुशायरा एवं कौव्वाली का आयोजन होता रहता था। इसके अतिरिक्त धार्मिक त्यौहार एवं मेलों का आयोजन भी आम आदमी के मन में उल्लास एवं आनन्द का संचार करता था।

पर्व-त्यौहार—हिन्दू एवं मुसलमान दोनों सम्प्रदायों के लोगों के सामाजिक जीवन में पर्व एवं त्यौहार का विशिष्ट महत्त्व था। जीवन की तमाम विषमताओं एवं अभावों के बीच पर्व एवं त्यौहार आम लोगों के लिए संजीवनी सरीखे साबित होते थे। हिंदुओं के बीच बसन्तपंचमी, होली, शिवरात्रि, रामनवमी, कृष्णजन्माष्टमी, दशहरा, दीपावली आदि पर्व अधिक लोकप्रिय थे। मुस्लिम पर्व-त्यौहारों में ईदुल-फितर, ईद-उल-जुहा, मोहर्रम, चहल्लुम, शबे-बरात तथा नौरोज आदि महत्त्वपूर्ण थे। प्रयाग, हरिद्वार,

मथुरा, काशी, गया, कुरुक्षेत्र, उज्जैन आदि तीर्थ स्थलों पर एवं देश के प्रमुख नगरों पर समय-समय पर मेले लगते रहते थे। इसी तरह अजमेर, पानीपत, सरहिन्द आदि मुस्लिम तीर्थस्थानों पर भी समय-समय पर मेलों का आयोजन होता रहता था। जिसे देखने के लिए दूर-दराज से लोग पहुँचा करते थे।

ललित कलाएँ—वास्तुकला एवं स्थापत्य कला मुगल बादशाहों ने अनेक भव्य महलों, किलों, द्वारों, मस्जिदों, बावलियों एवं बागों आदि का निर्माण कराया। बाबर बागों का बहुत शौकीन था। उसने पानीपत में काबुली बाग तथा दिल्ली में आरामबाग का निर्माण कराया। मुगलों के लगवाये कई बाग जैसे कश्मीर का निशातबाग, लाहौर का शालीमार बाग तथा पंजाब तराई में पिंजोर बाग आज भी देखे जा सकते हैं। अकबर का शासन काल प्रत्येक क्षेत्र में सम्मिश्रण एवं समन्वय का युग था। देश की सुरक्षा को ध्यान में रखते हुए अकबर ने अनेक स्थानों पर अनेक किलों का निर्माण कराया, जिसमें आगरा, लाहौर तथा इलाहाबाद के किले उल्लेखनीय हैं।

आगरा से 23 मील की दूरी पर स्थित सीकरी को अकबर ने अपनी राजधानी बनाया। गुजरात विजय के बाद अकबर ने अपनी नवीन राजधानी का नाम फतेहपुर सीकरी रखा। अकबर के आदेशानुसार इस नगर में अनेक महलों, मस्जिदों, खानकाहों तथा अन्य भवनों का निर्माण किया गया। दीवान-ए-आम, दीवान-ए-खास, पंचमहल, खास महल, जोधाबाई का महल, हवामहल, बीरबल की कोठी, जामा मस्जिद, शेख सलीम चिश्ती का मकबरा, नौ महला इमारतें फतेहपुर सीकरी की कुछ महत्त्वपूर्ण इमारतें हैं। अपने दक्षिण विजय की स्मृति में अकबर ने 1601 ई० में भारत का सबसे ऊँचा तथा वैभवशाली प्रवेश द्वार 'बुलन्द दरवाजा' निर्मित कराया जो सीकरी में ही अवस्थित है। इस प्रकार अकबर ने अपनी भवन निर्माण योजना को कार्यान्वित कर स्थापत्य कला के विकास में अमूल्य सहयोग प्रदान किया।

जहाँगीर ने स्थापत्य कला में कोई विशेष रुचि नहीं लिया। जहाँगीर की रुचि चित्रकला एवं बगीचों के प्रति अधिक थी अतः भवन निर्माण का कार्य कुछ समय के लिए बाधित हो गया तथापि इस समय निर्मित इमारतों में सिंकदरा में स्थित अकबर का मकबरा, आगरा स्थित एतमाद-उद्-दौला

का मकबरा, लाहौर स्थित जहाँगीर का मकबरा, लाहौर की मोती मस्जिद एवं अनारकली का मकबरा आदि महत्त्वपूर्ण हैं।

शाहजहाँ का युग मुगल स्थापत्य कला का स्वर्ण युग था। अपनी निर्माण योजनाओं को क्रियान्वित करने के लिए शाहजहाँ ने सार्वजनिक निर्माण विभाग की स्थापना की। वैभवशाली महलों के निर्माण के लिए देश-विदेश से कुशल कारीगरों को आमन्त्रित किया गया। शाहजहाँ ने अपने सभी भवनों का निर्माण संगमरमर के द्वारा करवाया। दीवाने-आम, दीवाने-खास, शीश महल, मोती मस्जिद, खास महल, मुसम्मन बुर्ज, नगीना मस्जिद, जामा मस्जिद जैसी इमारतों का निर्माण आगरा में कराया। शाहजहाँ ने दिल्ली में 1638 ई० में शाहजहानाबाद नगर की स्थापना की एवं यहाँ कई वैभवशाली भवनों का निर्माण कराया। यहाँ का प्रमुख निर्माण 3100 फीट लम्बा तथा 1650 फीट चौड़ा लाल किला है। इसका प्रवेश द्वार जिसे लाहौरी द्वार भी कहा जाता है। वास्तुकला की दृष्टि से अधिक महत्त्वपूर्ण है। किले के उत्तरी भाग में सुप्रसिद्ध दीवाने खास शाहजहाँ के वैभव की चरमसीमा का परिचायक है। अमीर खुसरो की ये पंक्तियाँ इस भवन का सुन्दर चित्रण प्रस्तुत करती हैं—

ग़र फिरदौस बर रुए जमीं अस्त।
हमीं अस्त, हमीं अस्त, हमीं अस्त।।

अर्थात् यदि पृथ्वी पर कहीं स्वर्ग है तो यहीं है, यहीं है, यही हैं।

अपनी पत्नी अर्जुमन्द बानो बेगम जिसे शाहजहाँ ने मुमताज महल की उपाधि से विभूषित किया था। की पुण्य स्मृति में 1631 ई० में ताजमहल का निर्माण कार्य प्रारम्भ कराया। फादर मेनरिख के अनुसार ताजमहल की योजना वेनिस निवासी जेरोनियो वेरोनियो नामक कलाकार ने बनायी थी। इसके प्रमुख कलाकार उस्ताद ईसा खाँ थे तथा मोहम्मद हनीफ, अमानत खाँ, मोहम्मद खाँ, मोहम्मद शरीफ, इस्माइल खाँ, मोहनलाल, मोहम्मद काज़िम आदि सहायक कलाकार थे। ताजमहल के निर्माण में 17 वर्ष लगे जिसमें 20 हजार लोग प्रतिदिन काम करते थे। मकराना के संगमरमर पत्थर से निर्मित यह अजूबी इमारत उस समय लगभग तीन करोड़ रुपये के लागत से तैयार हुई थी। ताजमहल के ऊपरी भाग पर एक सुन्दर तथा सुडौल गुम्बद स्थित है तथा चारों कोनों पर एक-एक मीनारें स्थित है। यह मीनार तिमंजिले हैं तथा प्रत्येक मीनार की ऊँचाई 137 फीट है। ताज के

प्रवेश द्वार पर पवित्र कुरान की सुन्दर पंक्तियाँ अंकित की गयी हैं। ताजमहल की गणना मध्यकालीन विश्व के सात आश्चर्यों में से एक आश्चर्य के रूप में की जाती है।

अपना अधिकांश जीवन युद्धों में बिताने वाले औरंगजेब को स्थापत्य कला की अभिरुचि पूरी करने के लिए अवकाश नहीं मिला। दिल्ली की मोती मस्जिद, लाहौर की बादशाही मस्जिद तथा औरंगाबाद स्थित राबिया-उद्-दौरानी का मकबरा औरंगजेब कालीन स्थापत्य कला के प्रमुख नमूने हैं। हिन्दू, तुर्क तथा ईरानी शैलियों के समन्वय पर आधारित मुगलकला की परम्परा 18-19वीं शताब्दी तक निरन्तर चलती रही। मुगल कला ने प्रान्तीय तथा स्थानीय राजाओं के निर्माण को भी बहुत अधिक प्रभावित किया। अमृतसर का स्वर्ण मन्दिर इसी दौरान कई बार बना। यह स्वर्ण मन्दिर गुम्बद तथा मेहराब सिद्धान्त पर निर्मित हुआ तथा इसमें मुगल वास्तुकला की परम्परा की कई विशेषताएँ प्रयोग में लायी गयीं।

चित्रकला—मुगल शासनकाल में चित्रकला का अपूर्व विकास हुआ। अन्य ललित कलाओं की तरह मुगल सम्राटों ने चित्रकला में भी विशेष रूप से रुचि ली। इसकी विशिष्टता यह है कि राजदरबार, शिकार तथा युद्ध के दृश्यों से सम्बन्धित नये विषय चित्रकला में प्रारम्भ हुए। मुगलों ने चित्रकला की ऐसी जीवन्त परम्परा की नींव डाली जो मुगल साम्राज्य के पतन के पश्चात् भी देश के विभिन्न भागों में जीवित रही।

मुगल साम्राज्य के संस्थापक बाबर ने तुजुके-बाबरी में दो चित्रकारों बिहजाद और मुजफ्फर की प्रशंसा की है। बिहजाद को 'पूर्व का राफायल' भी कहा जाता है। युद्धों में अपनी व्यस्तता तथा अन्य समस्याओं से घिरा बाबर चाहने के बावजूद चित्रकला की ओर विशेष ध्यान नहीं दे सका। हुमायूँ संगीत, कविता एवं चित्रों का पारखी था। शेरशाह के विरुद्ध असफल हुमायूँ जब ईरान के शाह तहमास्य के दरबार में था तब वहाँ उसने उच्चकोटि के चित्रकारों से सम्पर्क स्थापित किया। इस क्रम में मंसूर तथा उसके पुत्र मीर सैय्यद अली को हुमायूँ ने अपना संरक्षण दिया और बाद में उन्हें अपने साथ भारत लाया। इन्हीं के नेतृत्व में कालान्तर में अकबर के काल में चित्रकला एक राजसी कारखाने के रूप में संगठित हुई। देश के विभिन्न हिस्सों से चित्रकारों को आमन्त्रित किया गया। अकबर ने चित्रकारों को संरक्षण प्रदान करने के साथ ही उसे अन्य सुविधाएँ भी

प्रदान की। अकबर के दरबार के प्रमुख चित्रकारों में मीर सैय्यद अली, ख्वाजा अब्दुल समद, मिस्कीन, दसवन्त, बसावन, केशव, मुकुन्द, जगन्नाथ, माधव, हरिवंश राम आदि हैं। अकबर ने स्वयं अब्दुल समद से चित्रकारी सीखी थी। अकबर ने अनेक ग्रन्थों को चित्रित कराया। हुमायूँ काल से प्रारम्भ 'दास्तान-ए-अमीर हम्जा' अकबर के शासनकाल में पूर्ण हुआ। अकबर ने 'तारीख-ए-खानदाने तैमूरिया' को चित्रित कराया। इसमें तैमूर से अकबर (1577 ई०) तक का इतिहास चित्रित किया गया है। इसके अतिरिक्त इस काल में रज्मनामा (महाभारत), रामायण, वाकयाते बाबरी, अनवार-ए-सुहेली, तारीख-ए-रशीदी, खम्सा निजामी, बहरिस्तानी जामी आदि प्रमुख ग्रन्थों का चित्रांकन किया गया। इस प्रकार भारतीय विषयों एवं दृश्यों पर चित्रकारी करने का रिवाज लोकप्रिय हुआ जिससे चित्रकला पर ईरानी प्रभाव कम हुआ।

जहाँगीर के समय मुगल चित्रकला अपने शिखर पर पहुँच गयी। जहाँगीर स्वयं चित्रकला का बड़ा पारखी था। जहाँगीर अपनी आत्मकथा 'तुजुके-जहाँगीरी में लिखता है कि मेरी चित्रकला के प्रति रुचि तथा पहचानने की निपुणता इस सीमा तक पहुँच गयी है कि जब किसी मृत अथवा आज के चित्रकारों का कोई भी चित्र बिना उसका नाम बताये मेरे सामने आता है तो मैं तत्क्षण बता देता हूँ कि यह चित्र अमुक व्यक्ति का है। यदि एक चित्र में कई आकृति चित्र हैं तथा प्रत्येक पर अलग-अलग उस्तादों ने काम किया हो तो मैं बता सकता हूँ कि कौन चेहरा किसने बनाया है। यदि एक ही चेहरे में आँखें किसी ने भौंहे किसी ने बनायी है तो मैं समझ जाता हूँ कि मुख्य चेहरा किसने चित्रित किया तथा आँख और भौंह किसने बनायीं। जहाँगीर के दरबार के प्रमुख चित्रकारों में अब्दुल हसन, उस्ताद मंसूर, फर्रुख बेग, बिशनदास, मनोहर, माधव, गोवर्द्धन आदि के नाम उल्लेखनीय हैं। अबुल हसन जहाँगीर का सर्वप्रिय चित्रकार था। बादशाह ने उसे 'नादिर-उज-जमा' की उपाधि से विभूषित किया। कुशल चित्रकार मंसूर को नादिर-उल-अस्त्र' की उपाधि से सम्मानित किया गया। जहाँगीर काल के चित्रों में यथार्थता के साथ-साथ सजीवता स्पष्ट दृष्टिगोचर होती है। चित्रकारों ने अपने चित्रों में छाया एवं प्रकाश को भी दिखाने की चेष्टा की है जो उन चित्रकारों की सूक्ष्म दृष्टि का परिचय प्रदान करती है।

शाहजहाँ और औरंगजेब जैसे बादशाहों की रुचि चित्रकला में नहीं होने के कारण मुगल दरबार के चित्रकार देश में दूर-दूर तक बिखर गये। अनेक चित्रकार जनता की रुचि के चित्र बनाकर बाजार में बेचने लगे। इस प्रकार चित्रकला मुगल दरबार से बाहर निकलकर सामान्य जनता तक पहुँच गयी। इसी प्रक्रिया से राजस्थान तथा पंजाब की पहाड़ियों में इस कला के विकास में सहायता मिली।

संगीत—अधिकांश मुगल सम्राटों ने संगीत में गहरी रुचि ली तथा इसे अपना राजकीय संरक्षण प्रदान किया। सम्राट अकबर की संगीत में गहरी अभिरुचि थी। उसने स्वयं लाला कलावंत से हिन्दू संगीत विद्या की शिक्षा ली और वह स्वयं एक अच्छा गायक बना। आइने अकबरी में 36 गायकों के नाम प्राप्त होते हैं जिनमें बाजबहादुर, तानसेन, रामदास, सूरदास, बैजूबावरा बहुत प्रसिद्ध थे। तानसेन ने अनेक राग-रागिनियों का आविष्कार किया।

जहाँगीर के दरबार में भी अनेक संगीतकार थे जिनके गानों को वह सुनता तथा पुरस्कृत करता था। इकबालनामा-ए-जहाँगीरी नामक ग्रंथ में उसके दरबार के छः प्रसिद्ध गायकों के नाम दिये गये हैं—जहाँगीर दाद, छत्र खाँ, परवेज दादू, खुरम दाद, मक्खू तथा महजद। शाहजहाँ भी संगीत का प्रेमी था। उसे ध्रुपद राग विशेष प्रिय था। शाहजहाँ स्वयं बहुत अच्छा गायक था। शाहजहाँ के प्रमुख संगीतकारों में जगन्नाथ पण्डित, महापात्र, रामदास, सुखसेन, सुरसेन, लाल खाँ आदि अत्यन्त प्रसिद्ध थे। औरंगजेब ने गायकों को अपने राजदरबार से बहिष्कृत कर दिया था। लेकिन वाद्यसंगीत पर कोई रोक नहीं लगायी। वह स्वयं एक कुशल वीणावादक था। संगीत के प्रति औरंगजेब की उदासीनता के बावजूद उसके हरम की रानियाँ, मनसबदारों, सामन्तों, हिन्दू राजाओं तथा सम्पन्न व्यक्तियों ने इसे अपना संरक्षण प्रदान किया। इसीलिए औरंगजेब के शासनकाल में भारतीय शास्त्रीय संगीत पर बड़ी संख्या में पुस्तकों की रचना हुई।

भाषा एवं साहित्य—भाषा एवं साहित्य के विकास के दृष्टिकोण से मुगलकाल भारतीय इतिहास का एक महत्त्वपूर्ण काल है। मुगल बादशाहों ने फारसी को अपनी राजाभाषा बनाया। इसके अतिरिक्त संस्कृत, हिन्दी, उर्दू, बांग्ला, राजस्थानी, गुजराती मराठी, तमिल, तेलुगु, मैथिली, उड़िया आदि भाषाओं एवं उसके साहित्य का विकास इस काल मे हुआ।

मुगल काल की फारसी में लिखी गयी ऐतिहासिक रचनाएँ न केवल अपनी ऐतिहासिकता के लिए अपितु अपनी साहित्यिक विशिष्टता के लिए भी जानी जाती हैं। इसके अतिरिक्त मुगल काल में फारसी कविता में भी विशेष उन्नति हुई।

मुगल वंश का प्रथम बादशाह बाबर स्वयं एक विद्वान था जो अपनी मातृभाषा तुर्की के साथ फारसी का भी उत्कृष्ट कवि एवं लेखक था। बाबर ने तुर्की भाषा में अपनी आत्मकथा लिखी जो 'तुजुके-बाबरी' अथवा 'बाबरनामा' नाम से प्रसिद्ध है। बाबर के समय ही मिर्जा हैदर दोगलत ने 'तारीख-ए-रशीदी' नामक ऐतिहासिक ग्रन्थ लिखा जो बाबर का इतिहास जानने के सन्दर्भ में महत्त्वपूर्ण है।

हुमायूँ के काल में उसकी बहन गुलबदन बेगम ने ऐतिहासिक ग्रंथ हुमायूँनामा की रचना की। इसी समय ख्वांदमीर ने हुमायूँनामा अथवा कानून-ए-हुमायूँनी की रचना की। सांस्कृतिक दृष्टि से अकबर का काल 'स्वर्ण युग' था। इसके काल में साहित्य और कला का बहुविध विकास हुआ। अकबर के दरबार में अनेकों कवि, लेखक, विद्वान, इतिहासकार तथा कलाकार विद्यमान थे। अबुल फजल ने अकबर के संरक्षण में ही 'आइन-ए-अकबरी' की रचना की थी। इसमें उसने 59 श्रेष्ठ कवियों के नाम का उल्लेख किया है। कवियों में फैजी सर्वश्रेष्ठ थे जिसे अकबर ने 'मालिक-उश-शोअरा' (कविराज) की पदवी प्रदान की। इसी समय प्रसिद्ध इतिहासकार अब्दुल कादिर बदायूँनी ने अपने प्रसिद्ध ग्रन्थ 'मुन्तखब-उल-तवारीख' की रचना की। निजामुद्दीन अहमद ने 'तबकात-ए-अकबरी' नामक ऐतिहासिक ग्रंथ लिखा अकबर के समय ही मोहम्मद कासिम हिन्दू शाह ने 'तारीख-ए-फरिश्ता', अहमद यादगार ने 'तारीख-ए-सलातीन-ए-अफगना', फैजी सरहिन्दी ने 'अकबरनामा' तथा 'हालात-ए-असद बेग' आदि ग्रन्थों की रचनाएँ की। हिन्दू तथा मुसलमान दोनों को एक-दूसरे की संस्कृति से परिचित कराने के उद्देश्य से अकबर ने एक अनुवाद विभाग की स्थापना की। इस विभाग द्वारा संस्कृत, तुर्की तथा अरबी आदि भाषाओं के अनेक ग्रन्थों का फारसी में अनुवाद किया गया। इस क्रम में फैजी ने संस्कृत ग्रंथ 'लीलावती' का बदायूँनी ने 'महाभारत' तथा रामायण का फारसी अनुवाद किया। अबुल फजल ने संस्कृत ग्रन्थ पंचतन्त्र का फारसी अनुवाद कर उसका नाम 'अनवार-ए-सुहेली' रखा।

जहाँगीर ने स्व्यं अपनी आत्मकथा 'तुजुक-ए-जहाँगीरी' की रचना फारसी में अपने शासनकाल की प्रारम्भिक 17 वर्ष की घटनाओं को जहाँगीर ने स्वयं लिखा है। इसके बाद के दो वर्षों का इतिहास मोतमद खाँ ने लिखा। इसके अतिरिक्त मोतमद खाँ ने इकबालनामा-ए-जहाँगीरी नामक प्रसिद्ध ग्रन्थ की भी रचना की।

शाहजहाँ ने अपने शासनकाल में अनेक लेखकों एवं कवियों को संरक्षण प्रदान किया। शाहजहाँ के काल में 'कसीदा' का अधिक विकास हुआ। उसके दरबार में विशुद्ध फारसी का कवि सैदाई गीलानी था। अबू तालिब कलीम को शहाजहाँ ने राजकवि की पदवी प्रदान की। उसने 'साकीनामा' नामक ग्रन्थ की रचना की। इसी काल में कज़वीनी ने बादशाहनामा, अब्दुल हमीद लाहौरी ने बादशाहनामा; इनायत खाँ ने शाहजहाँनामा आदि प्रमुख ऐतिहासिक ग्रन्थों की रचनाएँ हुईं। शाहजहाँ के काल में ही दाराशिकोह ने अनेक संस्कृत ग्रन्थों का फारसी में अनुवाद किया। दाराशिकोह ने 'सफीनत-उल-औलिया', 'मज्म-उल-बहरैन' आदि ग्रन्थों की रचनाएँ की।

औरंगजेब की कविता में कोई रुचि नहीं थी। उसके काल में अनेक ऐतिहासिक ग्रन्थ रचे गये। खाफी खाँ ने 'मुन्तखब-उल-लुबाब', मिर्जा मोहम्मद काजिम ने 'आलमगीरनामा', भीमसेन ने 'नुस्ख-ए-दिलकुशा' आदि ऐतिहासिक ग्रन्थों की रचनाएँ कीं। औरंगजेब के संरक्षण में 'फतवा-ए-आलमगीरी' नामक वृहत संहिता की रचना की जो इस्लामी कानून की एक महत्त्वपूर्ण पुस्तक मानी जाती है।

मुगल काल में संस्कृत की कोई महत्त्वपूर्ण रचना नहीं दिखायी पड़ती। यद्यपि इस भाषा में रचित कृतियों की संख्या बहुत अधिक थी। अबुल फजल ने आइन-ए-अकबरी में संस्कृत के अनेक विद्वानों का उल्लेख किया है। इस काल की संस्कृत रचनाओं में महेश ठाकुर रचित 'फारसी प्रकाश' पद्मसुन्दर का अकबरशाही शृंगार दर्पण, देव विमल का 'हीर सुभाग्यम' उल्लेख है। शाहजहाँ के दरबार में जगन्नाथ पण्डित एवं कविन्द्र सरस्वती जैसे उच्च कोटि के विद्वान थे। जगन्नाथ पण्डित ने 'रास गंगाधर' तथा 'गंगाधर लहरी' जैसे ग्रन्थ लिखे। दाराशिकोह स्वयं संस्कृत का विद्वान था और संस्कृत विद्वानों के साथ मिलकर उसने अनेक उत्कृष्ट रचनाओं का सृजन किया।

मुगलकाल में हिन्दी, बंगाली, मराठी, गुजराती, उर्दू, पंजाबी, उड़िया, मैथिली, तेलुगु, तमिल, कन्नड़ आदि अनेक स्थानीय भाषाओं एवं उसके साहित्य का विकास हुआ। मुगल काल में हिन्दी साहित्य में उच्च कोटि की अनेक मौलिक रचनाएँ दिखायी पड़ती हैं। अकबर के शासनकाल में तुलसीदास, सूरदास, रहीम, रसखान आदि हिन्दी के मूर्धन्य विद्वानों का आविर्भाव हुआ जिनकी रचनाएँ आज भी श्रद्धा से पढ़ी-सुनी जाती है। शाहजहाँ के काल में कविन्द्र आचार्य और चिन्तामणि तथा औरंगजेब के काल में सुन्दर कवि राय, देव कवि, बिहारी, प्राणनाथ, दादू, भूषण, मतिराम जैसे कवियों ने अपनी रचनाओं से हिन्दी साहित्य को समृद्ध किया। मुगल काल के सर्वाधिक प्रमुख कवि तुलसीदास थे जिन्होंने अवधी भाषा में अपने महाकाव्य 'रामचरितमानस' की रचना की। इस महाकाव्य में उन्होंने एक ऐसी जाति व्यवस्था का अनुमोदन किया जिसमें जाति, जन्म के आधार पर नहीं अपितु मानवीय गुणों पर आधारित थी। मानवतावादी कवि तुलसीदास ने पारिवारिक मूल्यों पर जोर दिया और यह बताया कि मुक्ति का मार्ग हर व्यक्ति के लिए संभव है और यह मार्ग राम के प्रति पूर्ण भक्ति है।

दक्षिण भारत में एकनाथ और तुकाराम ने मराठी भाषा को चरमोत्कर्ष पर पहुँचा दिया। मराठी भाषा की महत्ता बतलाते हुए एकनाथजी कहते हैं—'यदि संस्कृत ईश्वर की देन है तो क्या प्राकृत चोर और उचक्कों की देन है? ये बातें घमण्ड तथा भ्रम पर आधारित हैं? ईश्वर किसी भाषा का पक्षपाती नहीं। उसके लिए संस्कृत तथा प्राकृत एक समान है। मेरी भाषा मराठी के माध्यम से उच्च विचार व्यक्त किये जा सकते हैं और यह आध्यात्मिक ज्ञान से परिपूर्ण है। इसी कालावधि में पंजाब में सिख धर्मगुरुओं ने अपनी लोकभाषा में उपदेश दिये तथा धर्मग्रन्थों की रचना की। क्षेत्रीय कवियों एवं विद्वानों ने भारतीय तथा इस्लामी भावभूमि की लोकप्रिय रचनाएँ कीं, जिनमें—युसुफ जुलेखा, शीरी-फरहाद, लैला-मजनू, हीर-राँझा, सोहनी-माहिवाल, नल-दमयन्ती, पूरन-भगत आदि महत्त्वपूर्ण हैं। मुगलकाल में ही उर्दू पल्लवित-पुष्पित हुई और इस काल के अनेक विद्वानों ने अपनी उत्कृष्ट रचनाओं से उर्दू को समृद्ध बनाया। 19वीं सदी में ईस्ट इण्डिया कम्पनी ने उर्दू को राजभाषा का पद प्रदान कर इसकी प्रतिष्ठा, महत्त्व एवं लोकप्रियता में वृद्धि की।

1556 से 1605 ई० तक की कालावधि में शासन करने वाले अकबर के कुछ उन महत्त्वपूर्ण योगदानों की चर्चा किये बिना सांस्कृतिक परिप्रेक्ष्य की बात अधूरी रह जायेगी जिसने आगे चलकर 19वीं-20वीं शताब्दी में आधुनिक भारत का रूप ग्रहण किया और जिसमें से कई बातें आज भी हमारे सांस्कृतिक जीवन में संचलित हो रही हैं। यह अकारण नहीं है कि भारतीय इतिहास में जिन दो शासकों के नामों के साथ जो 'महान' विशेषण जोड़ा जाता है उनमें अशोक के साथ-साथ अकबर का नाम ही शामिल है। एस० आबिद हुसैन के शब्दों में कहें तो नये भारत राष्ट्र की सबसे महत्त्वपूर्ण विशिष्टता, जो अकबर द्वारा उत्पन्न की गयी, यह थी कि वह समुदाय की धार्मिकता पर नहीं, अपितु उसी राज्य की नागरिकता पर आधारित थी। धर्म निरपेक्ष और असाम्प्रदायिक राज्य की अवधारणा अकबर के मस्तिष्क में बिल्कुल स्पष्ट थी, जो ईरान के शाह अब्बास सफवी को लिखे उसके पत्र में प्रतिबिम्बित होती है—

'विभिन्न धार्मिक समुदाय हमें ईश्वर द्वारा सौंपे गये दैवी खजाने हैं और हमें उसी तरह से प्रेम करना चाहिए। हमारा यह दृढ़ विश्वास होना चाहिए कि प्रत्येक धर्म उनके आशीर्वाद से है और हमारा सच्चा प्रयत्न यह होना चाहिए कि सार्वलौकिक सहनशीलता के सदा हरे रहने वाले उद्यान से स्वर्गीय सुख का आनन्द प्राप्त करें। सर्वशक्तिमान परमेश्वर सभी मनुष्यों पर बिना किसी भेदभाव के अपनी कृपा बरसाता है। राजाओं द्वारा जो ईश्वर की छाया है, यह सिद्धान्त कभी भी छोड़ा नहीं जाना चाहिएं।'

अकबर के मित्र, दार्शनिक और सहयोगी अबुल फजल 'आइने-अकबरी' में लिखते हैं, 'राजा को सभी धार्मिक मतभेदों से ऊपर रहना चाहिए और यह ध्यान देना चाहिए कि धार्मिक निर्णय कर्तव्यों के मार्ग में बाधक न बनें, जिसके लिए वह प्रत्येक वर्ग और प्रत्येक समुदाय के प्रति ऋणी है।'

अकबर इस बात के लिए पूरी तरह सचेत था कि राज्य की एकता के लिए जो नींव उसके द्वारा डाली गयी है वह इस बात पर निर्भर करती है कि आम जनता का राजा के प्रति कितना लगाव है। इसीलिए अकबर ने जनता से सीधे सम्पर्क पर अपेक्षाकृत अधिक जोर दिया। प्राचीन भारतीय

साम्राज्य की अनेक महत्त्वपूर्ण परम्पराएँ अकबर के काल में पुनर्जीवित की गयीं। जनकल्याण और नैतिक उद्धार के कार्य अब सुव्यवस्थित ढंग से चलाये जाने लगे और उसका कार्यक्षेत्र बढ़ा दिया गया जिससे कि नागरिकों को बिना किसी भेदभाव के उसमें लगाया जा सके। इसी काल में विशुद्ध धर्म निरपेक्ष पाठ्यक्रम के साथ समान स्कूल स्थापित करने की नीति से राष्ट्रीय एकता के लिए अनुकूल बौद्धिक वातावरण की पृष्ठभूमि निर्मित हुई। इस शिक्षा नीति ने सांस्कृतिक समझ को उच्च स्तर तक बढ़ाया। इस प्रकार राज्य के सांस्कृतिक विकास पर ध्यान देकर अकबर ने भविष्य के उस भारत की नींव रखी जो आज के विश्व में निरन्तर अपनी महत्त्वपूर्ण भूमिकाएँ निभा रहा है।

अध्याय-7

आधुनिक भारत की संस्कृति

मुगल साम्राज्य जब अपने पतन की ओर अग्रसर था उस समय इंग्लैण्ड से आयी हुई ईस्ट इण्डिया कम्पनी ने भारत के राजनीतिक, सामाजिक, सांस्कृतिक जीवन पर अपनी पकड़ बनाना शुरू कर दिया। 19वीं शती का भारतीय समाज का एक ऐसा सन्धि काल है, जहाँ से भारतीय जीवन और समाज में नये परिवर्तनों की परम्परा प्रारम्भ हो जाती है। भारत में अपने पाँव जमाने के बाद अंग्रेजों ने प्रशासन के अनुकूल अनेक पुरानी रीतियों, परम्पराओं एवं प्रणालियों में परिवर्तन किये जिनके परिणाम कुछ तो अच्छे रहे जबकि कुछ ने भारतीय जनता में असन्तोष उत्पन्न कर दिया। 19वीं सदी के महत्त्व को रेखांकित करते हुए डॉ० आर० सी० मजूमदार ने कहा है कि 'इस शती में ही भारत में अंग्रेजी शासन शक्तिशाली एवं दृढ़ हुआ और बौद्धिक विकास की एक नयी धारा प्रवाहित हुई जिससे लोगों के राजनीतिक, सामाजिक, धार्मिक एवं आर्थिक दृष्टिकोण में परिवर्तन हुआ, और एक शती के भीतर ही भारत मध्य युग से निकलकर आधुनिक युग में आ गया।'

अंग्रेजी शासन के विरुद्ध भारतीय एकजुट होने शुरू हुए। कुछ बुद्धिजीवियों ने इस क्रम में जनजागरण एवं आत्मसशक्तिकरण का प्रयास शुरू किया। 19वीं शताब्दी में हुए आन्दोलनों ने भारतीयों को सामाजिक और धार्मिक चेतना से आन्दोलित किया। जिस प्रकार फ्रान्स की क्रान्ति में वहाँ के दार्शनिकों एवं चिन्तकों ने महत्वपूर्ण भूमिका निभायी उसी तरह का योगदान यहाँ के चिन्तकों एवं समाज सुधारकों का भारतीय सांस्कृतिक

जागरण में दिखाई पड़ता है। कुछ महत्वपूर्ण चिंतकों एवं समाज सुधारकों का योगदान इस प्रकार है—

राजा राममोहन राय (1774-1833) तथा ब्रह्म समाज

आधुनिक भारतीय सांस्कृतिक जागरण के अग्रदूत राजा राममोहन राय का जन्म पं० बंगाल के बर्दवान जिले के राधानगर गाँव में एक कट्टर सनातनधर्मी परिवार में हुआ। इनकी शिक्षा पटना में हुई जहाँ इन्होंने इतिहास, धर्म, दर्शन और अरबी-फारसी भाषाओं का अध्ययन किया। पटना में इस्लाम धर्म से ये विशेष तौर पर प्रभावित हुए और मूर्तिपूजा के प्रति इनके मन में वितृष्णा पैदा हो गयी। फारसी में लिखे अपने ग्रन्थ 'तोहफत-उल-मुवाहेरीन' में इन्होंने मूर्तिपूजा का खण्डन एवं एकेश्वरवाद की प्रशंसा की। इसी क्रम में इन्हें अपने घर से निष्कासित होना पड़ा। चौबीस वर्ष की उम्र में राममोहन राय ने अंग्रेजी, हिब्रू, ग्रीक, फ्रेन्च और लैटिन भाषाओं का अध्ययन किया। 1803 ई० में अपने पिता की मृत्यु के पश्चात ये मुर्शिदाबाद में रहने लगे।

कलकत्ता में बसे हुए पाश्चात्य वर्ग की नवीन चेतना और बुद्धिवाद से प्रभावित होकर राजा राममोहन राय ने 1815 में 'आत्मीय सभा' की स्थापना की। हिन्दू समाज में जागरण को दृढ़ आधार देने की उद्देश्य से राममोहन राय ने 20 अगस्त 1828 को 'ब्रह्म समाज' की स्थापना की जिसका उद्देश्य हिन्दू समाज की बुराइयाँ दूर करना, ईसाईयत के प्रभाव को रोकना और सब धर्मों में आपसी एकता स्थापित करना था। ब्रह्म समाज मूर्तिपूजा के बहिष्कार, अवतारवाद के विरोध, ईश्वर की एकता और जीवात्मा की अमरता में विश्वास करता था।

भारतीय समाज में एक अरसे से प्रचलित सती प्रथा के विरुद्ध राजा राममोहन राय ने एक अभियान छेड़ दिया। वस्तुतः 1811 ई० में उनके भाई जगमोहन की मृत्यु के पश्चात् जब उनकी भाभी को जबरदस्ती सती करा दिया गया तो वे अन्दर तक हिल उठे एवं इसके विरुद्ध समाजव्यापी आन्दोलन चला दिया। इस प्रथा के उन्मूलन हेतु उन्होंने ब्रिटिश गवर्नर जनरल लॉर्ड विलियम बेंटिक को कानून बनाने में सहयोग दिया। इसके अतिरिक्त अन्य सामाजिक कुरीतियों जैसे—बहुविवाह, बालविवाह, पर्दा प्रथा, छुआछूत और जाति-पांति की जटिलता को रोकने के लिए उन्होंने

भरपूर प्रयत्न किये। इसके साथ ही विधवा विवाह, अन्तर्जातीय विवाह, स्त्री शिक्षा एवं महिलाओं को सम्पत्ति में उत्तराधिकार समर्थन करते हुए गंभीर कोशिशें की। आगे चलकर ये सभी ब्रह्म समाज के सामाजिक कार्यक्रमों में शामिल कर लिये गये।

राममोहन राय ने तर्क और बुद्धि पर जोर देते हुए इसी आधार पर निर्णय लिये जाने की बात की। तत्कालीन जरूरतों एवं सन्दर्भों को देखते-समझते हुए राजा राममोहन राय ने अंग्रेजी भाषा के अध्ययन पर बल दिया। इसी क्रम में कलकत्ता में हिन्दू कॉलेज की स्थापना की गयी।

राममोहन राय समाचार-पत्रों की स्वतन्त्रता के पक्षधर थे और इस हेतु भी जन-जागरण किया। इन्होंने राजनीतिक समानता और कानूनी सुधारों के प्रति चेतना जगायी। सेना में भारतीयों को ऊँचे पद देने और उनके भारतीयकरण की माँग भी राय ने की। धन का निष्कासन रोकने के लिए इन्होंने यूरोपिय लोगों के भारत में स्थायी रूप से बसने का सुझाव दिया। राममोहन राय अन्तर्राष्ट्रीयता के प्रबल पक्षधर थे। उन्होंने विभिन्न देशों की संसदों से एक-एक सदस्य लेकर एक अन्तर्राष्ट्रीय कांग्रेस बनाने का सुझाव रखा। फ्रान्सीसी क्रान्ति के नारे 'स्वतन्त्रता समानता और बंधुत्व' के वे प्रबल पक्षधर थे।

ब्रह्मसमाज के माध्यम से इन्होंने अपने धर्म, परम्परा, विश्वास का त्याग न करके यूरोपीय सभ्यता से सामंजस्य स्थापित करने पर बल दिया। राममोहन राय ने अपने विचारों को वेदों एवं उपनिषदों पर आधारित कर हिन्दू धर्म की श्रेष्ठता को स्थापित किया और कुरीतियों पर कटु प्रहार कर समाज में बौद्धिक जागरण लाने का कार्य किया। इस प्रकार श्री राय उस महान सेतु के समान थे जिस पर चढ़कर भारतवर्ष अपने अथाह अतीत से अज्ञात भविष्य में प्रवेश कर सकता था। 1833 ई० में इंग्लैण्ड के ब्रिस्टल में राममोहन राय का निधन हो गया।

राममोहन राय की मृत्यु के पश्चात ब्रह्म समाज का नेतृत्व देवेन्द्र नाथ टैगोर (1817-1905 ई०) ने संभाला। देवेन्द्र नाथ टैगोर ने 1839 में तत्त्वबोधिनी सभा की स्थापना की, जो 1842 ई० में ब्रह्म समाज में मिला दी गयी। देवेन्द्र नाथ ने ब्रह्म समाज को एक नियमित तथा संगठित संस्था के रूप में बदल दिया। वेदों को अन्तिम प्रमाण माना जाये अथवा नहीं इसे लेकर संस्था में मतभेद उत्पन्न हो गया। अन्ततः यह निश्चित किया गया

कि वेदों को वहीं तक मान्य समझा जाये जहाँ तक वे स्वविवेक से मेल खाते हों। देवेन्द्र नाथ ने जीवनपर्यन्त अंग्रेजी शासन से किसी तरह का सहयोग नहीं लिया और न ही शासन से किसी प्रकार की सहायता मांगी। इस प्रकार विदेशी शासन से असहयोग करने वाले देवेन्द्र नाथ टैगोर पहले ऐसे व्यक्ति थे।

पाश्चात्य परम्परा के पक्षधर केशवचन्द्र सेन 1857 ई० में ब्रह्म समाज में शामिल हुए। अब हिन्दू समाज में सुधार लाने की बातचीत की जाने लगी। स्त्री शिक्षा, विधवा विवाह आदि बातों का समर्थन, बहुविवाह का विरोध किया जाने लगा। 1862 ई० में केशवचन्द्र सेन ब्रह्मसमाज के आचार्य पद पर प्रतिष्ठित हुए। इनके कार्यों से ब्रह्मसमाज को नयी शक्ति मिली। सामाजिक क्रांति के समर्थक श्री सेन हिन्दू समाज का उद्धार पाश्चात्य सामाजिक आदर्शों के अनुरूप करना चाहते थे। इसलिए अन्तर्जातीय विवाह, पर्दा-प्रथा का उन्मूलन, विधवा विवाह आदि बातों को हिन्दू समाज में लाने का प्रयास उन्होंने किया। इन्होंने जाति प्रथा को मूर्ति पूजा की भांति त्याज्य माना। इसी क्रम में समाज के अनेक सदस्यों ने अपने यज्ञोपवीत उतार फेंके। केशवचन्द्र सेन ने अन्तर्जातीय विवाह का भी समर्थन किया। इन सब बातों से उनके गुरु देवेन्द्र नाथ टैगोर असंतुष्ट हो गये गुरु-शिष्य में मतभेद क्रमशः बढ़ता ही गया। अंततः 1866 में केशव चंद्र सेन ने अपने अनुयायियों सहित संस्था से अलग होकर 'दी ब्रह्म समाज ऑफ इण्डिया' की स्थापना कर लिया। जबकि देवेन्द्र नाथ टैगोर के नेतृत्व में बना संगठन 'आदि ब्रह्म समाज' कहलाता रहा।

केशवचन्द्र सेन ने देशव्यापी दौरा किया। 1864 में बम्बई, मद्रास तथा 1868 में उत्तर पश्चिमी सीमा प्रांत के केन्द्रों में समाज की शाखाओं की स्थापना की। बम्बई में स्थापित समाज को 'प्रार्थना समाज' जबकि मद्रास की शाखा को 'वेद समाज' का नाम दिया गया। केशवचन्द्र सेन के प्रयासों से ही विवाह के लिए वर की न्यूनतम आयु 18 वर्ष जबकि कन्या की न्यूनतम आयु 14 वर्ष निश्चित की गयी। लगभग इसी समय केशवचन्द्र सेन ने अपनी बड़ी पुत्री का विवाह कूच-बिहार के राजकुमार के साथ तय कर दिया। वर-कन्या दोनों नाबालिग थे। जब केशवचन्द्र सेन ने इसे ईश्वर का आदेश बताया तो ब्रह्मसमाज में फूट पड़ गयी। इस विवाह ने केशवचन्द्र के सार्वजनिक जीवन को धूमिल कर दिया। संस्था से विद्रोह करने वाले नवयुवकों के वर्ग का नेतृत्व शिवनाथ शास्त्री तथा आनन्द

मोहन बोस ने किया। इन लोगों ने 15 मई, 1878 ई० को 'साधारण ब्रह्म-समाज' का गठन कर लिया।

प्रार्थना समाज—केशवचन्द्र सेन के क्रान्तिकारी विचारों से उद्वेलित होकर 1867 ई० में डॉ० आत्माराम पाण्डुरंग ने महाराष्ट्र में प्रार्थना समाज की स्थापना की। 1869 ई० में दो महान विद्वान आर०जी० भण्डारकर तथा एम०जी० रानाडे प्रार्थना समाज में शामिल हो गये। शीघ्र ही ब्रह्मसमाज से इसका सम्पर्क स्थापित हुआ और इसका कार्यक्षेत्र विकसित होने लगा। मैसूर और मद्रास में भी यह संस्था बढ़ चली। प्रार्थना समाज की मूल चेतना सामाजिक पुनर्जागरण थी। इसमें मुख्यतः जाति प्रथा का विरोध, विधवा विवाह को मान्यता, स्त्री शिक्षा को प्रश्रय तथा बाल विवाह पर रोक कायम करने पर बल दिया गया।

महादेव गोविन्द रानाडे प्रार्थना समाज को सामाजिक सुधार की एक शक्तिशाली संस्था बनाना चाहते थे। उन्होंने इसमें अशिक्षित जनता को भी प्रवेश दिया। वह ज्ञानेश्वर, एकनाथ, तुकाराम और रामदास जैसे भक्ति सन्तों की उदारता को उदाहृत कर मानव-मानव में समानता एवं एकता को स्थापित करना चाहते थे। प्रार्थना समाज के सदस्यों के प्रयास से 'विधवा विवाह संघ', 'दक्षिण शिक्षा समिति', 'दलित उद्धार मिशन' की स्थापना की गयी। प्रार्थना समाज का मूल चिन्तन भारतीय धर्म एवं दर्शन पर ही आधारित था लेकिन उसे तर्क के आधार पर ग्राह्य बताया गया।

प्रार्थना समाज के सिद्धान्त इस प्रकार थे—

1. सृष्टि का रचयिता ईश्वर एक है।
2. ईश्वर ही उपास्य है। उसकी आराधना में सुख है।
3. भजन से उपासना होती है।
4. ईश्वर का अवतार नहीं होता।
5. ईश्वर ने सभी मनुष्यों को बराबर बनाया है।

रानाडे एवं भण्डारकर महोदयों ने समाज-सुधार के क्रम में बाल विवाह, पर्दा प्रथा एवं भाग्यवाद का विरोध किया जबकि विधवा विवाह तथा सभी मनुष्यों की समानता का समर्थन किया।

रानाडे, मालावारी, भण्डारकर तथा अगरकर आदि समाज-सुधारकों से कुछ पृथक मत बाल गंगाधर तिलक का था। तिलक स्वतन्त्रता आन्दोलन

के समक्ष सभी समाज सुधार आन्दोलनों को गौण महत्व देते थे। तिलक सरकारी कानून पारित करवा कर समाज सुधार क्रियान्वित करवाने के विरोधी थे। 1891 में सहवास वय (Age of Consent Act) अधिनियम पारित होने पर उसके विरुद्ध आन्दोलन शुरू कर दिया। उन्होंने समय-समय पर विधवा विवाह के पक्ष में तथा बाल-विवाह के विरुद्ध प्रस्ताव पारित कराया। गणपति उत्सवों में वह दलित तथा अन्य अछूत वर्ग के लोगों को भी उच्चवर्गीय लोगों के साथ समानता के भाव से शामिल करने का सन्देश देते थे। छुआछूत की भावना के वे प्रबल विरोधी थे। बम्बई में 1919 ई० में आयोजित डिप्रेस्ड क्लासेज कानफ्रेन्स' में छुआछूत की भावना को दूर करने सम्बन्धी प्रस्ताव पारित कराया था।

यंग-बंगाल आन्दोलन—राजा राममोहन राय के सिद्धान्तों से आगे बढ़कर कुछ बंगाली बुद्धिजीवियों ने आमूल परिवर्तनकारी प्रवृत्ति को बढ़ावा दिया। इसे 'यंग बंगाल आन्दोलन' नाम से जाना जाता है जिसका नेता और प्रेरक नौजवान एंग्लो इण्डियन हेनरी विवियन डेरोजिओ था। फ्रान्सीसी मूल के डेरोजिओ फ्रांसीसी क्रान्ति से बहुत अधिक प्रभावित थे।

डेरोजिओ का जन्म 1809 ई० में हुआ। आश्चर्यजनक प्रतिभा वाले डेरोजिओ ने 1826 ई० से 1831 ई० तक तक कालेज में अध्यापन कार्य किया। यहाँ उन्होंने अपने इर्द-गिर्द अनेक तेज छात्रों को इकट्ठा कर लिया। डेरोजिओ ने इन छात्रों को विवेकपूर्ण और मुक्त ढंग से सोचने, सभी बातों की प्रामाणिकता की जांच करने, मुक्ति, समानता और स्वतन्त्रता से प्रेम करने तथा सत्य की पूजा करने के लिए प्रेरित किया। डेरोजिओ आधुनिक भारत का प्रथम राष्ट्रवादी कवि था। अपनी एक कविता में 1827 ई० में उसने लिखा—'मेरे देश! अतीत के गरिमामयी दिनों में तुम्हारे ललाट के चारों ओर एक सुन्दर प्रभामण्डल व्याप्त था और एक देवता की तरह तुम्हारी पूजा होती थी। वह गरिमा कहाँ है? अब वह श्रद्धा कहाँ है? आखिरकार गरूड़ के समान तुम्हारे पंखों को जंजीर से जकड़ दिया गया है और तुम धूल में औंधे पड़े हो। तुम्हारे चरण को तुम्हारी विपन्नता की दुखद कहानी सिवाय गूंथने के लिए कोई माला नहीं है।'

क्रान्तिकारी विचारों के कारण डेरोजिओ को 1831 ई० में नौकरी से हटा दिया गया और उसके कुछ ही दिनों बाद 22 वर्ष की अल्पायु में हैजे की बीमारी के शिकार बन गये और उनका निधन हो गया।

डेरोजिओ के अनुयायियों ने पुरानी और पतनशील प्रथाओं, कृत्यों और रिवाजों की घोर आलोचना की। नारी अधिकारों के पक्के हिमायती डेरोजिओ ने नारी-शिक्षा की मांग की। लेकिन डेरोजिओ की सबसे बड़ी कमजोरी यह थी कि उनकी क्रान्तिकारी किताबी थी और वे जनता के साथ सम्पर्क स्थापित नहीं कर सके। फिर भी डेरोजिओ के अनुयायियों ने जनता को सामाजिक, राजनीतिक और आर्थिक प्रश्नों पर समाचार-पत्रों, पुस्तिकाओं और सार्वजनिक संस्थाओं द्वारा शिक्षित करने की राजा राममोहन राय की परम्परा को आगे बढ़ाया। सुरेन्द्र नाथ बैनर्जी ने डेरोजिओ के अनुयायियों को 'बंगाल में आधुनिक सभ्यता के अग्रदूत, हमारी जाति के पिता कहा जिनके सद्‌गुण उनके प्रति श्रद्धा पैदा करेंगे और जिनकी कमजोरियों पर विशेष ध्यान नहीं दिया जायेगा।

ईश्वरचन्द्र विद्यासागर

19वीं सदी के पुनर्जागरण के पुरोधाओं में ईश्वरचन्द्र विद्यासागर का नाम अग्रणी है। महान विद्वान एवं समाज सुधारक विद्यासागर का जन्म एक अत्यंत निर्धन परिवार में 1820 ई० में हुआ। अनेकानेक कठिनाइयों से संघर्ष करते हुए विद्यासागर अन्ततः संस्कृत कॉलेज के प्राचार्य पद तक पहुँचे। संस्कृत के उत्कृष्ट विद्वान होने के बावजूद विद्यासागर श्रेष्ठ पाश्चात्य चिन्तन का खुले दिल से स्वागत करते थे। उनके विचारों तथा व्यवहार में साम्य था। सादे जीवन के हिमायती विद्यासागर के मन में गरीबों, अभागों एवं उत्पीड़ित लोगों के लिए अपार सहानुभूति थी।

आधुनिक भारत के निर्माण में विद्यासागर ने अत्यंत महत्वपूर्ण भूमिका निभायी महिलाओं के सामाजिक उत्थान के लिए इन्होंने अनेक प्रयास किये। विधवा पुनर्विवाह के लिए विद्यासागर ने एक लम्बा संघर्ष चलाया। 1855 ई० में विधवा पुनर्विवाह के पक्ष में इन्होंने एक पत्रक प्रकाशित किया। पूरे देश में इसके लिए आन्दोलन चलाया फलतः कंपनी सरकार ने 1856 ई० में इसे कानूनी मान्यता प्रदान कर दी। हमारे देश की उच्च जातियों में पहला कानूनी हिन्दू विधवा पुनर्विवाह कलकत्ता में 7 दिसम्बर, 1856 को विद्यासागर की प्रेरणा से और उनकी ही देखरेख में हुआ। 1856 से 1860 ई० के बीच उन्होंने लगभग 25 विधवाओं के पुनर्विवाह कराये।

विधवा पुनर्विवाह के हिमायती होने के कारण विद्यासागर को हिन्दू कट्टरपंथियों का तीखा विरोध झेलना पड़ा। उन्हें जान से मारने तक की धमकियाँ दी गयीं। किंतु वे विचलित हुए बिना अपने रास्ते पर चलते रहे। यही नहीं उन्होंने जरूरतमंद दम्पत्तियों की आर्थिक सहायता भी की।

विद्यासागर ने बाल विवाह प्रथा का भी विरोध किया। बंगाली समाज में प्रचलित बहुविवाह की कुरीति के विरुद्ध भी उन्होंने आंदोलन छेड़ा। नारी शिक्षा में वे गहरी दिलचस्पी रखते थे। स्कूलों के सरकारी निरीक्षक की हैसियत से उन्होंने 35 बालिका विद्यालयों की स्थापना की जिनमें से कई को उन्होंने अपने खर्च से चलाया। महिला शिक्षा को प्रोत्साहन देने के उद्देश्य से 1849 ई० में कलकत्ता में बेथुन स्कूल की स्थापना की गयी जो शीघ्र ही महिला शिक्षा का प्रमुख केन्द्र बन गया। परंतु इसके लिए ईश्वर चंद्र विद्यासागर को कठोर संघर्ष तथा सामाजिक बहिष्कार का सामना भी करना पड़ा था। विद्यासागर ने कई तरह से आधुनिक भारत के निर्माण में अपना अपूर्व योगदान दिया। संस्कृत पढ़ाने के लिए उन्होंने नयी तकनीक विकसित की। उन्होंने बांग्ला भाषा में स्वयं एक वर्णमाला 'वर्ण परिचय' तैयार की जो आज तक इस्तेमाल की जाती है। विद्यासागर ने अपनी रचनाओं के द्वारा बांग्ला में आधुनिक गद्य शैली के विकास में सहायता दी। उन्होंने संस्कृत कॉलेज के दरवाजे गैर ब्राह्मण विद्यार्थियों के लिए भी खोल दिये क्योंकि वे संस्कृत के अध्ययन पर ब्राह्मणों के एकाधिकार के प्रबल विरोधी थे।

रामकृष्ण मिशन और विवेकानन्द

भारतीय पुनर्जागरण काल के कुछ मनीषियों में रामकृष्ण परमहंस का नाम प्रमुख है। रामकृष्ण परमहंस त्याग, ध्यान, भक्ति की पारम्परिक विधियों से धार्मिक मुक्ति पाने में विश्वास रखते थे। उन्होंने इस बात पर जोर दिया कि ईश्वर तक पहुँचने तथा मुक्ति पाने के कई मार्ग हैं, और मानव एक वस्तुतः ईश्वर की सेवा है क्योंकि मनुष्य ईश्वर का ही मूर्तिमान रूप है।

रामकृष्ण परमहंस का जन्म बंगाल के हुगली जिले के छोटे से गाँव कामारपुकुर में 1834 ई० में एक निर्धन ब्राह्मण परिवार में हुआ। रामकृष्ण बचपन से ही चिन्तनशील थे। 1856 ई० में वे दक्षिणेश्वर में

काली मन्दिर के पुजारी बन गये। एक भैरवी से इन्होंने तान्त्रिक साधना और स्वामी तोतापुरी से वेदान्त की दीक्षा प्राप्त की। इसके अतिरिक्त वे सूफी इस्लाम तथा ईसाई धर्म की सूक्ष्म बातों में भी निष्णात हो गये। रामकृष्ण के निकट के व्यक्तियों में दो के नाम उल्लेखनीय हैं—केशवचन्द्र सेन और नरेन्द्र नाथ दत्त जो आगे चलकर स्वामी विवेकानन्द नाम से प्रख्यात हुए। कैंसर की बीमारी से रामकृष्ण परमहंस का 16 अगस्त, 1886 को निधन हो गया।

रामकृष्ण ने मानवता की सेवा को ही मुक्ति का मार्ग बताया। आध्यात्मिक विकास करके ही मनुष्य मुक्ति के मार्ग पर अग्रसर हो सकता है। इन्होंने चरित्र निर्माण को कोरे ज्ञानार्जन से बड़ा माना और समाज में रहकर सेवा और त्याग से जीवन में ही मुक्ति का मार्ग पाया जा सकता है। स्त्रियों के प्रति इनके मन में आदर था और अन्य साधकों की भांति वे उन्हें मुक्ति मार्ग में अवरोधक नहीं समझते थे। रामकृष्ण के अनुसार सभी धर्म एक ही सत्य का उद्घाटन करते हैं तथा मुक्ति का साधन बताते हैं, उन्होंने स्वयं अपने जीवन में इस प्रकार का समन्वय स्थापित किया तथा विभिन्न मतवादों निराकार-साकार, वेदान्त-गृहस्थ जीवन आदि सभी पक्षों को आत्मसात करके मानव मात्र की मुक्ति का उपदेश दिया।

स्वामी विवेकानन्द रामकृष्ण परमहंस के प्रमुख शिष्य थे। विवेकानंद ने अपने व्यावहारिक सिद्धांतों से पूर्व के मानसिक धुंधलके को दूर करके उसे पश्चिम के सामने सम्मानपूर्वक प्रतिष्ठित किया। भारतीय युवकों को उद्बोधित करते हुए उन्होंने कहा कि 'वे पश्चिमी संस्कृति की चकाचौंध से व्याकुल न हों बल्कि अपने पुराने धर्म को सोचने तथा समझने का प्रयत्न करें।' रामधारी सिंह दिनकर ने 'संस्कृति के चार अध्याय' में लिखा है—रामकृष्ण और विवेकानन्द एक ही जीवन के दो अंश, एक ही सत्य के दो पक्ष हैं। रामकृष्ण अनुभूति थे विवेकानन्द उसकी व्याख्या बनकर आये, रामकृष्ण दर्शन थे, विवेकानन्द ने उसके क्रिया पक्ष का आख्यान किया।' रामकृष्ण अगर हिंदू धर्म की गंगा थे, तो विवेकानन्द उस गंगा के भगीरथ थे। इन दोनों का मिलन रहस्यवाद और बुद्धिवाद का मिलन कहा गया है।

स्वामी विवेकानन्द का जन्म कलकत्ता नगर के सिमुलिया मोहल्ले के दत्त परिवार में 12 जनवरी, 1863 ई० को हुआ। डेकार्ट के अहंवाद, ह्यूम और बेन की नास्तिकता, डार्विन के विकासवाद, स्पेन्सर के अज्ञेयवाद

आदि दार्शनिक विचारधाराओं का उनके मन-मस्तिष्क पर गहरा असर पड़ा। विवेकानन्द 1881 ई० में पहली बार रामकृष्ण से मिले। स्वामीजी के आध्यात्मिक तेज से प्रभावित विवेकानंद उनके शिष्य बन गये। अपने गुरु की 1886 ई० में मृत्यु के बाद उन्होंने संन्यास ले लिया। हिन्दू तथा अन्य धर्म ग्रंथों का विवेकानन्द ने गंभीर अध्ययन किया। 1893 ई० में अमेरिका के शिकागो में आयोजित 'धर्म संसद' में भारतीय प्रतिनिधि के रूप में अपनी गंभीर वक्तृता से पाश्चात्य जगत को ही नहीं, अपितु सम्पूर्ण विश्व के मनीषियों को प्रभावित कर दिया। स्वदेश लौटकर 1897 ई० में 'रामकृष्ण मिशन' की स्थापना किया जिसका दार्शनिक आधार वेदान्त दर्शन था।

सामाजिक दृष्टि से विवेकानन्द ने समाज सेवा और नारी सम्मान को महत्व दिया। इन्होंने छुआछूत का कड़ा विरोध करते हुए कहा—'हममें से अधिकतर अभी न वेदान्ती हैं न पुराणपंथी न ही तान्त्रिक। वास्तव में हम है—छुआछूत पंथी। रसोईघर हमारा मंदिर है पकाने के बर्तन हमारे उपास्य देवता हैं और 'मुझे मत छुओ, मैं पवित्र हूँ' हमारा मन्त्र है। अगर एक शताब्दी तक यह चलता रहा तो हम सब पागलखाने में होंगे।

राष्ट्रीयता की भावना के पोषक विवेकानन्द ने भारतीयों में आत्मविश्वास की भावना पैदा की, दुर्बलता को पाप बताया और शक्ति की पूजा का आह्वान किया। उन्होंने कुछ वर्षों के लिए सभी देवी-देवताओं की पूजा छोड़कर भारत माँ की पूजा करने को प्रेरित किया। नवयुवकों से उन्होंने कहा—'उठो, जागो और तब तक न रुको जब तक लक्ष्य की प्राप्ति न हो जाये।'

स्वामी विवेकानन्द धार्मिक चेतना और सामाजिक प्रगति को एक दूसरे से जोड़कर देखते हैं। इसलिए उन्होंने धार्मिक अन्धविश्वासों, रूढ़िवादिता तथा खोखले रीति-रिवाजों को दूर करने पर बल दिया। उन्होंने जाति प्रथा की जटिलता छुआछूत एवं अन्य कुरीतियों को समाप्त करने और नारी सम्मान, नारी शिक्षा के उत्थान के लिए प्रेरणा प्रदान की। पददलितों की सेवा को ही सबसे बड़ा धर्म घोषित करते हुए शिक्षित भारतीयों से कहा—'जब तक भारत में करोड़ों लोग भूख और अज्ञान से ग्रसित होकर जीवन व्यतीत कर रहे हैं तब तक मैं प्रत्येक उस व्यक्ति को देशद्रोही समझूँगा, जो उनके खर्च से शिक्षित होने के बाद उनके प्रति तनिक भी ध्यान नहीं देता।

सभी धर्मों की बुनियादी एकता पर जोर देते हुए भारतीय संदर्भ में 1898 में उन्होंने लिखा—'हमारी अपनी मातृभूमि के लिए दो महान धर्मों—हिन्दुत्व तथा इस्लाम का संयोग ही एकमात्र आशा है।' विचारों की स्वतन्त्रता के बारे में उन्होंने लिखा—विचार और कर्म की स्वतन्त्रता जीवन, विकास तथा कल्याण की अकेली शर्त है। जहाँ यह न हो वहाँ मनुष्य, जाति तथा राष्ट्र सभी पतन के शिकार होते हैं।' अन्ततः 4 जुलाई, 1902 को स्वामीजी का निधन हो गया।

स्वामी विवेकानन्द के सन्दर्भ में सुभाषचन्द्र बोस ने लिखा है कि 'उनमें बुद्ध का हृदय और शंकराचार्य की बुद्धि थी तथा वह आधुनिक भारत के निर्माता थे।' गांधीजी ने कहा कि 'स्वामी विवेकानंद के लिए किसी परिचय की जरूरत नहीं उनका नाम ही प्रेरणा है। रवीन्द्र नाथ टैगोर ने उन्हें 'सृजन की प्रतिभा' कहा। इस प्रकार भारतीय नवजागरण में विवेकानन्द का योगदान अप्रतिम है।

स्वामी दयानन्द सरस्वती और आर्यसमाज

दयानन्द सरस्वती ने उत्तर भारत में हिन्दू धर्म के सुधार के लिए महत्वपूर्ण कार्य किया। स्वामी दयानन्द का जन्म 1824 ई० में गुजरात के मोरवी रियासत में टंकारा नामक जगह पर हुआ। इनके बचपन का नाम मूलशंकर था। शिवरात्रि पर्व पर जब इन्होंने शिवलिंग से मिष्ठान्न लेकर भागते हुए चूहे को देखकर इनके मन में विचार आया कि 'जो भगवान अपनी रक्षा नहीं कर सकता वह औरों की रक्षा कैसे करेगा।' यही विचार उनके लिए परिवर्तनकारी साबित हुआ। स्वामी दयानन्द 1845 से 1860 ई० तक भारत के सुदूर प्रदेशों का भ्रमण करते रहे। अन्ततः इन्होंने स्वामी बिरजानन्द से दीक्षा लेकर यह संकल्प लिया कि वे हिन्दू धर्म से अन्धविश्वास और आडम्बर दूर कर देश में पुनः वैदिक धर्म की पुनर्स्थापना करेंगे। 1872 ई० में कलकत्ता में इनकी मुलाकात ब्रह्मसमाजी नेता केशवचन्द्र सेन से हुई। सेन ने स्वामी जी को संस्कृत की जगह हिन्दी में व्याख्यान देने का सुझाव दिया। अंततः 10 अप्रैल, 1875 को उन्होंने 'आर्यसमाज' की स्थापना किया और उसमें 28 नियमों का समावेश किया।

स्वामी दयानन्द ने देश के कोने-कोने में 'आर्य समाज' की शाखाओं को संचालित कर हिन्दू मानस में गौरव की भावना का संचार किया। अपने

सिद्धान्तों को जन-जन तक पहुँचाने के लिए दयानन्द ने सत्यार्थ प्रकाश, वेद भाष्य भूमिका तथा वेद भाष्य नामक ग्रन्थ लिखे। जोधपुर में इनके कुछ विरोधियों ने स्वामी जी को कांच पीसकर पिला दिया, जिससे 30 अक्टूबर, 1883 को दीपावली के दिन अजमेर में इनका देहावसान हो गया।

स्वामीजी वेद को हिन्दू धर्म का मूल स्रोत मानते थे। उनका कहना था कि जो धर्म एवं ज्ञान वेद सम्मत एवं उससे परिपुष्ट नहीं है, वह सर्वथा त्याज्य है। वे वेदों को ईश्वर प्रेरित मानते थे। हिन्दू धर्म में प्रचलित बहुदेववाद, पशुबलि, अवतारवाद, कर्मकाण्डवाद, मूर्तिपूजा आदि को स्वामी जी ने सर्वथा त्याज्य बताया। अपने जीवन का उद्देश्य 1867 ई० में हरिद्वार कुंभ के अवसर पर पाखंड खंडनी पताका फहराकर स्पष्ट किया। कुरीतियों, अन्धविश्वास एवं अज्ञान को हटाने के लिए उन्होंने शिक्षा पर विशेष बल दिया। ईसाई मिशनरियों के कार्यों की कटु आलोचना की तथा भारतीय सभ्यता और संस्कृति के प्रति स्वाभिमान पैदा किया।

नारी स्वतन्त्रता एवं स्त्री-शिक्षा को सामाजिक पुनर्जागरण की रीढ़ मानते हुए आर्यसमाज ने अनेक विद्यालयों की स्थापना की। शिक्षा के प्रसार में आर्यसमाज का योगदान उल्लेखनीय है। 1886 ई० में लाहौर में पश्चिमी शिक्षा पद्धति पर 'दयानन्द एंग्लो वैदिक स्कूल' की स्थापना हुई जो बाद में दयानन्द ऐंग्लो वैदिक कालेज में बदल गया। धीरे-धीरे देश के अन्य शहरों में भी डी०ए०वी० कालेज खोले गये। कुछ आर्यसमाजी चिन्तकों ने भारतीय पद्धति से शिक्षा देने के लिए गुरुकुल विद्यालयों की स्थापना पर जोर दिया। इसी उद्देश्य से 1902 ई० में हरिद्वार के पास गुरुकुल कांगड़ी विश्वविद्यालय की स्थापना की गयी।

स्वामी दयानन्द ने पहली बार 'स्वराज्य' का उद्घोष किया। इस क्रम में उन्होंने कहा कि 'कोई कितना ही कहे परंतु जो स्वदेशी राज्य होता है वह सर्वोपरि और उत्तम होता है।' एनी बेसेण्ट ने कहा कि स्वामी दयानन्द ही पहले व्यक्ति थे जिन्होंने भारतीयता का नारा लगाया। दयानन्द ने विदेशी शासन की कटु आलोचना की और इसका कारण भारतवासियों की आपसी फूट, अशिक्षा, बाल-विवाह, वेदों के बारे में कुप्रचार और देशभक्ति का अभाव बताया। इनकी आक्रामक वाणी से अंग्रेज सरकार इतनी आतंकित हुई कि इनके पीछे गुप्तचरों को लगा दिया गया। स्वामीजी की प्रेरणा से राष्ट्रीय भावना से ओतप्रोत नवयुवकों की एक श्रृंखला खड़ी हो गयी। लाल

हंसराज, पण्डित लेखराज और स्वामी श्रद्धानन्द जैसे लोग इसी श्रेणी में आते हैं। लाला लाजपत राय ने स्वामीजी के बारे में लिखा 'स्वामी जी ने देशभक्ति और देश सेवा का बीज हमारे हृदय में बोया।' बालगंगाधर तिलक, अरविंद घोष, सुभाष चन्द्र बोस, लाला लाजपत राय और श्यामजी कृष्ण वर्मा जैसे अनेक नेता उनके विचारों से बहुत अधिक प्रभावित हुए।

थियोसोफिकल सोसायटी—थियोसोफिकल सोसाइटी की स्थापना संयुक्त राज्य अमरीका में एक रूसी विदुषी मैडम हेलना पेट्रोबना ब्लावात्स्की एवं एक अन्य अमेरिकी कर्नल हेनरी स्टील आल्काट ने 1875 ई० में अमेरिका में की थी। 1882 ई० में मद्रास के निकट अडयार में इस सोसाइटी का मुख्यालय बनाया गया। 1893 ई० में भारत आने वाली एनी बेसेण्ट शीघ्र ही इससे जुड़ गयीं और इनके नेतृत्व में थियोसोफी आन्दोलन भारत में फैलने लगा। थियोसोफिस्ट लोग हिन्दुत्व, पारसी तथा बौद्ध मत जैसे प्राचीन धर्मों को पुनर्स्थापित करने के पक्ष में थे। धार्मिक पुनरुथानवादियों के रूप में यद्यपि थियोसोफिकल लोगों को बहुत सफलता नहीं मिली लेकिन आधुनिक भारत के घटनाक्रमों में उनका एक विशिष्ट योगदान रहा। वस्तुतः यह पाश्चात्य देशों के ऐसे लोगों द्वारा संचालित किया जाने वाला आन्दोलन था जो भारतीय धर्मों तथा दार्शनिक परम्परा का महिमामण्डन करते थे। इससे भारतवासियों को अपना खोया हुआ आत्मविश्वास फिर से पाने में सहायता मिली। एनी बेसेण्ट ने बनारस में केन्द्रीय हिन्दू विद्यालय की स्थापना की जिसे आगे चलकर मदन मोहन मालवीय ने बनारस हिन्दू विश्वविद्यालय के रूप में विकसित किया।

ज्योतिबा फुले (1827-1890)

समाज की निम्न जातियों में सामाजिक चेतना जागृत करने में ज्योतिबा फुले का नाम उल्लेखनीय है। ज्योतिराव गोविन्दराव फुले का जन्म एक माली परिवार में हुआ। स्काटिश मिशन स्कूल में पढ़ते हुए इन्हें मानव अधिकारों और कर्तव्यों की जानकारी मिली। वे शिवाजी और जार्ज वाशिंगटन के जीवन से प्रेरित हुए।

पिछड़ी जातियों में जागृति लाने हेतु इन्होंने स्वयं को समर्पित कर दिया। इन जातियों को सामाजिक न्याय और आत्मसम्मान दिलाने के लिए इन्होंने आजीवन कार्य किया। नारी शिक्षा के लिए भी फुले ने प्रयत्न किये। इसी क्रम में 1851 ई० में पूना में एक कन्या विद्यालय खोला। इन्होंने

विधवा पुनर्विवाह का समर्थन किया। ज्योतिबा फुले ने 1873 ई० में सत्यशोधक समाज की स्थापना की जिसका उद्देश्य समाज में पिछड़े और उपेक्षित वर्ग को सामाजिक न्याय दिलाना था। धर्म तृतीय रत्न; इशारा, शिवाजी की जीवनी और गुलामगिरी इनके प्रमुख ग्रन्थ हैं। इन ग्रन्थों के माध्यम से इन्होंने ब्राह्मणों की प्रभुता एवं आधिपत्य को चुनौती दी। शीघ्र ही अपने समाज सुधार कार्यों से ये ख्यात हो गये। 1876 ई० में इन्हें पूना नगरपालिका का सदस्य बनाया गया। 1888 ई० में इन्हें लोग 'महात्मा' कहने लगे। 28 नवम्बर 1890 ई० को ज्योतिबा फुले का निधन हो गया।

मुस्लिम धर्म में समाज सुधार आन्दोलन

19वीं सदी का मुस्लिम समाज सामाजिक एवं धार्मिक दृष्टि से रूढ़ हो गया था एवं अत्यन्त पिछड़ी अवस्था में था। बदलती हुई परिस्थितियों से मुस्लिम समाज अछूता नहीं रह सका और इनमें भी अनेक सुधारवादी तत्व उठ खड़े हुए। फलस्वरूप मुस्लिम वर्ग भी अपने धर्म और समाज में परिवर्तन के लिए आगे बढ़ा। मुस्लिम समाज में सामाजिक, धार्मिक एवं शिक्षा सम्बन्धी परिवर्तन इसी आन्दोलन की देन थे।

सर सैय्यद अहमद खाँ तथा अलीगढ़ आन्दोलन—19वीं सदी के अग्रणी मुस्लिम समाज सुधारकों में सैय्यद अहमद खाँ (1817-1898 ई०) प्रमुख थे। इनकी शिक्षा दीक्षा मुस्लिम शिक्षा परम्परा में संपन्न हुई। मुसलमानों की सामाजिक एवं आर्थिक स्थिति सुधारने के लिये ये बहुत प्रयत्नशील थे। ये मुसलमानों के अंग्रेजी शिक्षा प्राप्त करने तथा अंग्रेज सरकार की नौकरियों को स्वीकार करने के पक्षधर थे। अंग्रेज सरकार की न्यायिक सेवा से त्यागपत्र देकर सैय्यद अहमद ने मुस्लिम समाज में जागृति एवं सुधार लाने हेतु कार्य किया। इन्होंने शोषण के विरुद्ध जेहाद छेड़ दिया और दास-प्रथा को इस्लाम के विरुद्ध बताया। इन्होंने अपने समाज सुधार सम्बन्धी विचार 'तहजीब-उल-अखलाक' पत्रिका द्वारा अभिव्यक्त किये तथा इसे भारतीय मुस्लिम समाज में प्रचलित प्रसरित किया।

सैय्यद अहमद खाँ का विश्वास था कि मुसलमानों का धार्मिक एवं सामाजिक जीवन आधुनिक पाश्चात्य, वैज्ञानिक ज्ञान और संस्कृति को अपना हर ही सुधर सकता है इसीलिए आधुनिक शिक्षा का प्रचार जीवन-पर्यन्त इनका प्रथम ध्येय रहा। एक अधिकारी के रूप में इन्होंने अनेक

नगरों में विद्यालय स्थापित किये और अनेक पश्चिमी ग्रन्थों का उर्दू में अनुवाद कराया। 1875 ई० में उन्होंने अलीगढ़ में मुहम्मडन ऐंग्लो-ओरिएण्टल कॉलेज की स्थापना की जो आगे चलकर अलीगढ़ मुस्लिम विश्वविद्यालय के रूप में बदल गया।

धर्म को सैय्यद अहमद व्यक्ति का निजी मामला मानते थे और इसीलिए वैयक्तिक सम्बन्धों में धार्मिक कट्टरता की निन्दा करते थे। हिन्दुओं और मुसलमानों से एकता का आग्रह करते हुए उन्होंने कहा था—'हम दोनों भारत की हवा में सांस लेते हैं, गंगा-यमुना का पवित्र जल पीते हैं। भारत की धरती का अनाज खाकर जीवित रहते हैं। भारत में हमारे निवास ने हम दोनों का खून बदल डाला है, हमारे शरीरों के रंग एक हो चुके हैं। हिन्दुओं ने मुसलमानों के तथा मुसलमानों ने हिंदुओं के अनेक रीति-रिवाज तथा परम्पराएं अपना ली हैं। हम इस कदर एक हो चुके हैं कि हमने एक नयी भाषा उर्दू को विकसित किया है जो दोनों की हैं...हम दोनों एक देश में रहते हैं। हम एक राष्ट्र हैं तथा एक देश की, तथा हम दोनों की प्रगति और कल्याण हमारी एकता, पारस्परिक सहानुभूति और प्रेम पर निर्भर है जबकि हमारे पारस्परिक मतभेद, अकड़ विरोध्र तथा दुर्भावना निश्चित रूप से हमें नष्ट कर देगी।'

सामाजिक सुधार के क्रम में सैय्यद अहमद ने मुसलमानों से मध्यकालीन रीति-रिवाज तथा विचार व कर्म की पद्धतियों को छोड़ देने का आग्रह किया। मुस्लिम समाज में पर्दा का उन्होंने विरोध किया जबकि स्त्रियों में शिक्षा-प्रसार का समर्थन किया। उन्होंने बहुविवाह प्रथा तथा मामूली बातों पर तलाक के रिवाज की निन्दा की। सैय्यद अहमद के सुधार कार्यों में उनके कुछ वफादार अनुयायी सहायता करते रहते थे। उन्हें सामूहिक रूप से अलीगढ़ समूह कहा जाता है। चिराग अली, उर्दू शायर अल्ताप हुसैन हाली, नजीर अहमद, मौलाना शिबली नूमानी अलीगढ़ आन्दोलन के प्रमुख नेताओं में से थे।

देवबन्द आन्दोलन—19वीं शताब्दी में एक अन्य मुस्लिम समाज सुधारक उल्मा ने अपने क्रान्तिकारी साथियों मुहम्मद कासिम ननौत्वी (1832-1880 ई०) तथा रशीद अहमद गंगोही (1828-1905 ई०) की सहायता से 'देवबन्द आन्दोलन' संचालित किया। इस आन्दोलन का उद्देश्य मुसलमानों में कुरान तथा हदीस की शिक्षा का प्रचार तथा अंग्रेजों के विरुद्ध जेहाद की भावना जागृत करना था। अपने उद्देश्य की पूर्ति हेतु

इन लोगों ने सहारनपुर में 'देवबन्द विद्यालय' की स्थापना की। देवबन्द विद्यालय परम्परागत विद्यालय था और इसे अंग्रेजी शिक्षा और पाश्चात्य शिक्षा पद्धति से पूरी तरह मुक्त रखा गया। आगे चलकर इस आन्दोलन से महमूद-उल-हसन (1850-1920 ई०) जुड़े। इनका दृष्टिकोण अपने पूर्ववर्ती नेताओं की अपेक्षा अधिक उदार था। कुछ ही समय बाद जमाअत-ए-उलमा ने इस्लाम धर्म की रक्षा करते हुए मुसलमानों को राजनीतिक अधिकार प्राप्त करने तथा राष्ट्रीयं एकता की स्थापना में उनकी सक्रिय भागीदारी को सुनिश्चित किया।

पारसी सुधार आन्दोलन

19वीं शताब्दी के अन्त में भारत के पारसी समुदाय में भी धार्मिक सुधार की प्रक्रिया प्रारंभ हुई। इस सुधार आन्दोलन का उद्देश्य पारसी समुदाय में व्याप्त बुराईयों को दूर करना था। इस क्रम में 1851 ई० में 'रहमानी मज्दायासन सभा' (Religious Reform Association) का प्रारंभ नौरोजी फरइन जी, दादा भाई नौरोजी, एस०एस० बंगाली तथा आर० के० कामा आदि लोगों ने किया। इन सभी सुधारकों ने धर्म के क्षेत्र में हावी रूढ़िवाद के खिलाफ आन्दोलन चलाया और स्त्रियों की शिक्षा तथा विवाह और उनकी सामाजिक स्थिति के बारे में पारसी सामाजिक रीति-रिवाजों के आधुनिकीकरण का आरंभ किया। इस आन्दोलन का महत्वपूर्ण परिणाम यह निकला कि पारसी लोग आगे चलकर सामाजिक दृष्टि से भारतीय समाज का सर्वाधिक विकसित समुदाय बन गया।

सिखों में सामाजिक सुधार

19वीं शताब्दी के अन्त में अमृतसर में खालसा कालेज की स्थापना के साथ सिख लोगों में धार्मिक सुधार का प्रारंभ हुआ। सुधारों के ये प्रयास तब परवान चढ़े जब 1920 ई० के बाद पंजाब में अकाली आन्दोलन का प्रारंभ हो गया। अकाली आन्दोलन का मुख्य उद्देश्य गुरुद्वारों के प्रबंधन का शुद्धिकरण करना था। वस्तुतः इस समय गुरुद्वारों के प्रबन्धन पर भ्रष्ट एवं स्वार्थी महंतों का आधिपत्य था जो गुरुद्वारे की संपत्ति तथा चढ़ाने से प्राप्त धन का दुरुपयोग कर रहे थे। अकालियों ने इन भ्रष्ट महंतों के विरुद्ध एक सशक्त आन्दोलन छेड़ दिया। इस आन्दोलन से मजबूर होकर सरकार को

1922 ई० में सिख गुरुद्वारा कानून बनाना पड़ा। इस कानून में 1925 ई० में संशोधन किया गया। इस कानून के द्वारा गुरुद्वारों से भ्रष्ट महंतों को बाहर कर दिया गया।

सामाजिक सुधार परिप्रेक्ष्य

19वीं शताब्दी भारतीय परिप्रेक्ष्य में समाज सुधार की शताब्दी थी। पाश्चात्य विचारों एवं शिक्षा के सम्पर्क में आये बुद्धिजीवियों ने अपने समाज की जड़ मान्यताओं एवं विचारों पर प्रहार किया। अब वे वैसी किसी भी रीति-नीति को मानने के लिए तैयार नहीं थे जिसकी पृष्ठभूमि अमानवीय हो। ये लोग सामाजिक समानता एवं मानवीयता पर जोर देने लगे।

भारतीय समाज का मुख्य आधार धर्म था और जाति प्रथा, स्त्री असमानता, छुआछूत को धार्मिक प्रश्रय प्राप्त था अतः समाज सुधारकों ने जब इन कुरीतियों पर प्रहार किया तो संबंधित धर्म भी गहरे तौर पर प्रभावित हुआ। इसी दौर में बनी संस्थाओं तथा समाज सुधारकों ने इन सुधारों में अहम भूमिका निभायी। समाज सुधार आन्दोलन धीरे-धीरे स्वाधीनता आन्दोलन से जुड़ गया। धर्म सुधार से जुड़ा समाज सुधार आन्दोलन धीरे-धीरे धर्मनिरपेक्षता की ओर उन्मुख होता गया। सुधारकों के विचारों एवं आदर्शों को मान्यता मिली और आज हमारे भारतीय संविधान में किसी न किसी तरह समाहित हैं। समाज सुधार आंदोलन के मुख्य रूप से दो आयाम थे—(1) स्त्रियों की मुक्ति, (2) छुआछूत की समाप्ति।

स्त्रियों की मुक्ति—19वीं शताब्दी के भारत में स्त्रियों की स्थिति परम्परागत सामाजिक मान्यताओं के चलते कष्टप्रद थी। ऐसी स्थिति में समाज सुधारकों का ध्यान स्त्रियों की दशा की ओर स्वाभाविक रूप से गया। इन सुधारकों ने यह बात कही कि कोई भी धर्म स्त्रियों की हीन स्थिति का समर्थक नहीं है और सच्चा धर्म उन्हें एक ऊंचा सामाजिक दर्जा देता है।

अनेकानेक व्यक्तियों, सुधार संस्थाओं तथा धार्मिक संगठनों ने स्त्री शिक्षा का प्रचार-प्रसार करने, विधवा-विवाह को प्रोत्साहित करने, विधवाओं की दशा सुधारने, बाल-विवाह रोकने, एक पत्नी प्रथा को

प्रचलित करने, स्त्रियों के बीच पर्दा प्रथा को समाप्त करने आदि के लिए कड़ी मेहनत की।

बीसवीं शताब्दी के राष्ट्रीय आन्दोलन से स्त्री मुक्ति आन्दोलन को एक नया बल मिला। 1918 ई० के बाद वे राजनीतिक जुलूसों में चलने लगीं, विदेशी वस्त्र और शराब बेचने वाली दूकानों पर धरना देने तथा खादी का प्रचार-प्रसार करने लगीं। असहयोग आन्दोलनों में भी स्त्रियों की सक्रिय भागीदारी रही। वे जेल गयीं, जनप्रदर्शनों में भाग लिया तथा पुलिस की लाठी और गोलियां झेलीं। बेसेण्ट तथा प्रसिद्ध कवियित्री सरोजिनी नायडू कांग्रेस की अध्यक्षा बनी। 1920 ई० के ट्रेड यूनियन और किसान आन्दोलनों में भी स्त्रियों ने बढ़-चढ़ कर भाग लिया।

इसी समय स्त्रियों ने अपने आन्दोलन की कमान खुद संभाली। अभी तक प्रबुद्ध पुरुष बुद्धिजीवी ही स्त्रियों के कल्याण के लिए कार्यरत थे। 1927 ई० में आल इंडिया वूमेन्स कान्फ्रेंस की स्थापना की गयी। स्त्रियों में अब आत्मविश्वास का संचार हो गया। इन सब आन्दोलनों की ही परिणति थी कि स्वतंत्रता मिलने के पश्चात संविधान में स्त्री-पुरुष समानता की बात की गयी। स्त्रियों को सम्पत्ति का अधिकार मिला। समान काम के लिए समान वेतन तथा सरकारी संस्थाओं में नौकरी करने का अधिकार प्राप्त हुआ।

जाति-प्रथा के विरुद्ध संघर्ष—आधुनिक जनतान्त्रिक एवं बुद्धिवादी विचारों के आलोक में बुद्धिजीवियों ने जातिप्रथा के खिलाफ आवाज उठाना शुरू किया। ब्रह्म समाज, प्रार्थना समाज, आर्य समाज, रामकृष्ण मिशन, थियोसोफिकल सोसायटी, सोशल कान्फ्रेंस आदि के माध्यम से समाज सुधारकों ने इस कुप्रथा के विरुद्ध अभियान चलाया। छुआछूत जैसी अमानवीय प्रथा की निन्दा की गयी। उन्होंने यह भी महसूस किया राष्ट्रीय एकता तथा राजनीतिक-सामाजिक-आर्थिक क्षेत्रों में राष्ट्रीय प्रगति तब तक असंभव है जब तक लाखों लोग सम्मान से जीवन जीने का अधिकार प्राप्त नहीं कर लेते। भारतीय राष्ट्रीय कांग्रेस समेत पूरे भारतीय राष्ट्रीय आन्दोलन ने जातिगत विशेषाधिकारों का विरोध किया और जाति-धर्म-लिंग के भेदभाव बिना व्यक्ति के विकास के लिए समान नागरिक अधिकारों तथा समाज स्वतन्त्रता की लड़ाई लड़ते रहे।

महात्मा गांधी ने छुआछूत की समाप्ति को अपना प्रमुख उद्देश्य बनाया और इसी क्रम में 1932 ई० में उन्होंने 'अखिल भारतीय हरिजन संघ' की स्थापना की गांधी जी ने कहा कि अगर कोई धर्मशास्त्र छुआछूत का समर्थन करे तो उसे मानने से इंकार कर देना चाहिए क्योंकि यह पूरी तरह अमानवीय है।

शिक्षा के प्रसार तथा जागृति अभियानों से पददलित जातियों के अन्दर चेतना का संचार हुआ। अब वे अपने अधिकारों के प्रति सचेत हुए तथा उसकी रक्षा के लिए कोशिशें शुरू कर दीं। इन वर्गों ने ऊंची जातियों के परम्परागत उत्पीड़न एवं जातिगत आधिपत्य के विरुद्ध एक शक्तिशाली आन्दोलन खड़ा कर दिया। महाराष्ट्र में ज्योतिबा फुले ने ब्राह्मणों की धार्मिक सत्ता के खिलाफ आजीवन संघर्ष किया तथा आन्दोलन चलाये। फुले ने निम्नवर्गीय समाज में चेतना के प्रसार के लिए अनेक स्कूल-कॉलेज खोले। निम्नवर्गीय समाज के ही एक अन्य प्रतिनिधि नेता डॉ० भीमराव अम्बेडकर ने अपना पूरा जीवन जातिगत अत्याचार विरोधी संघर्ष को समर्पित कर दिया। इसके लिए उन्होंने 'अखिल भारतीय अनुसूचित जाति महासंघ' की स्थापना की। ये लोग जानते थे कि छुआछूत विरोधी संघर्ष विदेशी शासन में पूरी तरह सफल नहीं हो सकता था। समाज में मूलभूत सुधार का कार्य केवल स्वतन्त्र भारत की सरकार ही कर सकती थी। कमजोर वर्गों की सामाजिक स्थिति सुधारने के लिए आर्थिक प्रगति आवश्यक है। शिक्षा तथा राजनीतिक अधिकारों के प्रसार के साथ भी यही बात है। इस सन्दर्भ को रेखांकित करते हुए डॉ० भीमराव अम्बेडकर लिखते हैं—'आपके दुखों को कोई इतनी अच्छी तरह दूर नहीं कर सकता जिस तरह आप कर सकते हैं। और आप इन्हें तब तक दूर नहीं कर सकते जब तक राजनीतिक सत्ता आपके हाथों में न आए।...हमारे पास एक ऐसी सरकार होनी चाहिए जिसमें सत्ता में बैठे लोग जीवन के सामाजिक और आर्थिक नियमों को संशोधित करने से न डरते हों, जिसकी न्याय और व्यावहारिकता मांग करती है। इस भूमिका को ब्रिटिश सरकार कभी निबाह नहीं सकती।....केवल एक स्वराज्य सरकार इस काम को संभव बना सकती है।'

केरल में श्रीनारायण गुरु ने जाति प्रथा के खिलाफ जीवन का संघर्ष चलाया। उन्होंने ही 'मानव जाति के लिए एक धर्म, एक जाति और एक ईश्वर' का प्रसिद्ध नारा दिया। द० भारत में ब्राह्मणों द्वारा लादी गयी

निर्योग्यताओं का मुकाबला करने के लिए गैर ब्राह्मणों ने 1920 के दशक में एक आत्मसम्मान आन्दोलन चलाया। मंदिरों में अछूतों के प्रवेश की मनाही तथा दूसरे प्रतिबंधों के खिलाफ ऊंची तथा निचली जातियों के लोगों ने मिलकर अनेक सत्याग्रह आन्दोलन चलाये।

इन सभी आन्दोलनों एवं अभियानों का प्रभाव स्वतन्त्र भारत के संविधान में दिखायी पड़ता है जिसमें स्पष्ट रूप से यह घोषित किया गया कि अस्पृश्यता समाप्त की जा चुकी है और किसी भी रूप में इसका पालन मना है। छुआछूत के आधार पर किसी पर कोई निर्योग्यता लादना अपराध माना जायेगा। भारतीय संविधान में उल्लिखित नीति निर्देशक तत्त्वों में स्पष्ट रूप से कहा गया है—'राज्य जनकल्याण को प्रोत्साहित करने का प्रयास करेगा, और इसके लिए जितने प्रभावी ढंग से संभव हो सके, एक ऐसी सामाजिक व्यवस्था लाने तथा उसकी रक्षा करने का प्रयास करेगा जिसमें राष्ट्रीय जीवन की सभी संस्थाओं का आधार सामाजिक, आर्थिक और राजनीतिक न्याय हो।'

अध्याय-8

स्वतन्त्रता के बाद भारतीय संस्कृति

एक लम्बे संघर्ष के पश्चात 15 अगस्त, 1947 को भारत गुलामी की बेड़ियों को तोड़कर एक स्वतन्त्र राष्ट्र के रूप में उठ खड़ा हुआ। लेकिन हमारी यह स्वतन्त्रता खण्डित थी। राजनीतिक तौर पर भारत अब भारत एवं पाकिस्तान नामक संप्रभु राष्ट्रों में बंट चुका था। अंग्रेजों की बांटो और राज करो तथा साम्प्रदायिक राजनीति का यह चरम था। आजादी की खुशी एवं उल्लास के साथ-साथ देश भीषण साम्प्रदायिक दंगों एवं जनसंख्या के स्थानान्तरण के दौर से गुजर रहा था। ऐसे विकट समय में भारत के समक्ष प्रमुख चुनौती स्वतन्त्र राष्ट्र की निर्मिति के रूप में थी।

स्वतन्त्र भारत के प्रथम प्रधानमन्त्री जवाहर लाल नेहरू ने 14 अगस्त 1947 को आजादी की पूर्वसंध्या पर संविधान सभा के सम्मुख 'ट्रस्ट विद डेस्टिनी' नामक अपने प्रसिद्ध भाषण में भारतीय जनता की भावनाओं को इस प्रकार अभिव्यक्त किया—

'बरसों पहले हमने नियति के साथ एक करार किया था और अब वह समय आ गया है कि जब हम अपना वादा पूरा करेंगे....आधी रात ठीक बारह के घण्टे के साथ, जब दुनिया सोती है भारत जिन्दगी और आजादी के लिए जगेगा। कभी ऐसे पल भी आते हैं, हालांकि पूरे इतिहास में बहुत ही कम बार आते हैं, जब हम पुराने युग से नये में कदम रखते हैं, जब एक युग समाप्त हो जाता है, और जब एक राष्ट्र की लम्बे समय से कुचली हुई आत्मा अभिव्यक्ति प्राप्त करती है। उचित यह है कि इस शुभ अवसर पर भारत, उसकी जनता और सम्पूर्ण मानवता की सेवा में समर्पित होने की हम कसम खाएं...आज दुर्भाग्य के एक युग का हमने अन्त कर

दिया है और भारत ने फिर से अपनी पहचान हासिल की है। '...आज हम जिस उपलब्धि की खुशियां मना रहे हैं वह सिर्फ एक कदम है, सिर्फ एक अवसर की प्राप्ति है जो हमें और भी महान विजयों एवं उपलब्धियों तक ले जायेगा....भविष्य कोई आरामदेह नहीं, बल्कि सतत संघर्ष का होगा, ताकि हम उस वादा को पूरा कर सकें जिसे हमने अकसर दुहराया है।

प्रधानमन्त्री नेहरू आजादी के साथ आने वाली तमाम समस्याओं के प्रति और उसके निराकरण के लिए संघर्ष हेतु सचेत थे। नवगठित सरकार के समक्ष दायित्व था—राष्ट्रीय एकता के प्रोत्साहन एवं राष्ट्र के सुदृढ़ीकरण की, राष्ट्र की रचना प्रक्रिया को आगे बढ़ाने का, तीव्र आर्थिक विकास को प्रोत्साहन की, शताब्दियों से चले आ रहे सामाजिक अन्यायों, असमानताओं और शोषण के उन्मूलन की और एक ऐसे विदेश नीति के विकास की जो विश्व मंच भारत को उसका प्रतिष्ठित स्थान दिला सके।

संयोगवश नवस्वतन्त्र भारत के पास उच्च आदर्श एवं प्रतिबद्धता वाले महान नेताओं की एक लम्बी कतार थी। जवाहर लाल नेहरू, सरदार वल्लभ भाई पटेल, अब्दुल कलाम आजाद, राजेन्द्र प्रसाद, सी० राजगोपालाचारी, गोविन्द वल्लभ पन्त, बी०सी० राय, बी०जी० खेर, आचार्य नरेन्द्र देव, जयप्रकाश नारायण, पी०सी० जोशी, अजय घोष, भीमराव अम्बेडकर, डॉ० सर्वपल्ली राधाकृष्णन, जाकिर हुसैन प्रभृति दृढ़ इच्छा शक्ति वाले, अद्भुत प्रतिभा सम्पन्न नेताओं से भारतीय राजनीतिक परिदृश्य एक अनूठे वातावरण का निर्माण कर रहा था।

9 दिसम्बर, 1946 से 26 नवम्बर, 1949 के बीच संविधान सभा ने भारत के लिए एक संविधान का निर्माण किया। भारतीय स्वाधीनता आन्दोलन में निहित मूल्यों को इस संविधान में रूपायित किया गया। एक अखण्ड भारत की स्थापना के साथ-साथ संविधान में जनतान्त्रिक एवं संसदीय सरकार की रूपरेखा प्रस्तुत की गयी। संविधान में मूलभूत अधिकार एवं नीति निर्देशक सिद्धान्त भी शामिल किये गये। एक ओर जहाँ मूल अधिकार राज्य द्वारा अधिकारों पर अतिक्रमण के प्रति संरक्षण का विश्वास दिलाते हैं वहीं दूसरी ओर नीति-निर्देशक सिद्धान्त इन अधिकारों को प्रभावशाली बनाने के लिए राज्य द्वारा लागू किये गये सुधार थे।

भारतीय संविधान का मूल दर्शन इसकी भूमिका में प्रतिबिम्बित होती है। भूमिका में कहा गया कि संविधान सभा में भारत की जनता सभी नागरिकों के लिए सामाजिक, आर्थिक और राजनीतिक न्याय, विचारों एवं

आस्था, आराधना के प्रकटीकरण की आजादी, स्थिति एवं अवसर की समानता, सब के बीच बराबरी और व्यक्ति का सम्मान तथा राष्ट्र की एकता हासिल करने का संकल्प करती है। कहा जाता है कि संविधान में मुक्ति, समानता और भाईचारे के मुकाबले न्याय को एवं राजनीतिक न्याय के मुकाबले सामाजिक और आर्थिक न्याय को प्राथमिकता जानबूझकर दी गयी थी। शब्दों के क्रम से पता चलता है कि सामाजिक और आर्थिक न्याय का विचार संभवतः भारत के संविधान का सबसे मूल विचार था।

संविधान भारत के नागरिकों को छः प्रकार के मूल अधिकार प्रदान करता है। ये अधिकार हैं—समानता का अधिकार, आजादी का अधिकार, शोषण के विरुद्ध अधिकार, धर्म सम्बन्धी अधिकार, सांस्कृतिक एवं शैक्षणिक अधिकार तथा संवैधानिक उपचारों संबंधी अधिकार। संविधान की धारा 12 से 35 तक में इन मूलाधिकारों को शामिल किया गया है जिसका उद्देश्य राज्य की मनमानी से जनता की रक्षा करना है इनमें से तीन धाराएं अन्य नागरिकों से व्यक्ति की रक्षा के लिए बनायी गयी हैं। धारा 15(2) में कहा गया है कि दुकानों, रेस्तरां, कुएं, रोड तथा अन्य सार्वजनिक स्थानों पर नागरिकों के साथ धर्म, रंग, जाति, लिंग या जन्म स्थान के आधार पर भेदभाव नहीं किया जायेगा। धारा 17 अस्पृश्यता का निषेध करती है जबकि धारा 23 जबरन श्रम पर रोक लगाती है।

नीति निर्देशक सिद्धान्तों का सार संविधान की धार 23 में व्यक्त किया गया है। इसके अनुसार 'राज्य एक ऐसी सामाजिक व्यवस्था प्रभावशाली ढंग से निर्मित करेगा और उसकी रक्षा करेगा जिसमें सामाजिक, आर्थिक एवं राजनीतिक न्याय राष्ट्रीय जीवन की सभी संस्थाओं में काम करेगा और इस प्रकार जनता का कल्याण कर पायेगा। इस प्रकार राज्य की जिम्मेदारी थी कि वह सभी नागरिकों को जीवनयापन के उचित जरिए मुहैया हों, भौतिक स्रोतों का समान वितरण हों, और धन तथा उत्पादन के साधनों के संकेन्द्रण से बचा जा सके। पुरुषों और स्त्रियों के लिए समान कार्य पर समान वेतन की व्यवस्था की जायेगी और मजदूरों, बच्चों और गर्भवती महिलाओं के स्वास्थ्य की रक्षा की जायेगी। मजदूरों को जीवनयापन लायक वेतन तथा काम के न्यायपूर्ण एवं मानवीय परिस्थितियां मिलनी चाहिए।

धर्मनिरपेक्षवाद—विश्व के कई प्रमुख धर्मों का आश्रय स्थल होने का श्रेय भारत भूमि को प्राप्त है। यही वहज है कि समय के सथ भारत एक बहुधर्मीय समाज के रूप में उभरकर सामने आया। धर्म ने भारतीय

जन-जीवन और जीवन दर्शन को गहरी तौर पर प्रभावित किया है। ऐसी स्थिति में धार्मिक मतभेदों के प्रति गहरी सहिष्णुता ही सामाजिक सामंजस्य का वातावरण निर्मित करती है।

स्वाधीनता आन्दोलन के दौरान गांधी और नेहरू के धर्मनिरपेक्षता पर अपने-अपने अलग विचार थे। सिद्धान्तों की भिन्नता के कारण भारत में धर्मनिरपेक्षता की दो परम्पराएं उभर कर सामने आयीं।—गांधी जी राजनीति के आध्यात्मिकरण में विश्वास करते थे लेकिन उन्होंने दृढ़तापूर्वक सभी धर्मों की समानता एवं सभी धर्मों के प्रति सहिष्णुता को स्वीकार किया। यद्यपि गांधीजी ने अपनी राजनीति के लिए प्रेरणा धर्म से प्राप्त की परन्तु धार्मिक मतभेदों व धार्मिक कट्टरपन के विरुद्ध संघर्ष करके राष्ट्रीय एकता और सहिष्णुता की भावना का समर्थन करके, उन्होंने धर्मनिरपेक्षता के संघर्ष को आगे बढ़ाया। धर्म को लोगों का व्यक्तिगत मामला मानते हुए उन्होंने स्पष्ट किया कि राज्य को धर्म के बारे में हस्तक्षेप नहीं करना चाहिए। इसके विपरीत नेहरू ने धर्मनिरपेक्षवाद के संघर्ष को पूरी तरह वैज्ञानिक तार्किकता से जोड़ दिया। नेहरूजी का मत है कि धर्म अन्धविश्वास और अज्ञान पैदा करता है। उनके अनुसार विज्ञान का सार था—सन्देह करना और जानना। अतः उनके लिए धर्मनिरपेक्षता की लड़ाई में धर्म का कोई स्थान नहीं था।

जिस अर्थ में भारत में धर्मनिरपेक्षता की बात की जाती है वह पश्चिम की धर्मनिरपेक्षता से अलग है। पश्चिम में चर्च और राज्य के बीच संघर्ष के पश्चात यह निश्चित हुआ कि चर्च धार्मिक मामलों की निगरानी करेगा जबकि राज्य गैर-धार्मिक मामलों को तय करेगा। भारत में धर्मनिरपेक्षता साम्प्रदायिक ताकतों के संघर्ष के सन्दर्भ में विकसित हुई। धर्मयनिरपोक्षता की अवधारणा को स्पष्ट करते हुए पं० जवाहर लाल नेहरू ने लिखा है—'हम अपने राज्य को धर्मनिरपेक्ष कहते हैं। धर्मनिरपेक्ष शब्द शायद पूरी तरह उचित नहीं है लेकिन बेहतर शब्द के अभाव में हम इसी का प्रयोग कर रहे हैं।......स्पष्ट है, इसका अर्थ समाज में धर्म के प्रति उदासीनता पैदा करना नहीं है। इसका मतलब है, धर्म और आस्था की आजादी को बढ़ावा देना। इनमें उनकी भी आजादी शामिल है जो धर्म नहीं मानते। इसका मतलब है सभी धर्मों को पूरी आजादी, बस शर्त यह है कि वे एक-दूसरे के मामलों में और हमारे राज्य की मूल मान्यताओं में हस्तक्षेप न करें।'

भारतीय दर्शन के प्रसिद्ध विद्वान डॉ० सर्वपल्ली राधाकृष्णन ने धर्मनिरपेक्षता को स्पष्ट करते हुए कहा—'हम यह मानते हैं कि किसी भी धर्म को प्राथमिकता नहीं दी जानी चाहिए....नागरिकों के किसी भी दल को वे अधिकार एवं विशेषाधिकार नहीं मिलने चाहिए जिनसे वह दूसरों को वंचित रखता है। धर्म के आधार पर किसी भी व्यक्ति के प्रति न भेदभाव बरता जाना चाहिए और न ही उसे नुकसान पहुँचाया जाना चाहिए। सबों को समान जीवन का पूरा हक होना चाहिए....ऐसी धर्मनिरपेक्षता भारत की प्राचीन धार्मिक परम्परा के अनुकूल है।

आजादी के पश्चात दुर्भाग्यवश सांप्रदायिकता की विघटनकारी ताकतें भारतीय राजनीति में सक्रिय रही हैं। 1960 के दशक में सक्रिय हुई साम्प्रदायिकता 1970 तक दिखायी पड़ती है। एक अन्तराल के पश्चात 1978 से साम्प्रदायिक हिंसा फिर से अपने पांव जमाने लगी हैं। फरवरी 1986 में विवादित रामजन्म भूमि-बाबरी मस्जिद का दरवाजा खोले जाने के साथ साम्प्रदायिकता ने अपने सर्वाधिक उग्र दौर में प्रवेश किया। 1989 के लोकसभा चुनावों में लाभ उठाने के मद्देनजर विश्व हिन्दू परिषद ने राम मन्दिर बनाने के लिए एक देशव्यापी आन्दोलन संगठित किया। अपने जनसमर्थन को ठोस आधार देने के लिए भारतीय जनता पार्टी अध्यक्ष लालकृष्ण आडवानी ने अखिल भारतीय रथ यात्रा का आयोजन 1990 में किया। इस यात्रा से भयावह साम्प्रदायिक उन्माद पैदा हुआ और अनेक जगहों पर साम्प्रदायिक दंगे हुए। और अंततः आया स्वतन्त्र भारत के इतिहास का सर्वाधिक काला दिन—6 दिसम्बर 1992 जब भारतीय जनता पार्टी, राष्ट्रीय स्वयं सेवक संघ एवं विश्व हिन्दू परिषद के कार्यकर्ताओं ने विवादित मस्जिद को तोड़ डाला। 1947 के बाद देश का सबसे बुरा और व्यापक दंगा भारत के कई हिस्सों में फैल गया। मुम्बई, भोपाल तथा कोलकाता सबसे बुरी तरह प्रभावित हुए। वर्ष 2002 में गोधरा काण्ड के पश्चात गुजरात साम्प्रदायिक दंगों की आंच में बुरी तरह झुलसा। इन समस्त घटनाओं ने विश्व मंच पर भारत के सम्मान को बुरी तरह चोंट पहुँचायी है।

साम्प्रदायिकता बहुसंख्यक की हो या अल्पसंख्यक की, दोनों समाज और राष्ट्र के लिए समान रूप से घातक हैं। जहाँ अल्पसंख्यक साम्प्रदायिकता अलगाववाद का रूप ले लेती है वहीं बहुसंख्यक साम्प्रदायिकता फांसीवाद का स्वरूप ग्रहण कर लेती हैं। वास्तव में

सांप्रदायिक शक्तियों का धर्म एवं सम्प्रदाय से कुछ खास लेना देना नहीं होता। ये शक्तियाँ का धर्म एवं सम्प्रदाय से कुछ खास लेना देना नहीं होता। ये शक्तियाँ धर्म का इस्तेमाल अपने संकीर्ण स्वार्थों के लिए करती हैं। धार्मिक मतभेद अपने आप में न तो साम्प्रदायिकता के कारण हैं और न ही इसकी जड़। सभी धर्मों का नैतिक एवं आध्यात्मिक मूल्य साम्प्रदायिक चिन्तन के खिलाफ ही जाता है। साम्प्रदायिक दलों के बहुविध प्रयासों के बावजूद भारतीय जनमानस के उदारवादी एवं समन्वयवादी चरित्र ने अपना धैर्य नहीं खोया है। यही कारण है कि भारत की बहुसंख्यक जनता आज भी अन्दर से साम्प्रदायिकता विरोधी है और आज भी साम्प्रदायिकता देश के बड़े हिस्से में अपनी गहरी जड़ें जमाने में नाकामयाब रही है।

जाति विरोधी राजनीति—भारत में जाति व्यवस्था की जड़ें बहुत गहरी एवं पुरानी हैं। कालान्तर में जाति व्यवस्था में कुछ विकृतियाँ आयीं जिससे हिन्दू समाज विखण्डित दिखायी पड़ने लगा इस व्यवस्था की विकृति का चरम वहाँ दिखायी पड़ता है जहाँ समाज के कुछ वर्गों को अछूत एवं जाति-विहीन घोषित कर दिया गया। इन अछूत लोगों को हिंदू समाज के सवर्ण तबके द्वारा जमीन के स्वामित्व, मन्दिर में प्रवेश, कुंओं आदि जैसे पानी के स्त्रोतों से वंचित रखा गया। अछूतों के हाथों का पानी या भोजन तक शेष समाज स्वीकार नहीं करता था। ये अछूत लोग गाँव में साफ-सफाई, पानी ढोना, मरे जानवरों की खालें निकालना आदि कार्यों के साथ-साथ खेतिहर मजदूरों का काम भी किया करते। इन अछूतों को जजमानी व्यवस्था के तहत भूस्वामियों की ओर से उत्पाद का एक तयशुदा भाग मिला करता।

19वीं शताब्दी से परम्परागत जाति व्यवस्था में दरारें पड़ने लगीं। नये-नये उभरते अवसरों के फलस्वरूप अछूतों की स्थिति में परिवर्तन आया। महाराष्ट्र में ज्योतिबा फुले और केरल में श्री नारायण गुरु आदि ने जाति व्यवस्था पर प्रश्न चिन्ह लगाते हुए आन्दोलन चलाया और इसे राष्ट्रीय आन्दोलन के साथ जोड़ दिया। भीमराव अम्बेडकर ने भी अनुसूचित जातियों एवं जनजातियों की उन्नति के लिए अहम प्रयास किये।

स्वतन्त्रता के बाद जातीय अन्याय एवं असमानता दूर करने की दिशा में कई महत्वपूर्ण कार्य किये गये। भारतीय संविधान ने धर्म, जाति, लिंग,

भाषा, वर्ण आदि के भेदभाव से परे सभी नागरिकों को राजनीतिक अधिकार प्रदान किये। संविधान की धारा 17 में अस्पृश्यता को अपराध घोषित कर दिया गया। इसमें आगे स्पष्ट किया गया कि इस तरह के अपराधों के लिए दण्ड, लाइसेन्स रद्द किया जाना तथा सार्वजनिक सहायता बन्द करना शामिल है। 1976 ई० में नागरिक अधिकार संरक्षण (संशोधन) ऐक्ट पास किया गया। इसमें और भी कठोर सजा, अपराधियों के लिए विशेष अधिकारियों और अदालतों, पीड़ित व्यक्तियों के लिए कानूनी सहायता आदि के प्रावधान रखे गये। संविधान में जनजातियों के लिए विधायिकाओं, शैक्षणिक संस्थाओं तथा सरकारी सेवाओं में सीटों के आरक्षण का प्रावधान जोड़ा गया। आरंभ में आरक्षण की व्यवस्था दस वर्षों के लिए की गयी जिसे लगातार बढ़ाया जाता रहा है।

अस्पृश्य जातियों के लिए आजकल 'दलित' शब्द का प्रयोग किया जाता है। 'दलित' का अर्थ है पीड़ित-दमित। सत्तर के दशक में महाराष्ट्र में दलित पैंथर नाम से रुझान पैदा हो गया। 1972 में राजनीतिक संगठन के रूप में स्थापित होने के बाद 'दलित पैंथर' दलित हितों के लिए कार्य करने में जुट गया। मराठवाड़ा विश्वविद्यालय का अम्बेडकर विश्वविद्यालय किये जाने से महाराष्ट्र के ग्रामीण इलाकों में दलित विरोधी दंगे भड़क उठे।

उत्तर भारत में अस्सी के दशक में एक नयी पार्टी बहुजन समाज पार्टी (ब०स०पा०) की स्थापना कांशीराम द्वारा की गयी। बाद में इस पार्टी की कमान मायावती ने अपने हाथों में ले लिया। इस पार्टी का मुख्य उद्देश्य चुनावी ताकत हासिल करना था। ऊपरी जातियों के विरुद्ध तीखा प्रहार विशेष तौर पर अपशब्द भरा रुख अपनाये जाने से इस पार्टी को निम्न वर्गों का अपूर्व समर्थन मिला। धीरे-धीरे बहुजन समाज पार्टी ने पूरे उत्तर भारत में अपनी एक साख बना ली है। 2007 में उत्तर-प्रदेश के विधानसभा चुनावों में पार्टी ने 'बहुजन' की जगह 'सर्वजन' की बात की और एक अरसे के बाद बहुमत प्राप्त सरकार की मुख्यमन्त्री के रूप में मायावती ने कार्यभार संभाला।

स्त्रियों की स्थिति—स्वतन्त्रता प्राप्ति के पश्चात महिला आन्दोलन ने विविध रूप धारण किया। सरकार द्वारा आरम्भ किये गये महिला कल्याण सम्बन्धी कार्यक्रमों में महिला नेताओं ने सक्रिय रूप से भाग लिया।

महिलाओं ने किसान, आदिवासी, ट्रेड-यूनियन और पर्यावरण सम्बन्धी आन्दोलनों में महत्वपूर्ण भूमिकाएं निभायी हैं। बंगाल के तेभागा किसान आन्दोलन (1946-47) के दौरान महिलाओं ने 'नारी वाहिनी' संगठित की और छिपने के स्थांन तथा संचार व्यवस्था संगठित की। कम्युनिस्ट महिला कार्यकर्ताओं ने ग्रामीण महिलाओं को खासतौर पर महिला सवालों पर संगठित किया जैसे—वित्त और सम्पत्ति के अधिकार, ग्रामस्तरीय महिला आत्मरक्षा समितियां संगठित की गयीं जिन्होंने घरेलू हिंसा और पत्नियों की पिटाई जैसे सवालों को उठाया। इसी समय हैदराबाद राज्य के तेलंगाना क्षेत्र में तेलंगाना आंदोलन (1946-50) चला जिसमें महिलाओं की हिस्सेदारी महत्वपूर्ण थी और इसके नेतृत्व में पत्नियों की पिटाई जैसी महिला समस्याओं पर ध्यान दिया गया।

1973-75 के दौरान महाराष्ट्र के मूल्य-वृद्धि विरोधी आन्दोलन को संगठित करने का कार्य कम्युनिस्ट और सोशलिस्ट महिलाओं ने संगठित किया। इसमें आयोजित जन रैलियों में हजारों घरेलू महिलाओं ने भाग लिया जो आमतौर पर घरों से बाहर नहीं निकला करती थीं। उन्होंने थालियाँ बजाकर अपना विरोध व्यक्त किया। यह आन्दोलन गुजरात में भी फैल गया जहाँ यह जयप्रकाश नारायण की सम्पूर्ण क्रान्ति के प्रभाव में चल रहे नवनिर्माण आन्दोलन में मिल गया। इससे महिलाओं के अन्दर आत्मविश्वास का संचार हुआ और वे पुरुष-प्रभुत्व और नारी-दमन जैसी समस्याओं पर विचार करने लगीं। इसी बीच गुजरात में 'टेक्सटाइल लेबर एसोसिएशन' (टी०एल०ए०) नामक महिला संगठन की स्थापना की गयी जो आगे चलकर सेवा (SEWO—Self Employed Women Organisation) नामक स्वतन्त्र संगठन में बदल गया। सेवो असंगठित क्षेत्र की महिलाओं को संगठित करता था। घर-घर सामान बेचने वाली, घरों में काम करने वाली या छोटे-छोटे दुकानों पर बैठने वाली महिलाओं को एक यूनियन में संगठित करके उन्हें ट्रेनिंग देने कर्जा उपलब्ध कराने तथा तकनीकी सेवाएं मुहैया कराने जैसे कार्य सेवो द्वारा सफल रूप से अंजाम दिये गये।

1972 में महाराष्ट्र के धुलिया क्षेत्र के शहादा आदिवासी इलाके में अकाल-राहत एवं जमीन के लिए आन्दोलन प्रारंभ हुआ जिससे भील आदिवासी महिलाओं ने सक्रिय भूमिका निभायी। बाद में इसने शराब-विरोधी आन्दोलन का रूप ले लिया जिससे महिलाएं विशेष सक्रिय थीं।

उत्तर प्रदेश के पहाड़ी इलाकों (अब उत्तराखंड प्रदेश) में साठ के दशक के आरम्भ में विनोबा भावे जैसे गांधीवादियों तथा गांधीजी की शिष्याओं सरला बहन तथा मीरा बेन आदि के नेतृत्व में भी शराब विरोधी आन्दोलन चलाया गया। सुन्दर लाल बहुगुणा के नेतृत्व वाले चिपको आन्दोलन में भी महिलाओं की अच्छी-खासी भागीदारी रही। नब्बे के दशक में आन्ध्र प्रदेश में गरीब ग्रामीण महिलाओं ने शक्तिशाली शराब-विरोधी आन्दोलन चलाया, जिसके फलस्वरूप नशाबन्दी की नीति अपनायी गयी और शराब की ब्रिक्री पर अंकुश लगाया गया।

पर्यावरण बचाने के आन्दोलन के रूप में प्रसिद्ध 'चिपको आन्दोलन' में महिलाएं पेड़ों को काटे जाने से बचाने के लिए पेड़ों से चिपक जाया करतीं। जंगलों के विनाश के कारण उत्तराखण्ड क्षेत्र में महिलाओं को पानी, ईंधन, लकड़ी और चारा लाने के लिए मीलों पैदल चलना पड़ता अतः वे किसी भी कीमत पर पेड़ों को बचाने के लिए सन्नद्ध थीं।

इन सारे आन्दोलनों का सरकार की नीतियों पर भी प्रभाव पड़ा। सरकार ने 1988 में महिलाओं के लिए राष्ट्रीय परिप्रेक्ष्य योजना तैयार की जिसमें महिलाओं के स्वास्थ्य, शिक्षा और राजनीतिक भागीदारी की विस्तृत योजनाएं तैयार की गयीं। 1989 ई० में पंचायती राज बिल पेश किया गया जो 1993 ई० में पारित हुआ। इसके द्वारा पंचायतों में एक-तिहाई सीटें महिलाओं के लिए आरक्षित की गयीं। ग्रामीण इलाकों में महिलाओं और बच्चों के विकास से सम्बन्धित योजना डवाकरा (DWACRA) लागू की गयी जिसने ग्रामीण इलाकों में महिला मंडलों को गठित करने का सुझाव रखा। पंचायतों में महिलाओं के लिए एक-तिहाई सीटें आरक्षित करने का उत्साहवर्द्धक प्रभाव दिखायी पड़ा है और धीरे-धीरे एक सशक्त महिला नेतृत्व की पंक्ति तैयार होने लगी है। पिछले एक दशक से संसद में महिलाओं के लिए एक-तिहाई सीटें आरक्षित करने की कवायद चल रही है जो राजनीतिक दलों की राजनीति के चलते अभी तक सफल नहीं हो पायी है फिर भी महिलाएं अब देश के शीर्ष पदों पर पहुँच कर अपनी नेतृत्व क्षमता का प्रदर्शन करने में सफल रहती हैं। वर्तमान समय में प्रतिभा देवी सिंह पाटिल देश की राष्ट्रपति एवं मीरा कुमार लोकसभाध्यक्ष के रूप में अपनी प्रतिभा का प्रदर्शन कर रही हैं। पन्द्रहवीं लोकसभा में अपने दम-खम पर महिलाओं ने लोकसभा की 59 सीटों पर अपनी जीत दर्ज करायी

है वह भी तब जब राजनीतिक दल महिला आरक्षण के साथ-साथ महिलाओं को चुनाव लड़ाने तक में संकीर्ण मानसिकता का परिचय दे रहे हैं।

सांस्कृतिक विकास के लिए समर्पित संस्थाएं—स्वतन्त्रता प्राप्ति के पश्चात कला एवं संस्कृति के संरक्षण तथा विकास के लिए भारत सरकार ने अनेक महत्वपूर्ण प्रयास किये एवं इस क्रम में कई संस्थाओं की स्थापना की गयी। स्वतन्त्र भारत के पर्यटन एवं संस्कृति मन्त्रालय ने ऐसी पद्धति को विकसित करने का प्रयास किया है जिससे कला एवं संस्कृति से जुड़े बुनियादी सांस्कृतिक एवं सौंदर्यमूलक मूल्यों तथा अवधारणाओं को जनमानस में जीवन्त रखा जा सके। मन्त्रालय समकालीन सृजनात्मक कार्यकलापों की विभिन्न विधाओं को प्रोत्साहित करने से जुड़े कार्यक्रम भी चलाता है।

ललित कला अकादमी—देश-विदेश में भारतीय कला के प्रचार-प्रसार के लिए भारत सरकार ने नई दिल्ली में 1954 ई० में ललित कला अकादमी (नेशनल अकादमी ऑफ आर्ट) की स्थापना की। अकादमी के क्षेत्रीय केन्द्र लखनऊ, कोलकाता, चेन्नई, नई दिल्ली और भुवनेश्वर में हैं जिन्हें राष्ट्रीय ललित कला केंद्र के नाम से जाना जाता है। इन केन्द्रों में पेंटिंग (चित्रकला), मूर्तिकला, प्रिंट निर्माण और चीनी मिट्टी की कलाओं के विकास के लिए कार्यशाला, सुविधाएं उपलब्ध हैं। ललित कला अकादमी देश में कला संस्थाओं, संगठनों और राज्यों की अकादमियों को मान्यता और आर्थिक सहायता देती हैं जिससे कलात्मक गतिविधियों को बढ़ावा मिले।

मंचन कलाएं—(1) संगीत—भारत में शास्त्रीय संगीत की दो प्रमुख विधाएं—हिन्दुस्तानी और कर्नाटक—गुरु-शिष्य परम्परा का निर्वाह करती चली आ रही हैं। इसी परम्परा ने घरानों और संप्रदायों की स्थापना की प्रेरणा दी जो बराबर आगे बढ़ रही है।

(2) नृत्य—भारत में नृत्य की परम्परा 2000 से भी अधिक वर्षों से लगातार चली आ रही है। नृत्य की विषयवस्तु धर्मग्रन्थों लोककथाओं और प्राचीन साहित्य पर आधारित रहती है। इसकी दो प्रमुख शैलियाँ हैं—शास्त्रीय नृत्य और लोकनृत्य। शास्त्रीय नृत्य वास्तव में प्राचीन नृत्य

परम्पराओं पर आधारित है और इनकी प्रस्तुति के नियम अत्यधिक कठोर हैं। इनमें प्रमुख हैं—भरतनाट्यम, कथकलि, कत्थक, मणिपुरी, कुचिपुड़ी और ओडिसी। भरतनाट्यम, मुख्य रूप से तमिलनाडु का नृत्य है।[1] कत्थकलि केरल की नृत्य शैली है।[2] कथक भारतीय संस्कृति पर मुगल प्रभाव से विकसित नृत्य का एक अहम शास्त्रीय रूप है।[3] मणिपुरी नृत्य शैली में नमनीयता और गीतात्मक प्रभाव है।[4] 'कुचिपुड़ी' की जड़ें

---

1. रुक्मिणी देवी के अथक प्रयासों से इस नृत्य को अपनी गरिमा के अनुकूल शास्त्रीय नृत्यों के बीच स्थान मिल पाया। इसकी दो उपशैलियाँ हैं–कुरवंजी नृत्य नाटक तथा भागवत मेला नृत्य नाटक। सम्पूर्ण भरतनाट्यम के सात खंड हैं–अलारिज्पु, जाति स्वर, वर्ण, शब्द, पद, तिल्लाना और श्लोक। यामिनी कृष्णमूर्ति, सोनल मानसिंह, पद्मा सुब्रह्मण्यम, लीला सैम्सन भरतनाट्यम की चर्चित नृत्यांगनाएं हैं।
2. परम्परा से यह शास्त्रीय नृत्य केरल की योद्धा जनजाति नायर में प्रचलित रहा है। इस नृत्य को पुनर्प्रतिष्ठापित करने का श्रेय बल्लथोस नारायण मेनन को जाता है जिन्होंने 1930 में केरल कला मंडलम की स्थापना की। कृष्णन कुट्टी, माधवन एवं आनन्द शिवरामन, उदयशंकर, रामगोपाल, शान्ताराव कथकलि के कुशल एवं चर्चित नायकों में से हैं। केरल से सम्बन्धित एक अन्य प्रमुख नृत्य है–मोहिनीअट्टम। वैष्णव भक्त परम्परा से अनुप्राणित इस नृत्य की चर्चा व्यवहार माला ग्रंथ में है। इस नृत्य को प्रतिष्ठित करने का श्रेय केरल कला मंडलम को है। इसका स्वरूप एकल होता है। इसकी प्रमुख नृत्यांगना भारतीय शिवाजी हैं।
3. यह मूलतः उत्तर भारत का शास्त्रीय नृत्य है। कत्थक का अर्थ है कथा कहने वाला। इस नृत्य में विभिन्न भाव मुद्राओं और अंग संचालन द्वारा कथा को अभिव्यक्त किया जाता है। इस नृत्य में सभी पग समानान्तर एवं स्वाभाविक होते हैं। कालान्तर में इसकी दो शैलियाँ विकसित हुईं–राजपूत प्रभावित जयपुर शैली एवं मुगल प्रभावित लखनऊ शैली। दमयन्ती जोशी, भारती गुप्ता, कुमुदनी लखिया, गोपीकृष्ण, सितारा देवी, बिरजू महाराज उमा शर्मा आदि मशहूर कत्थक नर्तक हैं।
4. इस शास्त्रीय नृत्य का मूलाधार मणिपुर का प्राचीन जनजातीय नृत्य है, लेकिन वैष्णव धर्म की विषयवस्तु का अवलम्बन लेकर यह शास्त्रीय परम्परा के रंग में रंग गया। इस नृत्य में मानसिक एवं शारीरिक भावों को मुख-मुद्रा तथा भाव-भंगिमाओं द्वारा संगीत के ताल पर प्रस्तुत किया जाता है। इसके अंग संचालन के दो रूप हैं–तांडव तथा लास्य। झावेरी बहनें, रीता देवी, सविता मेहता, निर्मला मेहता एवं थम्बल यैमा इस नृत्य के प्रसिद्ध नर्तक हैं।

आन्ध्रप्रदेश में हैं।[1] प्राचीन काल में उड़ीसा के मंदिरों में 'ओडिसी' नृत्य प्रचलित था जिसका अब सम्पूर्ण भारत में प्रसार हो चुका है।[2] सम्पूर्ण भारत में लोकनृत्य और आदिवासी नृत्य की अनेक शैलियाँ भी प्रचलित हैं।

लोकनृत्य और शास्त्रीय नृत्य को लोकप्रिय बनाने का श्रेय संगीत नाटक अकादमी, प्रशिक्षण संस्थानों और सांस्कृतिक संगठनों को जाता है।

(3) रंगमंच—संगीत और नृत्य के समान ही भारत में रंगमंच का इतिहास पुराना है। लोक रंगमंच को अनेक क्षेत्रीय रूपों में आज भी विभिन्न स्थानों पर देखा जा सकता है। भारत में कठपुतली रंगमंच की भी समृद्ध परम्परा रही है। जिसमें सजीव कठपुतलियां, छड़ियों पर चलने वाली कठपुतलियाँ, दस्ताने वाली कठपुतलियाँ और चमड़े वाली कठपुतलियाँ प्रचलित हैं। अनेक अर्द्ध-व्यावसायिक और शौकिया रंगमंच समूह भी हैं जो भारतीय भाषाओं और अंग्रेजी में नाटकों का मंचन करते हैं।

संगीत नाटक अकादमी—संगीत नाटक अकादमी संगीत, नृत्य और नाटक की राष्ट्रीय अकादमी है जिसे आधुनिक भारत में निर्माण की प्रक्रिया का परिणाम कहा जा सकता है, जिससे भारत को 1947 में स्वतन्त्रता प्राप्त हुई थी। 31 मई 1952 को तत्कालीन शिक्षा मन्त्री मौलाना अबुल कलाम आजाद के हस्ताक्षर से पारित प्रस्ताव द्वारा सबसे पहले नृत्य, नाटक और संगीत के लिए राष्ट्रीय अकादमी के रूप में संगीत नाटक अकादमी की स्थापना हुई। 20 जनवरी 1953 को भारत के राष्ट्रपति डॉ० राजेन्द्र प्रसाद ने संगीत नाटक अकादमी का विधिवत उद्घाटन किया।

अपनी स्थापना के समय से ही अकादमी भारत में संगीत, नृत्य और

---

1. **आंध्र प्रदेश राज्य के मूलतः कुचिपुड़ी गाँव के नाम पर ही इस नृत्य का नाम कुचिपुड़ि पड़ा। इसे इसके वर्तमान स्वरूप में लाने का श्रेय सर्वश्री लक्ष्मी नारायण शास्त्री व वेदानृत्य सत्य नारायण को जाता है। इस नृत्य में लय, ताल एवं भाव का समावेश होता है। चिन्ताकृष्ण मुरली, वेमपत्ती सत्यनारायण, यामिनी कृष्णमूर्ति, राजा एवं राधारेड्डी इस नृत्य के प्रमुख नर्तक हैं।**
2. **मूलतः उड़ीसा का प्राचीन नृत्य ओडिसी देवदासी परंपरा से अनुप्राणित रहा है। इसका प्राचीनतम प्रमाण हाथीगुम्फा लेख से प्राप्त होता है। इसका मूलाधार भरत मुनि का नाट्यशास्त्र, अभिनय चंद्रिका, अभिनय दर्पण जैसे शास्त्रीय ग्रंथ हैं। संयुक्ता पाणिग्रही, सोनल मानसिंह, मिनाती दास, प्रियम्बदा मोहन्ती, मधुमिता राउत आदि ओडिसी की प्रमुख नृत्यांगनाएं हैं।**

नाटक के उन्नयन में सहायता के लिए एकीकृत ढांचा कायम करने में जुटी हुई है। अकादमी द्वारा प्रस्तुत या प्रायोजित संगीत, नृत्य एवं नाटक समारोह समूचे देश में आयोजित किये जाते हैं। विभिन्न कला-विधाओं के महान कलाकारों को अकादमी का फेलो चुनकर सम्मानित किया गया है।

राष्ट्रीय नाट्य विद्यालय—रंगमंच का प्रशिक्षण देने वाले विश्वस्तरीय संस्थानों में से एक राष्ट्रीय नाट्य विद्यालय भारत में अपनी तरह का अकेला एवं अनूठा संस्थान है। संगीत नाटक अकादमी ने 1959 ई० में इसकी स्थापना की और 1975 ई० में इसे स्वायत्त संगठन का दर्जा मिला। राष्ट्रीय नाट्य विद्यालय का उद्देश्य रंगमंच के इतिहास, प्रस्तुतिकरण, दृश्य डिजाइन, वस्त्र डिजाइन, प्रकाश व्यवस्था और रूप सज्जा सहित रंगमंच के सभी पहलुओं का प्रशिक्षण देना है।

साहित्य अकादमी—साहित्य अकादमी विभिन्न भाषाओं की कृतियों की राष्ट्रीय अकादमी है। इसका उद्देश्य प्रकाशन, अनुवाद, गोष्ठियाँ, कार्यशालाएं आयोजित करके भारतीय साहित्य के विकास को बढ़ावा देना है। इसके तहत देशभर में सांस्कृतिक आदान-प्रदान कार्यक्रम और साहित्य सम्मेलन भी आयोजित किये जाते हैं। अकादमी की स्थापना 1954 ई० में स्वायत्त संस्था के रूप में की गई थी और इसके लिए धन की व्यवस्था भारत सरकार का संस्कृति विभाग करता है।

अकादमी ने 24 भाषाओं को मान्यता प्रदान की है। प्रत्येक भाषा के लिए सलाहकार बोर्ड है जो सम्बद्ध भाषा के कामकाज और प्रकाशन के बारे में सलाह देता है। अकादमी का मुख्यालय दिल्ली में है तथा कोलकाता, मुम्बई, बंगलुरु और चेन्नई में इसके क्षेत्रीय कार्यालय हैं। अकादमी के बंगलुरु और कोलकाता में दो अनुवाद केंद्र भी हैं। मौखिक और जनजातीय साहित्य को बढ़ावा देने के उद्देश्य से शिलांग में अकादमी का परियोजना कार्यालय स्थित है तथा दिल्ली में भारतीय साहित्य का अभिलेखागार है।

रामकृष्ण मिशन संस्कृति संस्थान, कोलकाता—स्वामी रामकृष्ण परमहंस द्वारा प्रतिपादित वेदान्त के सन्देश के प्रसार के लिए स्वामी विवेकानन्द द्वारा स्थापित रामकृष्ण मिशन के शाखा केन्द्र के रूप में 29 जनवरी, 1938 को रामकृष्ण मिशन संस्कृति संस्थान की स्थापना की गयी। रामकृष्ण का मुख्य उद्देश्य था—

(1) सभी धर्मों को समान आदर देना।

(2) मनुष्य की दैवी क्षमताओं को प्रतिपादित करना और उसे उभारना।

(3) मानव सेवा को ईश्वर की पूजा मानना।

मानव मात्र की एकता के आदर्श के प्रति समर्पित इस संस्थान ने लोगों को विश्व की संस्कृतियों के समूह मूल्यों से अवगत कराने तथा उन्हें यह समझाने के लिए सालोसाल अथक प्रयास किये हैं कि परस्पर एक-दूसरे के दृष्टिकोण को समझना, मानना और स्वीकार करना अत्यंत आवश्यक है। यही वह दृष्टिकोण है जो वैश्विक स्तर पर अन्तर्राष्ट्रीय समझ एवं सहमति विकसित करने और देश में राष्ट्रीय एकता की भावना को बल प्रदान करने में सर्वथा अनुकूल है। इस प्रकार संस्थान का मुख्य उद्देश्य है—आपस में एक-दूसरे के दृष्टिकोण तथा विचारों का सम्मान करना तथा अपने स्वयं के समृद्धिकरण के लिए उन्हें एकजुट करना।

भारतीय पुरातत्व सर्वेक्षण—भारतीय पुरातत्व सर्वेक्षण की स्थापना 1861 ई० में हुई। यह पर्यटन एवं संस्कृति मन्त्रालय के अन्तर्गत संस्कृति विभाग के संलग्न कार्यालय के रूप में कार्य करता है। भारतीय पुरातत्व सर्वेक्षण की प्रमुख गतिविधियां निम्नलिखित हैं—

(1) पुरातात्विक अवशेषों तथा उत्खनन कार्यों का सर्वेक्षण।

(2) केन्द्र सरकार की सुरक्षा वाले स्मारकों, स्थलों और अवशेषों का रखरखाव एवं परिरक्षण।

(3) स्मारकों एवं भग्नावशेषों का रासायनिक बचाव।

(4) स्मारकों का पुरातात्विक सर्वेक्षण।

(5) शिलालेख सम्बन्धी अनुसन्धान का विकास और मुद्राशास्त्र का अध्ययन।

(6) स्थल संग्रहालयों की स्थापना और पुनर्गठन।

(7) विदेशों में अभियान।

(8) पुरातत्व विज्ञान में प्रशिक्षण।

(9) तकनीकी रिपोर्ट और अनुसंधान कार्यों का प्रकाशन।

प्राचीन स्मारक और पुरातत्व स्थल व अवशेष अधिनियम 1958 के अंतर्गत भारतीय पुरातत्व सर्वेक्षण ने देश में 3656 स्मारकों/स्थलों को

राष्ट्रीय महत्व का घोषित किया है जिसमें 21 सम्पत्तियाँ यूनेस्को की विश्व धरोहर सूची में शामिल हैं

क्षेत्रीय सांस्कृतिक केन्द्र—क्षेत्रीय सांस्कृतिक केन्द्रों की स्थापना का उद्देश्य स्थानीय संस्कृतियों के प्रति गहन जागरूकता पैदा करना और यह दिखाना है कि कैसे ये संस्कृतियां क्षेत्रीय पहचान से घुल मिल जाती है तथा अन्ततः भारत की समृद्ध विविधतापूर्ण संस्कृति में समाहित हो जाती हैं। ये केन्द्र समूचे भारत में संस्कृति को बढ़ावा देने, उसका संरक्षण करने तथा उसका विस्तार करने वाली अग्रणी संस्था का दर्जा हासिल कर चुके हैं। ये मंचन कलाओं को प्रोत्साहन देने के साथ-साथ साहित्य और दृश्य कलाओं के क्षेत्र में भी उल्लेखनीय योगदान कर रहे हैं। इस योजना के अन्तर्गत 1985-86 में पटियाला, कोलकाता, तंजावुर, उदयपुर, इलाहाबाद, दीमापुर और नागपुर में सात क्षेत्रीय सांस्कृतिक केन्द्र स्थापित किये गये। ये क्षेत्रीय सांस्कृतिक केन्द्र विभिन्न लोक एवं जनजातीय कलाओं तथा खासतौर पर दुर्लभ एवं लुप्त होती कलाविधाओं के प्रलेख तैयार करने पर विशेष ध्यान देते हैं। राष्ट्रीय सांस्कृतिक आदान-प्रदान कार्यक्रम के अंतर्गत देश के विभिन्न क्षेत्रों के कलाकारों, संगीतकारों और विद्वानों का आदान-प्रदान किया जाता है। इससे देश के विभिन्न भागों में जनजातीय/लोक-कला विधाओं के प्रति जागरूकता बढ़ाने में बहुत ज्यादा मदद मिली है और इस प्रकार विविधता में एकता की हमारी भावना और अधिक मजबूत हुई है।

इन्दिरा गाँधी राष्ट्रीय कला केन्द्र—इन्दिरा गाँधी राष्ट्रीय कला केन्द्र देश में कला और संस्कृति से जुड़ी जानकारी एकत्रित करने और इसके साथ ज्ञान और जीवन के अन्य विविध विषयों का सम्बन्ध जानने की दिशा में प्रयत्नशील प्रमुख राष्ट्रीय संस्थान है। इसकी स्थापना दिवंगत प्रधानमन्त्री श्रीमती इन्दिरा गाँधी की स्मृति में 1985 ई० में की गयी थी। इसकी बहुआयामी गतिविधियों में अनुसन्धान, प्रकाशन, प्रशिक्षण, प्रलेखन, वितरण और नेटवर्किंग शामिल हैं। यह विभिन्न कलाओं के बीच, कलाओं और विज्ञानों के बीच, कलाओं और पारम्परिक तथा वर्तमान प्रणालियों के बीच रचनात्मक और विश्लेषणात्मक आदान-प्रदान का मंच उपलब्ध कराकर प्राकृतिक और मानवीय परिवेश के भीतर ही कलाओं को समाहित करना चाहता है। यह केन्द्र विविध समुदायों, क्षेत्रों, सामाजिक वर्गों तथा भारत और विश्व के अन्य भागों में परस्पर आदान-प्रदान तथा आपसी सूझ-बूझ बढ़ाता है।

जनसंचार माध्यम—आकाशवाणी एवं दूरदर्शन इस समय के प्रमुख जनसंचार माध्यम हैं।

आकाशवाणी—भारत में रेडियो सेवा का प्रारंभ 1927 ई० में तब हुआ जब मुम्बई और कोलकाता में प्राइवेट ट्रांसमीटरों ने काम करना शुरू किया। सरकार ने 1930 ई० में अपने हाथों में लेकर इंडियन ब्राडकास्टिंग सर्विस नाम से संचालित करना शुरू किया। 1936 में इसका नाम आल इंडिया रेडियो रखा गया और 1957 ई० में इसे एक नया नाम मिला—आकाशवाणी। पूरे देश में इस समय आकाशवाणी के 225 केन्द्र हैं। सभी तक सूचनाएं और विभिन्न प्रकार के कार्यक्रम पहुँचाने के लिए आकाशवाणी ने प्रसारण की विस्तरीय प्रणाली (राष्ट्रीय, प्रादेशिक और स्थानीय) तैयार की है। विविध भारती नामक लोकप्रिय मनोरंजक कार्यक्रम 35 केन्द्रों से प्रसारित किया जाता है। इसमें मुम्बई, दिल्ली, चेन्नई एवं गुवाहाटी सहित 4 शार्टबेव स्टेशन भी शामिल हैं।

दूरदर्शन—भारत में दूरदर्शन की शुरूआत प्रायोगिक तौर पर 15 सितम्बर 1959 को दिल्ली में हुई। इसका नियमित प्रसारण 1965 ई० में शुरू हुआ। दूरदर्शन में तीन स्तरों वाली कार्यक्रम प्रसारण सेवा है—राष्ट्रीय, प्रादेशिक और स्थानीय। राष्ट्रीय कार्यक्रम में राष्ट्रीय एकता और साम्प्रदायिक सद्भाव पर जोर दिया जाता है और समाचारों, सामयिक विषयों, विज्ञान, सांस्कृतिक पत्रिकाओं, धारावाहिकों, नृत्य, संगीत नाटक और रूपकों को शामिल किया जाता है। क्षेत्रीय कार्यक्रम राज्य की राजधानियों से प्रसारित किये जाते हैं। दूरदर्शन ने मार्च 1999 से 'दूरदर्शन स्पोर्ट्स', 26 जनवरी, 2000 से 'ज्ञान दर्शन' एवं 26 जनवरी 2002 से 'डीडी भारती' की शुरुआत किया। डी डी भारती शिक्षा एवं मनोरंजन का चैनल है जबकि ज्ञान दर्शन का उद्देश्य शैक्षणिक कार्यक्रमों का प्रसारण करना है।

श्रव्य एवं दृश्य माध्यम

फिल्म प्रभाग—इसकी स्थापना 1948 ई० में समाचार चित्रों वृत्त चित्रों के निर्माण को पुनः प्रारंभ करने के लिए की गयी।

राष्ट्रीय फिल्म विकास निगम (NFDC)—राष्ट्रीय फिल्म विकास निगम की स्थापना तत्कालीन फिल्म वित्त निगम और इण्डियन मोशन पिक्चर एक्सपोर्ट कार्पोरेशन का विलय करके 11 अप्रैल, 1980 को की

गयी। इसका उद्देश्य भारत में सिनेमा का स्तर सुधारना तथा लोगों तक इस माध्यम की पहुँच बढ़ाना है।

गीत एवं नाटक प्रभाग—इसका गठन 1954 ई० में आकाशवाणी की एक इकाई के रूप में हुआ। 1960 ई० में इसे सूचना एवं प्रसारण मन्त्रालय के अधीनस्थ कार्यालय के रूप में स्वतन्त्र मीडिया इकाई का दर्जा दिया गया। गीत और नाटक प्रभाग द्वारा सीमावर्ती क्षेत्रों में प्रचार की योजना 1996 में शुरू की गयी।

राष्ट्रीय बाल और युवा फिल्म केन्द्र—इसकी स्थापना फिल्मों के माध्यम से बच्चों और युवकों के लिए स्वच्छ एवं स्वस्थ मनोरंजन प्रदान करने के उद्देश्य से 1955 ई० में किया गया।

भारतीय राष्ट्रीय फिल्म अभिलेखागार—इसकी स्थापना फरवरी 1964 में सूचना एवं प्रसारण मन्त्रालय के अंतर्गत हुई। इसके तीन मुख्य उद्देश्य हैं—भारतीय सिनेमा की विरासत की खोज, अधिग्रहण और भावी पीढ़ियों के लिए उसका संरक्षण, दस्तावेजों और आंकड़ों का वर्गीकरण तथा फिल्म संबंधी अनुसंधान और फिल्म संस्कृति के प्रसार केंद्र के रूप में कार्य करना। इसका मुख्यालय पुणे में है।

फिल्म समारोह निदेशालय—अच्छे सिनेमा और देश-विदेश में भारतीय फिल्मों को प्रोत्साहन देने के लिए 1973 में फिल्म समारोह निदेशालय का गठन किया गया। इसके मुख्य कार्य हैं—

(1) अंतर्राष्ट्रीय फिल्म समारोहों का आयोजन।

(2) राष्ट्रीय फिल्म समारोहों का आयोजन।

(3) सांस्कृतिक आदान-प्रदान कार्यक्रमों के अन्तर्गत फिल्म सप्ताहों का आयोजन।

(4) विदेशों में होने वाले अन्तर्राष्ट्रीय फिल्म समारोहों में भागीदारी।

इसके अतिरिक्त पुणे में भारतीय फिल्म और टेलीविजन संस्थान की स्थापना की गयी जहाँ फिल्मों की निर्माण कला का तकनीकी प्रशिक्षण दिया जाता है। दिल्ली में स्थित भारतीय जनसंचार संस्थान जनसंचार, प्रशिक्षण और अनुसंधान में उच्च स्तर के अध्ययन के लिए स्वायत्त संस्थान है।

अध्याय-9

उत्तर आधुनिकता और संस्कृति

'उत्तर-आधुनिकता' की अवधारणा पहले-पहल 1970 के दशक में फ्रांस में दिखायी पड़ती है। इस समय पूँजीवाद को 'आधुनिकता का युग' माना गया जबकि बहुराष्ट्रीय पूँजीवाद को 'उत्तर आधुनिकता का युग'। वस्तुतः 1970 के दशक में पाश्चात्य दार्शनिक परम्परा में लम्बे समय से चली आ रही प्रवृत्तियाँ ही उत्तर-आधुनिकता के रूप में घनीभूत हुईं। पश्चिम की ज्ञान की अनेक शाखाओं के कई पहलुओं को उत्तर आधुनिकता ने अपने स्रोत एवं प्रवृत्तियों के रूप में ग्रहण किया। उत्तर आधुनिकता का दायरा बहुत व्यापक है। वह फिल्म, थिएटर, संगीत, कला, साहित्य, दर्शन, स्थापत्य, धर्मशास्त्र, मनोविश्लेषण-शास्त्र, इतिहास लेखन, साइबरनेटिक्स, बायोटेक्नोलॉजी, जेनेटिक्स आदि की परस्पर विरोधी प्रवृत्तियों से ग्रहण किये गये सैद्धान्तिक निष्कर्षों के अराजक समुच्चय के रूप में दिखायी पड़ता है।

हचेन महोदय के अनुसार उत्तर आधुनिकता हमारे सांस्कृतिक प्रतिनिधित्वों, निरूपणों और उसके अपरिहार्य राजनीतिक आशयों को पुनर्उद्घाटित करता है। कहने का आशय यह है कि जो कुछ भी प्राकृतिक, सर्वसम्मत या सामान्यबोध के रूप में स्वीकृत है, उसके पीछे के शक्ति सम्बन्धों, पूर्वग्रहों को उघाड़कर रख देता है। वह यह दिखलाता है कि जो कुछ नैसर्गिक, सार्वभौम या सर्वसम्मत माना जा रहा है वह किसी न किसी विमर्श का हिस्सा है। विमर्श और कुछ नहीं बल्कि संवादात्मक गतिविधि में शामिल विभिन्न पक्षों के बीच सम्बन्धों की प्रणाली है। रसेल महोदय के अनुसार हम दुनिया को सिर्फ सामाजिक रूप से स्थापित अर्थों की प्रणालियों के संजाल यानी अपनी संस्कृति के विमर्शों के जरिए ही

जान सकते हैं। उत्तर आधुनिकता को द्वन्द्ववाद से ऐतराज इसलिए है कि वह पक्ष और प्रतिपक्ष की द्वन्द्वात्मक एकता यानी संपक्ष को स्थापित करता है जबकि उत्तर आधुनिकता विभिन्नता, विरोध, विसंगति और अन्तर्विरोध को किसी भी एकता के माध्यम से मिटाये जाने के बिल्कुल खिलाफ है। सरल शब्दों में इसका आशय यह है कि उत्तर आधुनिकता द्वन्द्ववादी पद्धति के ठीक उलट है। यानी जो कुछ एक दिख रहा है उसके भीतर ही अनेकता को दिखलाना, केन्द्र का अपकेंद्रण करना, सार्वभौम को विखण्डित कर उसकी विशिष्टता को खोल देना। उत्तर आधुनिकता ने जीवन रूपों को सापेक्ष, जड़विहीन, स्वपोषित, सांस्कृतिक परम्पराओं और व्यवहारों से निर्मित तथा किसी भी आरम्भिक मूल अथवा अन्तिम लक्ष्य से विहीन बताया है। इसके अनुसार मानवीय क्रिया व्यापार केवल तर्क से संचालित नहीं होता बल्कि प्राक्-तार्किक सत्ता, आस्था, हित या इच्छाओं के सन्दर्भ भी उनमें उतने ही निहित हैं। मानव जीवन का कोई स्थिर केन्द्र नहीं है। कोई भी सम्पूर्णता या सार्वभौम तार्किकता उसकी अनन्त विविधता को समेट नहीं सकती। संस्कृति और आख्यानों की बहुलता को वरीयता क्रम में व्यवस्थित नहीं किया जा सकता है। 'अन्यता' या 'भिन्नता' को समरूपता में अँटाया नहीं जा सकता। ज्ञान स्वयं सांस्कृतिक सन्दर्भों के सापेक्ष है। 'सत्य' व्याख्या का उत्पाद है, तथ्य विमर्शों की निजपत्तियाँ हैं। 'वस्तुगतता' शक्तिशाली व्याख्या व्यवस्थाओं का दावा मात्र है। मानवीय कर्त्ता स्वयं एक बिखरी हुई, आत्मविभाजित इकाई है जिसका न कोई स्थिर स्वभाव है और न ही कोई सारतत्त्व। उत्तर आधुनिकता ने पश्चिमी ज्ञानोदय के तमाम महावृत्तान्तों सत्य, तर्क, विज्ञान, प्रगति सार्वभौम मुक्ति, मानववाद, इहलौकिकता आदि के दावों को खारिज किया। उत्तर आधुनिकता की राजनीति सत्य, समरूपता, सम्पूर्णता, सार्वभौमता, जड़ या आधार की धारणा, सामूहिक परिवर्तनकारी कर्त्ता की धारणा और महावृत्तान्तों का सफाया चाहती है ताकि एक ईमानदार, प्रभावी, आमूल परिवर्तनवादी राजनीति का उदय हो सके। पश्चिमी सांस्कृतिक और ज्ञानात्मक प्रतिमानों को प्रश्नांकित करके, उनके प्रति गहरी शंका उत्पन्न करके उत्तर आधुनिकता ने हाशिये पर ठेले गये समूह, उनकी दबायी गयी पहचान, उनके अलग किस्म के अनुभवों और इतिहासों की संभावना पर बल दिया जो उत्तर औपनिवेशिकता के खास विषय हैं।

'उत्तर आधुनिकता' उत्तर-औपनिवेशिकता का प्रमुख स्रोत है। भारतीय

सन्दर्भ में अगर इसे देखा जाये तो राष्ट्रीय मुक्ति आन्दोलन ने उत्तर आधुनिक संस्कृति अथवा उत्तर औपनिवेशिक भारतीय राज्य के चरित्र पर अपनी गहरी छाप छोड़ी है। राष्ट्रीय आन्दोलन भारतीय जनता का ऐसा प्रतिरोध था जो विविध स्तरों पर बहुवर्गीय संघर्षों द्वारा संचालित हो रहा था। समग्र रूप में यह 'राष्ट्रीय क्रान्ति' के रूप में दिखायी पड़ती है। सामाजिक एवं धार्मिक सुधारक, कवि लेखक, संगीतज्ञ, दार्शनिक, व्यापारी, उद्योगपति, राजनीतिक विचारक, राजनयिक सभी ने आम लोगों के साथ मिलकर विश्व इतिहास के सबसे बड़े जन आन्दोलनों में से एक को निर्मित किया। इस आन्दोलन में सबका अपनी-अपनी तरह से योगदान था। आजादी के बाद के भारत को इन अलग-अलग योगदानों ने ही एक नया स्वरूप प्रदान किया।

राष्ट्रीय आन्दोलन के दौरान भारतीय नेताओं ने साम्राज्यवाद का विरोध, धर्मनिरपेक्ष जनतन्त्र के प्रति पूर्ण समर्पण और समानतावादी गरीबोन्मुख दृष्टि आदि पर विशेष जोर दिया। इन सब उद्देश्यों की प्राप्ति स्वतन्त्रता हासिल होने तक नहीं हो सकती थी। यही वजह थी कि स्वतन्त्रता आन्दोलन आम आदमी से जुड़ा। स्वतन्त्रता के बाद भी भारत में बनने वाली सरकारों के लिए इन आग्रहों की उपेक्षा कर पाना असंभव-सा साबित हुआ। केन्द्र या राज्य में स्थापित होने वाली सरकारों ने गरीबों, भूमिहीनों, दलित जातियों, आदिवासियों, बन्धुआ मजदूरों, अल्पसंख्यकों आदि के हितों पर ध्यान दिया और इससे सम्बन्धित अनेक कानून पारित कराये जिससे ये वर्ग अपना जीवन बेहतर तरीके से यापन कर सकें।

उत्तर आधुनिकता का ही यह तकाजा था कि भारत की तत्कालीन प्रधानमन्त्री को जमींदारों के प्रिवीपर्स वापस लेने पड़े समय हमेशा अपनी ही गति से चलता है और उसकी गति को पीछे नहीं किया जा सकता। बदले हुए समय में समाज एक बेहतर स्थिति की कल्पना कर रहा था। जबकि आजादी के पूर्व के राजे-रजवाड़े, सामन्त एवं जमींदार अपनी प्रवृत्तियाँ छोड़ना नहीं चाहते थे। जनतन्त्र में यह कैसे संभव हो सकता था कि दोनों प्रवृत्तियाँ साथ-साथ चलतीं। अन्ततः जनतन्त्र के दबाव में शासन को यह फैसला लेना ही पड़ा कि वह किसके साथ है।

जनतन्त्र ने विकास की प्रक्रिया में समाज के निम्न तबकों एवं गरीब वर्गों को मुखर बनाया है। अब यह स्पष्ट है कि उनके हितों की अनदेखी नहीं की जा सकती। मण्डल कमीशन की रिपोर्ट लागू होने के बाद

राजनीति में भी इन वर्गों की हिस्सेदारी बढ़ी है। जिन जातियों को शताब्दियों से पददलित बनाया गया जिनके साथ जानवरों जैसा व्यवहार किया गया उन्होंने यह महसूस किया कि वे भी सत्ता में अपनी भागीदारी निभा सकते हैं। आरक्षण के माध्यम से इन वर्गों की सरकारी नौकरियों में भागीदारी बढ़ी। आर्थिक रूप से सम्पन्नता आने पर इनके सन्दर्भों में सामाजिक मानक बदले। यह अनायास नहीं था कि 1980 के बाद राज्यों की राजनीति में जिन क्षेत्रीय दलों का उद्भव दिखायी पड़ा वे 1990 के बाद अपनी पूरी शक्ति के साथ सत्ता में स्थापित होते दिखायी पड़े। अब देश के सर्वोच्च पदों राष्ट्रपति, लोकसभाध्यक्ष पर पददलित जातियों के नेता स्थापित होने लगे जिससे उनके अंदर स्वाभिमान की भावना का संचार हुआ। राजनीति में महिलाओं की सक्रिय भागीदारी भी बढ़ी। पंचायत स्तर पर एक तिहाई पद महिलाओं के लिए आरक्षित कर दिये जाने से स्थानीय स्तर की राजनीति में इनका प्रतिनिधित्व बढ़ा। अब संसद में भी 33% भागीदारी के लिए कोशिशें की जा रही हैं। संसद में लगभग एक दशक से विधेयक लम्बित होने के बावजूद महिला आरक्षण बिल का दबाव अब सभी दल महसूस करने लगे हैं।

लेकिन उत्तर आधुनिता की तस्वीर का दूसरा पहलू भी है। जो 'संस्कृतियों की स्वायत्तता' के आधार पर विखंडनवाद की सृष्टि करता है। इसमें मूल्य एवं नैतिकता जैसी कोई भी बात नहीं है बल्कि इसके उलट मूल्यहीनता एवं अनैतिकता जैसी स्थितियाँ दिखायी पड़ती हैं। एक अरसा पहले पंजाब में अलग राष्ट्र के लिए चला 'खालिस्तान आन्दोलन' पूर्वोत्तर राज्यों में चल रही अलगाववादी गतिविधियाँ, कश्मीर में तथाकथित स्वतन्त्रता के लिए संघर्ष, देश के अलग-अलग हिस्सों में संचालित होने वाली नक्सलवादी गतिविधियाँ इसी की देन हैं। सबके अपने-अपने उद्देश्य हैं। एक राज्य की राजनीतिक संरचना के अन्दर ये क्षेत्र या वर्ग कुछ असुविधाओं के चलते अपने लिए स्वतन्त्रता की माँग कर रहे हैं। लेकिन मुख्य प्रश्न यह है कि इस बात की क्या गारण्टी है कि अपना लक्ष्य हासिल कर लेने की स्थिति में उन क्षेत्रों के अन्दर कोई अलगाववादी गतिविधि उभर कर सामने नहीं आयेगी। मानव प्राकृतिक रूप से एक स्वतन्त्र मिजाज वाला जीव है लेकिन जब वह समाज से जुड़कर सामाजिक प्राणी बनता है उसी समय उस पर कई तरह के अनुशासन स्वतः आरोपित हो जाते हैं। स्वतन्त्रता के सन्दर्भ में एक प्रसिद्ध उक्ति संभवतः इसे अधिक

स्पष्ट करती है जिसे सड़क पर डंडा घुमाते व्यक्ति को इंगित करते हुए दूसरे व्यक्ति ने कहा—'आपकी स्वतन्त्रता वहीं समाप्त हो जाती है जहाँ से मेरी नाक शुरू होती है।'

भारत दुनिया के बड़े देशों में से एक है। आबादी के लिहाज से यह विश्व का दूसरा सबसे बड़ा देश है जबकि क्षेत्रफल के लिहाज से विश्व का सातवां सबसे बड़ा देश है। इसकी विविधताओं को देखते हुए इसे उपमहाद्वीप की संज्ञा दी जाती है। कुछ विचारकों का तो यहाँ तक मानना है कि भारत अनेक राष्ट्रों का एक संघ है। भाषा, बोली, रहन-सहन, परम्पराएँ एवं रीति-रिवाज की दृष्टि से देखा जाय तो यह सच भी लगता है। स्वाभाविक रूप से इतने बड़े राष्ट्र की अपनी समस्याएँ हो सकती हैं। समय-समय पर क्षुद्र संकीर्ण स्वार्थों यथा भाषा, क्षेत्रवाद नदियों के पानी के बँटवारे को लेकर राज्यों में कुछ निहित स्वार्थी तत्त्व सिर उठाते रहते हैं। इस सन्दर्भ में इन राज्यों में आन्दोलन भी होते रहते हैं। इसका एक सकारात्मक पहलू यह है कि केन्द्र सरकार को अपनी कमजोरियों के बारे में पता चलता है और वह तन्मयता के साथ इन कमजोरियों के निवारण के उपाय हेतु सन्नद्ध हो जाती है। कुछ विद्वान इसका समाधान पूँजीवादी राज्य व्यवस्था की बजाय समाजवादी राज्यव्यवस्था में देखते हैं। एजाज अहमद ऐसे विद्वानों में अग्रणी हैं। उनकी मान्यता है कि 'राष्ट्रवाद कोई ऐसी चीज नहीं है। अनेक तरह की विचारधाराएँ और राजनैतिक व्यवहार राष्ट्रवादी दावे करते हैं। राष्ट्रवाद के अलग-अलग खास अनुभवों के विश्लेषण से ही प्रगतिशील और प्रतिक्रियावादी राष्ट्रवादों को अलगाया जा सकता है। एजाज अहमद ने राष्ट्रवाद और संस्कृति की कोटियों को एक में मिलाकर सांस्कृतिक राष्ट्रवाद जैसी साझा कोटि या अवधारणा बनाये जाने की आलोचना करते हुए यह रेखांकित किया कि सांस्कृतिक राष्ट्रवाद की विचारधारा एकरूपीकरण की प्रवृत्ति लिए रहती है जिसके चलते क्षेत्रीय संकीर्णता, उलट नस्लवाद तथा देशी रूढ़िवाद के लिए इसका इस्तेमाल आसान हो जाता है। इसके माध्यम से निम्न पूँजीपतिवर्ग अपने सांस्कृतिक व्यवहारों और आकांक्षाओं को अखण्ड राष्ट्रीय संस्कृति के प्रतीकों के रूप में स्थापित करने का अवसर पाता है। एजाज अहमद ने यह रेखांकित किया कि 'राज्य की राजनैतिक कोटि, कानून के नियमन और दमन की कोटि, राजनीतिक पार्टियाँ या वर्गीय संगठनों जैसी संस्थागत प्रक्रियाओं की अपेक्षा संस्कृति और साहित्यिक अथवा सौन्दर्यात्मक दायरा उन

अधिरचनाओं में से है जो अर्थव्यवस्था से अपेक्षतया अधिक दूरी पर स्थित है। इसीलिए यह दायरा आदर्शीकरण सैद्धान्तिक स्खलन के लिए अधिक उपयुक्त पड़ता है। अहमद ने जोर देकर कहा कि 'मैं राष्ट्रवाद को साम्राज्यवाद का सुनिश्चित द्वन्द्वात्मक निषेध मानने के लिए तैयार नहीं हूँ। यह द्वन्द्वात्मक स्थिति सिर्फ समाजवाद की हो सकती है....कोई भी राष्ट्रवाद क्या भूमिका निभायेगा यह वर्गीय ताकतों के विन्यास तथा उन सामाजिक-राजनीतिक व्यवहारों से तय होता है जो कि उस शक्ति संरचना को संगठित करते हैं जिसके भीतर कोई खास राष्ट्रवादी पहलकदमियाँ ऐतिहासिक रूप से प्रभावकारी बनती हैं.....अतः कोई भी संघर्ष राष्ट्र और राज्य मात्र के खिलाफ नहीं बल्कि वर्ग, राष्ट्र और राज्य की विभिन्न ठोस अभिव्यक्तियों के खिलाफ संचालित होता है।

उत्तर औपनिवेशिक संस्कृति को आइमे सेजायर ने अपनी महत्त्वपूर्ण पुस्तक 'डिस्कोर्स ऑन कोलोनियलिज्म' में इन शब्दों में स्पष्ट किया है—'मैं उन समाजों के बारे में बात कर रहा हूँ, जिसका सार चूस लिया गया है, जिनकी संस्कृतियाँ रौंदी गयीं, संस्थाएँ नष्ट की गयीं, जमीनों पर कब्जा किया गया, धर्मों को नष्ट किया गया, बेहतरीन कलाकृतियों का विनाश किया गया, उनकी विलक्षण संभावनाओं को समाप्त कर दिया गया। वे मेरी खोपड़ी पर तथ्यों की बौछार करते हैं—आँकड़े, रेल लाइनों, नहरों, और सड़कों की लम्बाइयाँ गिनाते हैं। मैं कांगो सागर पर बलिदान हुए हजारों मनुष्यों की बात करता हूँ। मैं उन लोगों की बात करता हूँ जो इस समय भी जब मैं ये पंक्तियाँ लिख रहा हूँ, अपने हाथों से आबिद जान बन्दरगाह की मिट्टी खोद रहे हैं। मैं उन लाखों-लाख मनुष्यों की बात कर रहा हूँ, जिन्हें अपने देवताओं, अपनी धरती, अपनी जिन्दगी, अपनी मृत्यु और अपनी मनीषा से काटकर अलग कर दिया गया।' व्यापक अर्थों में देखा जाये तो उत्तर-औपनिवेशिक विमर्श अपने सर्वोत्तम रूप में साम्राज्यवादी देशों द्वारा उपनिवेश बना लिए गये तीसरी दुनिया की जनता के अनुभव और यथार्थ को विकृत किये जाने, उन्हें हीन बनाकर प्रस्तुत किये जाने का प्रतिरोध है। वह दूसरों के कब्जे से अपने अतीत को छुड़ाकर लाने की सांस्कृतिक कोशिश है। वह दूसरों द्वारा दी गयी पहचान से मुक्त होकर अपनी स्वतन्त्र पहचान बनाने का उपक्रम है जो कि एक निरन्तरता में आज भी चलायमान है।

अध्याय-10

भारतीय सांस्कृतिक परम्परा में केरल

भारत विश्व के बड़े देशों में से एक है। क्षेत्रफल के हिसाब से यह विश्व का सातवाँ सबसे बड़ा राष्ट्र है। उत्तर में कश्मीर से दक्षिण में केरल तक जबकि पश्चिम में गुजरात से पूरब में अरुणाचल प्रदेश तक फैले भारतीय भू-भाग में विविध संस्कृतियों, बोलियों तथा परिवेश वाले समाज भारत को विश्व का एक अद्‌भुत राष्ट्र बनाते हैं।

किंवदन्तियों के अनुसार भगवान परशुराम द्वारा केरल को अरब सागर से उबारा गया था। अतः केरल को 'परशुराम क्षेत्र' भी कहा जाता है। विष्णु के दशावतारों में से एक वामन अवतार के वामन ने जिस बली का मान-मर्दन किया वह केरल के लोगों के अनुसार वहीं का शासक था। अगस्त्य मुनि के विन्ध्य पवर्त लांघकर दक्षिण भारत जाने की कथा लोक-गाथाओं में है। अगस्त्य के इस दक्षिण प्रव्रजन को आर्यों के दक्षिण गमन से भी जोड़ा जाता है। केरल के लोगों का ऐसा विश्वास है कि अगस्त्य मुनि केरल के अगस्त्य कूट शिखर पर रहा करते थे। यही निवास करते हुए उन्होंने तमिल भाषा के प्रथम व्याकरण ग्रन्थ 'पेरकचियम' की रचना की, जो अप्राप्य है। ध्यान देने की बात है कि अगस्त्य कूट शिखर पश्चिमी घाट के दक्षिणी अंचल में है।

भारत के मानचित्र के दक्षिणी सिरे पर अवस्थित प्रान्त—केरल सुदूर दक्षिण में अवस्थित होने के बावजूद अत्यन्त प्राचीन काल से ही भारतीय सांस्कृति धारा के साथ अटूट रूप से जुड़ा हुआ है। इसका इतिहास

प्रागैतिहासिक काल तक पुराना है। इडुक्की और एडक्कल पुरास्थल की खुदाई से प्रागैतिहासिक इतिहास के पुष्ट साक्ष्य प्राप्त होते हैं।

समुद्र तट से जुड़े होने के कारण केरल बाहर से आने वाले लोगों का एक प्रमुख केन्द्र बना रहा। भारत के नवोदित-बौद्ध एवं जैन धर्म अपने प्रसार के क्रम में केरल पहुँचे ईसा की प्रारम्भिक शताब्दियों में ही यहूदी एवं ईसाई धर्मानुयायी केरल में आ बसे। परम्परागत वैदिक हिन्दू धर्म ने भी केरल में अपने पाँव पसारे तथा इस क्रम में 32 धार्मिक उपनिवेशों की स्थापना की। हर एक उपनिवेश ने उपासकों के लिए 'ग्रामक्षेत्र' नाम से एक-एक मन्दिर की स्थापना की। इन उपनिवेशों ने केरल में हिन्दू धर्म के प्रसार में महत्त्वपूर्ण भूमिका निभायी।

मौर्य सम्राट अशोक महान के द्वितीय शिलालेख में उसके दक्षिणी सीमा पर स्थित राज्यों का उल्लेख है, जिसमें चोल, पाण्ड्य, सतियपुत्त, केरलपुत्त, ताम्रपर्णि का नाम महत्त्वपूर्ण है। ये सभी राज्य अशोक के साम्राज्य से बाहर थे। केरलपुत्त राज्य का समीकरण दक्षिण मालावार क्षेत्र से स्थापित किया गया है। इन सभी राज्यों के साथ अशोक का सम्बन्ध मैत्रीपूर्ण था।

भारतीय इतिहास के एक महत्त्वपूर्ण अध्याय 'संगम युग' का दूसरा राज्य चेरों का था, जो आधुनिक केरल राज्य के अन्तर्गत स्थित है। इस राज्य में कोयम्बटूर तथा सलेम के भाग भी शामिल थे। संगम कवियों ने तो चेरों की प्राचीनता महाभारत के युद्ध से जोड़ने का प्रयास किया है, जो मात्र कल्पना है।

संगम युग के प्रथम ऐतिहासिक चेर शासक उदीयजीरल (लगभग 130 ई०) के विषय में कहा जाता है कि उसने महाभारत युद्ध में भाग लेने वाले सभी योद्धाओं को भोजन कराया था। उसके पुत्र तथा उत्तराधिकारी नेदुनजीरल आदन (लगभग 155 ई०) के विषय में जानकारी मिलती है कि उसने मालावार तट पर अपने शत्रु को पराजित कर कुछ यवन-व्यापारियों को बन्दी बना लिया। यहाँ पर यवनों से तात्पर्य संभवतः रोम तथा अरब के व्यापरियों से है। एक अनुश्रुति में बताया गया है कि उसने सात राजाओं को हराकर 'अधिराज' की उपाधि धारण की थी। यह भी उल्लेख मिलता है कि हिमालय तक अपने राज्य का विस्तार करके

आदन ने 'इमयवरम्बन' की उपाधि ग्रहण की। परन्तु यह उल्लेख काल्पनिक है।

आदन का पुत्र सेनगुट्टवन 180 ई० के आसपास चेर वंश का शासक बना। उसका महागान संगम युग के सुप्रसिद्ध कवि परणर ने किया है। कुश्ला योद्धा एवं अप्रतिम कवि परणर ने किया है। कुशल योद्धा एवं अप्रतिम सेनानायक सेनगुट्टवन के पास अपना नौसैनिक बेड़ा भी था। उसने पूर्वी तथा पश्चिमी समुद्र के बीच अपना राज्य विस्तृत करते हुए 'अधिराज' की उपाधि ग्रहण की। सेनगुट्टवन साहित्य और कला का उदार संरक्षक था। उसने 'पत्तिनी' नामक धार्मिक सम्प्रदाय को समाज में प्रतिष्ठित करने का प्रयत्न किया इसमें पवित्र 'पत्तिनी' देवी की मूर्ति बनाकर पूजा किया जाता था। ऐसी अनुश्रुति है कि सेनगुट्टवन ने इस मूर्ति का पत्थर किसी आर्य राजा को युद्ध में हराकर प्राप्त किया तथा गंगा नदी में स्नान कराने के बाद उसे अपनी राजधानी ले आया था।

सेनगुट्टवनके बाद चेर वंश कई उपशाखाओं में बँट गया। बाद के महत्त्वपूर्ण शासकों में अन्दुवन, आदन, अय और पारि प्रमुख थे। ये सभी ब्राह्मण धर्म तथा साहित्य के संरक्षक थे। चेर वंश की मुख्य शाखा में सेनगुट्टवन का पुत्र पेरूंजीरल इरूमपौरे (लगभग 190 ई०) शासक बना। महान विजेता इरूमपौरे ने चोल तथा पाण्ड्य राजाओं के साथ मोर्चा बनाकर लड़ रहे सामन्त अडिगैमान को अकेले ही पराजित कर तगदूर नामक किले पर अपना अधिकार जमा लिया। चेर वंश का अगला शासक इलजीराल इरूमपौरे हुआ। इसने भी चोल तथा पाण्ड्य राजाओं के विरुद्ध सफलता प्राप्त की। संगम काल का अन्तिम चेर शासक सेईयै (लगभग 210 ई०) हुआ। इसके समकालीन पाण्ड्य शासक नेडुजेलियन ने इसे पराजित कर चेर राज्य की स्वाधीनता का अन्त कर दिया।

दुर्भाग्यवश इस समय के बाद से 8वीं शताब्दी के पूर्वार्द्ध तक का इतिहास अज्ञात है। आठवीं शताब्दी में चेर नरेशों ने पाण्ड्यों के विरुद्ध पल्लव राज्य से सन्धि की और इस प्रकार पाण्ड्यों के संभावित आक्रमणों से अपने राज्य की रक्षा की। इस काल का सर्वप्रसिद्ध चेर शासक पेरूमाल था, जिसके शासनकाल में इस प्रदेश ने धर्म तथा दर्शन के क्षेत्र में महान उन्नति की। प्रसिद्ध दार्शनिक शंकराचार्य इसी समय हुए। पेरूमाल के पश्चात् कोई प्रसिद्ध शासक इस प्रदेश में नहीं हुआ।

समुद्रतटीय राज्य होने के कारण केरल अत्यन्त प्राचीन काल से समुद्री व्यापार का एक प्रमुख केन्द्र रहा है। इस तथ्य की पुष्टि क्लासिकल विवरणों एवं उत्खनन में प्राप्त सामग्रियों से हो जाती है। पेरीप्लस का अज्ञातनामा लेखक (पहली शताब्दी ई०) भारत तथा रोम के बीच व्यापारिक सम्बन्धों का विशद विवरण प्रस्तुत करता है। वह नौरा, मुशिरी, तोण्डी, नेल्सिण्डा जैसे पश्चिमी तट के समृद्ध बंदरगाहों का उल्लेख करता है। जहाँ से कालीमिर्च, हाथी दाँत, रेशम, मोती, मलमल, कीमती रत्न, नीलम, शंख आदि जहाजों में भरकर पश्चिम को भेजे जाते थे। चेरों की प्राचीन राजधानी करूर से रोमन सुराहियों के टुकड़े तथा सिक्के प्राप्त होते हैं, जिससे भारत तथा रोम के मध्य व्यापारिक सम्बन्धों की पुष्टि होती है।

प्राचीन भारत के दार्शनिकों में अग्रणी शंकराचार्य का जन्म केरल प्रान्त के अल्वर नदी (मालावार तट) के उत्तरी किनारे पर स्थित कलादी नामक ग्राम में 788 ई० के आस-पास हुआ थ। शंकर अत्यन्त प्रखर बुद्धि के थे। शीघ्र ही इन्होंने सम्पूर्ण वेदों का अध्ययन समाप्त कर लिया, तत्पश्चात् गृह त्यागकर संन्यास ग्रहण कर लिया। ज्ञान प्राप्त करने के उद्देश्य से शंकर ने कश्मीर से कन्याकुमारी तक पूरे भारत का व्यापक भ्रमण किया और इसी क्रम में बौद्ध, जैन, कापालिक, स्थार्त आदि सम्प्रदायों के आचार्यों के साथ शास्त्रार्थ किया। भारत को सांस्कृतिक रूप से एक सूत्र में जोड़ने के उद्देश्य से शंकराचार्य ने देश के चार दिशाओं उत्तर में केदारनाथ, दक्षिण में शृंगेरी, पूर्व में पुरी तथा पश्चिम में द्वारिका में प्रसिद्ध मठों की स्थापना की।

शंकराचार्य संस्कृत के प्रकाण्ड विद्वान थे। उन्होंने जो मत प्रतिपादित किया उसे 'अद्वैतवाद' के नाम से जाना जाता है। प्रस्थानत्रयी अर्थात् उपनिषद, ब्रह्मसूत्र तथा गीता पर लिखे गये भाष्यों के माध्यम से शंकर ने अपने मत का प्रतिपादन एवं समर्थन किया। अद्वैत वेदानत की प्रमुख विशेषताएँ निम्नलिखित हैं—

1. निखिल सृष्टि में एकमात्र ब्रह्म ही सत्य है।
2. यह दृश्यमान जगत माया का कार्य होने के कारण मिथ्या है।
3. जीव (आत्मा) तथा ब्रह्म में कोई भेद नहीं है।

शंकर ने भारतीय संस्कृति के अनुकूल ही सर्वधर्म समन्वय का भी अद्भुत प्रयास किया। उन्होंने हिन्दू धर्म के अन्तर्गत आने वाले शैव, वैष्णव, से समन्वित करने का कार्य किया। जैनों एवं बौद्ध धर्म के धर्माचार्यों को बहस एवं बातचीत करने के जरिए आपस में जानने और परस्पर धार्मिक आदान-प्रदान करने की उदारतम शर्तें रखीं जिससे उन्होंने अपनी सहमति प्रदान की। इसी सहमति एवं समन्वय के कारण आज भी केरल के मन्दिरों में बौद्ध एवं जैन मूर्तियाँ आज भी देखी जा सकती हैं। इस धार्मिक समन्वय का सुदूर व्यापी प्रभाव पड़ा, जो केरल के समाज में स्पष्ट रूप से दिखायी पड़ता है। शंकराचार्य के समय में ही महोदयपुर के द्वितीय चेर सम्राटों ने स्वयं इस समन्वय नीति को जारी रखा। उनमें चेरमान पेरूमाल जैसे नायनार-शैव सन्त थे, तो कुलशेखर जैसे आलवार-वैष्णव सन्त भी थे। पल्लिवाण पेरूमाल बौद्ध धर्म में दीक्षित हो गये तो अन्तिम चेरमान इस्लाम धर्म ग्रहण कर मक्का चले गये। एक चेर राजकुमार जैनी था जो शिलप्पदिकारम नामक तमिल महाकाव्य लिखकर अमर हो गया।

ई० पू० 1000 वर्ष पूर्व में सुलैगान राजा के समय में यहूदी लोग व्यापार करने के लिए महोदयपुरम में आने लगे थे। इस व्यापार में भाग लेने के लिए अरब लोग भी आने लगे। ईसाई धर्म स्थापित होने के बाद 52 ई० में ईसा मसीह के प्रथम शिष्यों में से एक संत थामस ने यहीं आकर पदार्पण किया। इस प्रकार केरल में बहुत पहले से ही धार्मिक उदारता एवं समन्वय की भावना दिखायी पड़ने लगती है, जो आगे चलकर भारतीय संस्कृति की प्रमुख विशिष्टता के रूप में दिखायी पड़ती है।

भारत में अत्यन्त प्राचीन काल से ही धार्मिक परम्परा के अन्तर्गत नागपूजा एवं तन्त्र-मन्त्र की प्रतिष्ठा मिलती है। हिन्दू, बौद्ध एवं जैन मूर्तियों के मस्तक पर छत्राकार सर्प फल देने को मिलता है। नागों को अपने प्राकृतिक परिवेश को बनाये रखने के लिए खास उपवनों की सृष्टि भी करनी पड़ती है। केरल में ऐसे उपवनों का 'काव' की संज्ञा दी जाती है। केरल में भी प्राचीन काल से ही नागपूजा एव तन्त्र-मन्त्र की प्रतिष्ठा दिखायी पड़ती है। सर्पतुल्लल (नाग-नृत्य) नागपूजा का एक अनुष्ठान है। कन्नी (सितम्बर-अक्टूबर), तुलाम (अक्टूबर-नवम्बर), कुंभम (फरवरी-मार्च) और मेटम (अप्रैल-मई) आदि मलयालम महीनों में यह सम्पन्न होता है।

प्रत्येक महीने की 'आयिल्यम निधि' (अश्लेषा नक्षत्र) को साँपों का जन्मदिन मनाया जाता है। नागमंदिर के पास तत्काल एक झोपड़ी बनायी जाती है। गोबर से जमीन को लीप कर फूलों से सजाया जाता है फिर नागदेवता की रंगोली-रंगीन फूलों, चावल, हल्दी, चूना, कारिनागम (काला नाग), परनागम (उड़ता नाग), अंचिल मणिनागम (मणियुक्त पंचफनी नाग) आदि नाग देवी-देवताओं की प्रीति के लिए यह पर्व होता है। पाँच दिन के इस पर्व में गाँव के लोग एक-एक दिन एक-एक नाग की पूजा करते हैं।

भारतीय परम्परा में 64 तन्त्रों की मान्यता है, जिसके रचयिता दत्तात्रेय ऋषि माने गये हैं। तान्त्रिकों में शैव, वैष्णव और शाक्त ये तीन सम्प्रदाय भेद हैं। दक्षिणातार तन्त्रराज में लिखा है कि गौड़, केरल, और कश्मीर इन तीनों देशों के लोग विशुद्ध शाक्त हैं। हिन्दी विश्वकोशकार ने माना है कि दाक्षिणात्य में बहुतों का विश्वास है कि अद्वैतवादी शंकराचार्य ने ही तान्त्रिक मत का प्रचार किया था और इसी कारण वे मायावादी नाम से प्रसिद्ध है। यद्यपि शंकराचार्य को तन्त्र मत का प्रचारक नहीं माना जा सकता।

केरल का अभिनय प्रधान नृत्य कथकली आज अखिल भारतीय स्तर पर प्रतिष्ठित है। नाट्यविद बताते हैं कथकली अभिनय में प्रयुक्त चौबीस मुद्राएँ भरत के नाट्यशास्त्र में प्रतिपादित हैं। 'हस्तलक्षणदीपिका' नामक ग्रन्थ में प्रतिपादित 24 मुद्राओं के द्वारा ही आज के कथकली नर्तक अपना प्रदर्शन करते हैं। केरल के शास्त्रीय नृत्यों की परम्परा में एक अन्य नृत्यनाटक भी विख्यात है—'कृष्णनाट्टम'। भरतमुनि ने अपने ग्रन्थ नाट्यशास्त्र में नाटक भी पूर्णता के लिए तीन बातें बतायी थीं—गीत, नृत्य एवं वाद्य। इन तीनों के सामंजस्य से बनी कला, कृष्ण नाटकम' नाम से प्रसिद्ध हुई। कृष्णगीति में आठ कहानियाँ हैं—कृष्णावतार, कालियदमन, रास क्रीड़ा, कंसवध, स्वयंवर, बाणयुद्ध, विविध वध एवं स्वर्गारोहण। एक तरह से यह भगवान कृष्ण की सम्पूर्ण जीवनगाथा है, जो सम्पूर्ण भारत में अपने विविध आख्यानों के साथ लोगों की स्मृतियों एवं भावनाओं के साथ जुड़ा हुआ है।

मोहिनीअट्टम केरल की एक अन्य प्रसिद्ध नाट्य परम्परा है। भागवत पुराण की एक कथा के अनुसार असुरों को भ्रम में डालकर अमृत सुरक्षित

करने के उद्देश्य से भगवान विष्णु ने मोहिनी का रूप धारण किया था। उस मोहिनी के सौन्दर्य पर एवं उसके नृत्य पर स्वयं भगवान शंकर मुग्ध हो गये। ऐसी मान्यता है कि मोहिनीअट्टम की मोहिनी उसी का प्रतिरूप है। एक अन्य किंवदन्ती के अनुसार महाराज रुग्मांद के एकादशी व्रत को भंग करने के लिए स्वयं ब्रह्म ने मोहिनी की सृष्टि कर धरती पर भेजा था। उसी प्रकार नर-नारायणों और राजर्षि विश्वामित्र का तप भंग करने के उद्देश्य से अप्सराएँ भी भेजी गयी थी। इन अप्सराओं का नृत्य मोहित कर लेने वाला था। मोहिनीअट्टम इनमें से भी किसी भी नृत्य का अनुकरण हो सकता है। केरल में मोहिनीअट्टम का इतिहास लगभग 800 वर्ष प्राचीन है। अन्तिम रूप से वल्लतोल ने इसका उद्धार किया था। बाद में श्रीमती कलामंडलम कलयाणिक्कुट्टि अम्मा ने इस नृत्य पर विशेष ध्यान देकर इसका प्रचार-प्रसार किया। आज भी इस नृत्य में कनक रेले, भारती शिवाजी, पल्लवी कृष्णन, कलामंडलम क्षेमवती, कलामंडलम हेमवती, कलामंडलम सुगंधी ने विशेष ख्याति अर्जित की है। केरल का यह नृत्य न केवल भारत के अन्य प्रदेशों के कलाविदों को बल्कि विश्व के कई देशों के कलाप्रेमियों को अपनी तरफ आकर्षित कर रहा है।

जहाँ तक चित्रकला की बात है 18वीं सदी के उत्तरार्द्ध में केरल के चित्रकला के इतिहास में एक नया अध्याय प्रारम्भ होता है। ट्रांवंकोर के स्वाति तिरुनाल महाराज (1820-1847 ई०) कलाकारों का सम्मान करते थे। मद्रास निवासी दक्षिण भारत के प्रसिद्ध चित्रकार अलगिरि नायडू तिरुनाल के अधीन तिरुवनन्तपरुम में थे। नायडू के शिष्यों में राजा रविवर्मा और राजराज वर्मा प्रमुख थे। इन दोनों ने कुछ समय में ही सम्पूर्ण भारत को अपनी चित्रकला से मुग्ध कर लिया। राजा रवि वर्मा एवं राजराज वर्मा ये दोनों भाई थे। इन दोनों ने अंग्रेज चित्रकार थियोडोर जैमसेन नामक अंग्रेज चित्रकार जो उन दिनों ट्रावनकोर आये थे, के सम्पर्क में आये और अंग्रेजी तैलचित्र शैली का अनुकरण करने लगे। राजा रविवर्मा ने पौराणिक एवं ऐतिहासिक कथाओं के आधार पर चित्र रचना में अद्भुत क्षमता दिखायी जबकि राजराज वर्मा ने छायाचित्र की रचना में नये प्रतिमान स्थापित किये। रवि वर्मा को प्रथम चित्र 'मलबार-बनिता' को मद्रास की चित्र प्रदर्शनी में गवर्नर का स्वर्ण पदक मिला जबकि उनके प्रथम पौराणिक चित्र 'दुष्यन्त को शकुन्तला को प्रेम पत्र' भी गवर्नर के स्वर्णपदक से सम्मानित किया गया। राजा रवि ने पौराणिक वृत्तान्तों को अपने कला का

मुख्य विषय बनाया। अपने चित्रों में उन्होंने भावों की जो साकार अभिव्यक्ति की है, रंगों का चमत्कार तथा आकर्षण उत्पन्न किया है वह अन्यत्र दुर्लभ है। रवि वर्मा के छायाचित्र या तैलचित्र शैली की दृष्टि से अनुपम है। रवि वर्मा के पश्चात् उनके पुत्र रामवर्मा तथा श्री पद्मनाभन तपि उन्हीं की शैली में चित्र रचना करते रहे। इसके पश्चात के० माधव मेनन इस दिशा में आगे बढ़े। केरल के ख्याति प्राप्त चित्रकार में के० सी० एस० पणिक्कर, टी० के० एन० त्रिविक्रमन और के० माधव मेनन के नाम उल्लेखनीय हैं। ख्यातिप्राप्त कार्टूनिस्ट शंकर केरल की भूमि से ही जुड़े हुए हैं।

आधुनिक भारत में सामाजिक क्रान्ति के अग्रदूतों में श्री नारायण गुरु का नाम बड़े सम्मान के साथ लिया जाता है। इनका जन्म तिरुवनन्तपुरम से लगभग 12 किमी० की दूरी पर स्थित चेम्बषंती नामक स्थान पर ईषवा नामक अस्पृश्य जाति में हुआ। श्री नारायण गुरु ने समाज में प्रचलित अन्धविश्वासों को बहुत निकट से देखा और इसे दूर करने हेतु अथक प्रयास किया। उन्होंने समस्त मानव जाति की भलाई के लिए स्वयं को समर्पित कर दिया। उन्होंने बताया कि 'सभी धर्मों का उद्देश्य एक ही है। एक बार जब सब नदियाँ समुद्र में मिल जाती हैं तो उनका अन्तर समाप्त हो जाता है।' धार्मिक वैमनस्य समाप्त करने के लिए उन्होंने कहा—'धर्म का उद्देश्य मनुष्य के विचारों का परम सत्य की ओर उत्थान है। उसको पा लेने के बाद हर व्यक्ति अपना मार्ग खुद ही पा लेगा। यदि धार्मिक विवादों को खत्म करना है तो हर व्यक्ति को एक-दूसरे व्यक्ति के धर्म को पढ़ना चाहिए और उसे खुले मस्तिष्क से समझना होगा।' श्री नारायण गुरु ने समस्त मानव समाज को एक सूत्र में जोड़ने के लिए यह क्रान्तिकारी सन्देश दिया—'मानव मात्र के लिए एक जाति एक धर्म और एक ईश्वर।' हिन्दू मन्दिरों में निम्न जातियों के प्रवेश को लेकर इन्होंने महत्त्वपूर्ण प्रयास किये। सामाजिक न्याय और ही सामाजिक क्रान्ति के महत्त्वपूर्ण आधार बने। अन्ततः 20 सितम्बर, 1928 को श्री नारायण गुरु का निधन हो गया।

भारतीय भाषाओं के बीच मलयालम का विशिष्ट स्थान है। मलयालम के अनेक साहित्यकारों ने भारतीय साहित्य जगत में अपनी उल्लेखनीय उपस्थिति दर्ज करायी है। जी० शंकर कुरूप जिन्हें केरल में महाकवि का दर्जा प्राप्त है, ने भारतीय साहित्य का सर्वश्रेष्ठ सम्मान ज्ञानपीठ पुरस्कार

प्राप्त कर भारतीय साहित्यिक जगत में महत्त्वपूर्ण हस्तक्षेप किया। 'ओटक्कुषल' (बाँसुरी) नामक अपनी 'बहुचर्चित रचना में कुरूप ने प्रकृति की चिर परिवर्तनशील संकल्पना पर आधारित सत्यम, शिवम और सुन्दरम की विशद कल्पना को अपूर्व ओजस्विता प्रदान की। साहित्य कौतुकम, नाले आदि उनकी महत्त्वपूर्ण कृतियाँ हैं।

1980 का ज्ञानपीठ पुरस्कार केरल के एक अन्य लोकप्रिय साहित्यकार शंकरन कुट्टि पोट्टेक्कार को प्रदान किया गया। देशानुराग के चलते इनकी कृतियाँ युवा वर्ग में विशेष रूप से ख्याति हुई। इस तरह की इनकी पहली कृति थी 'नाटन प्रेमम' नामक उपन्यास। विषकन्या, तेरुविन्टे कथा, ओरु देशत्तिन्रे कथा आदि इनकी अन्य मशहूर रचनाएँ हैं।

1984 का ज्ञानपीठ पुरस्कार तकषी शिवशंकर पिल्लई को उनके समग्र लेखन के लिए प्रदान किया गया। तकषी की गणना न केवल मलयालम के अपितु विश्व के उत्कृष्ट कोटि के साहित्यकार के रूप में की जाती है। 'चेम्मीन' तकषी की सर्वोत्कृष्ट कृति है। वस्तुतः तकषी केरल के निम्न वर्गों, दलितों एवं पीड़ितों की कारुणिक गाथा के उद्गाता हैं। स्त्री-पुरुष सम्बन्धों पर आधारित उनका कथा साहित्य केरल के सामाजिक जीवन के विभिन्न स्तरों की झाँकी प्रस्तुत करता है। इन्होंने किंसानों एवं मजदूरों की समस्याओं का जिस कलात्मक कौशल से चित्रण किया उतनी ही सफलता से नारी जीवन की विभिन्न समस्याओं का रूपांकन किया। भंगी का बेटा, दो सेर धान, एणिप्पटिकल, अनुभवड्डल पालिच्चकल, औसोप्पिन्टे मक्कल, कयर जैसे उपन्यास मलयालम के श्रेष्ठ उपन्यासों के रूप में ही नहीं अपितु केरल के सामाजिक जीवन की गतिविधियों के चित्रण के रूप में भी महत्त्वपूर्ण है।

1995 का ज्ञानपीठ पुरस्कार केरल के विख्यात कथाकार एम० टी० वासुदेवन नायर को प्रदान किया गया। एम० टी० ने अपनी रचनाओं में समाज और परिवार से उपेक्षित व्यक्ति ने अहं को आख्यायित किया है। 'नालुकेट्टु' से लेकर 'रण्डामूषम' तक औपन्यासिक रचनाओं का शिल्प मलयालम उपन्यास के सन्दर्भ में अपनी एक ताजगी के साथ आया था 'वलर्त्तुमृगड्डल' से 'वानप्रस्थम' तक की कहानियों में मानवीय संवेदनाओं को झंकृत करने की क्षमता दिखायी पड़ती है। इस प्रकार अपने इन समर्थ साहित्यकारों के माध्यम से मलयालम साहित्य ने भारतीय साहित्यिक क्षितिज पर अपनी अहमियत को बनाये रखा है।

इस प्रकार दूरदराज का क्षेत्र होते हुए भी करेल सांस्कृतिक रूप से पूरे भारत के साथ एकमेव है। वैदिक आख्यानों से लेकर रामायण-महाभारत के आख्यान करेल में समरूप से प्रचलित है। केरल की लोककलाओं ने अब अपना अखिल भारतीय स्वरूप ग्रहण कर लिया है। केरल के नृत्य न केवल भारत अपितु विश्व के किसी भी हिस्से के दर्शक का मन मोह लेते हैं। अपने समकालीन यथार्थ को किसी कुशल चितेरे की ही तरह मलयाली साहित्यकार ने अपनी रचनाओं में बखूबी उकेरा है। इस प्रकार इस मानसिक एकता ने भारतीय सांस्कृतिक परम्परा की जड़ों को और मजबूत करने का कार्य किया है।

अध्याय-11

भारत के महापुरुष

भारत भूमि पर समय-समय पर अनेक महापुरुषों ने जन्म लिया जिन्होंने अपने कार्यों के द्वारा ऐसे प्रतिमान स्थापित किये जो आगे की पीढ़ी के लिए आदर्श बन गये। राजनीति, धर्म, दर्शन, ज्ञान, विज्ञान, साहित्य, कला, संस्कृति आदि के क्षेत्रों में कई ऐसे नाम मिलते हैं जिनमें से किसी को भी छोड़ पाना बहुत मुश्किल लगता है। प्रस्तुत अध्याय में हमने महापुरुषों के चयन में यह ध्यान रखने का प्रयास किया है कि प्राचीन काल से लेकर आधुनिक काल तक के भारतीय महापुरुषों का उल्लेख किया जाय। पुस्तक में जिन महापुरुषों का पहले के अध्यायों में किसी न किसी प्रसंग के सन्दर्भ में उल्लेख हो चुका है उनका विवरण यहाँ देने से बचा गया है ताकि दोहराव की पुनरावृत्ति न हो। हरेक काल के कुछ प्रतिनिधि महापुरुषों का ही जिक्र किया गया है। तथापि इस क्रम में अनेक ऐसे महापुरुषों का उल्लेख नहीं हो पाया है जिनका उल्लेख होना चाहिए था परन्तु विस्तार भय की वजह से उन नामों को छोड़ने के लिए बाध्य होना पड़ा है।

अशोक महान

सम्राट बिन्दुसार का पुत्र अशोक मौर्य वंश का तीसरा सम्राट था। सिंहली अनुश्रुतियों के अनुसार अपने पिता की मृत्यु के समय यह मालवा में उज्जैन का राजप्रतिनिधि था। राजपद के उत्तराधिकार के लिए आपसी गृहयुद्ध हुआ जिसमें 99 भाइयों को मारकर अशोक मौर्य सम्राट बना। बिन्दुसार की मृत्यु के 4 साल बाद अशोक के गद्दी पर बैठने को कुछ विद्वान इस बात का प्रमाण मानते हैं कि उसको सम्राट बनाने के प्रश्न पर कुछ विरोध हुआ था।

अपने राज्यकाल के 13वें वर्ष में अशोक ने कलिंग पर आक्रमण किया। भयंकर युद्ध में एक लाख लोग मारे गये जबकि डेढ़ लाख लोग बन्दी बना लिए गये। लाखों मनुष्यों के विनाश और उत्पीड़न से अशोक को बहुत पश्चाताप हुआ और उसे युद्ध से विरक्ति हो गयी। अब उसने युद्ध को सदैव के लिए त्याग दिया 'रणघोष' के स्थान पर धम्मघोष का प्रारम्भ किया। धम्म घोष का अभिप्राय अधिकांश इतिहासकार इस अर्थ में लगाते हैं कि वह बौद्ध धर्मानुयायी बन गया। इसके बाद अशोक का जीवन पूरी तरह बदल गया। उसके शिलालेख भी बताते हैं कि अशोक ने बोधगया और लुम्बिनी वन की यात्रा की। कलिंग युद्ध के बाद के अपने शासनकाल में उसने मृत्युपर्यन्त कोई लड़ाई नहीं की।

अशोक ने अपनी प्रजा को विचार और व्यवहार में एक-दूसरे के प्रति सहिष्णुता प्रदर्शित करने की सलाह दी। उसने ऐसी गोष्ठियों को प्रोत्साहन दिया जिसमें सभी धर्मों की अच्छाइयों पर विचार किया जाये जिससे लोगों का दृष्टिकोण उदार बने। अशोक ने देश के विभिन्न भागों में धर्मप्रचारक भेजने के साथ-साथ विदेशों और दक्षिण के सीमावर्ती राज्यों में भी धर्म प्रचारक भेजे। ये धर्मप्रचारक सीरिया, मिस्त्र, साइरिनि, मेसोडोनिया, एपीरस के यवन राज्यों, लंका और संभवतः बर्मा में भी गये। अशोक ने बौद्ध धर्म का चारों दिशाओं में प्रचार किया जिससे यह एक विश्वधर्म के रूप में तब्दील हो गया।

अशोक ने मनुष्यों और पशुओं सभी के कल्याण के लिए राजमार्गों के किनारे पेड़ लगवाये, कुएँ खुदवाए। उसने मनुष्यों तथा पशुओं दोनों की चिकित्सा के लिए न केवल अपने राज्य बल्कि पड़ोसी यवन राज्यों में भी अस्पताल खुलवाये। उसने इन राज्यों में औषधियाँ और औषधि-वनस्पतियों के पौधे भी लगवाये। अशोक ने जाति, भाषा, धर्म का भेदभाव किये बिना सभी मनुष्यों के कल्याण के लिए कार्य किया। मानव कल्याणकारी कार्यों के आधार पर ही उसे इतिहास में 'अशोक महान' कहकर सम्मान प्रदान किया जाता है।

अपने शासनकाल में अशोक ने अनेक भिक्षु-भिक्षुणिओं को धम्म के प्रचारार्थ देश-विदेश भेजा। अशोक के ही काल में ही मोग्गलिपुत्र तिस्स की अध्यक्षता में पाटलिपुत्र में तृतीय बौद्ध संगीति का आयोजन किया गया। अभिलेखों में अशोक को 'देवानांप्रिय' तथा 'प्रियदर्शी' नाम से पुकारा गया है। अशोक ने धम्म के प्रचार के लिए धम्म महामात्रों की नियुक्तियाँ की

जिसका कार्य सम्पूर्ण राज्य में धर्म की वृद्धि करना था। अपने पुत्र महेन्द्र तथा पुत्री संघमित्रा को अशोक ने सिंहल द्वीप (लंका) भेजा। उसके अभिलेख पाली, ब्राह्मी तथा खरोष्ठी लिपियों में अंकित हैं। अशोक के स्तम्भलेख और गुहालेख अनेकानेक जगहों से प्राप्त हुए हैं जो उसके विशाल साम्राज्य और महान कार्यों को बतलाते हैं। सातवें स्तम्भलेख में उसकी रानियों एवं पुत्रों का उल्लेख है। तिब्बती अनुश्रुतियों के अनुसार अशोक की मृत्यु तक्षशिला में 232 ई० पू० में हुई।

कनिष्क

कुषाण वंश का सर्वाधिक प्रसिद्ध शासक, जिसकी तिथि के बारे में इतिहासकारों में बहुत मतभेद है। अधिकांश विद्वानों के अनुसार उसका शासनकाल 78 ई० में आरम्भ हुआ जो आगे चलकर शक संवत के रूप में प्रचलित हुआ। कनिष्क के पिता का नाम वाझेष्क था।

कनिष्क एक महान विजेता था और उसका राज्य अफगानिस्तान से अवध और बनारस तक विस्तृत था। कल्हण की राजतरंगिणी के अनुसार उसने कश्मीर पर प्रभुत्व स्थापित करने के पश्चात वहाँ अनेक नगरों का निर्माण किया। कनिष्क के अभिलेख तथा सिक्के मथुरा, सुईविहार (बहावलपुर के निकट) साँची, गाजीपुर, गोरखपुर तथा सारनाथ में मिले हैं। कनिष्क ने एक सेना भेजकर चीनी तुर्किस्तान पर चढ़ाई की और खोतान, यारकन्द तथा काशगर के सरदारों को हराया। ये सरदार अभी तक चीनी सम्राट के अधीन थे।

कनिष्क के सिक्के विविध प्रकार के मिलते हैं, जिन पर जरथुस्त्री, यूनानी, मिहिर, शिव तथा बुद्ध आदि भारतीय देवताओं के चित्र अंकित हैं। इससे संकेत मिलता है कि कनिष्क सभी धर्मों के प्रति आदरभाव रखता था। कनिष्क के काल में चतुर्थ बौद्ध संगीति का आयोजन कश्मीर के कुण्डलवन विहार में हुआ। इस संगीति के अध्यक्ष वसुमित्र एवं उपाध्यक्ष अश्वघोष थे। इसी संगीति में त्रिपिटकों का एक प्रामाणिक भाष्य तैयार किया गया। कनिष्क ने बौद्ध धर्म के महायान संप्रदाय को संरक्षण दिया।

कनिष्क अनेक विद्वानों का आश्रयदाता था। अश्वघोष, नागार्जुन वसुमित्र तथा आयुर्वेदाचार्य चरक उसके दरबार में रहते थे। कनिष्क विशाल भवनों का महान निर्माता और मूर्ति एवं वास्तुकला का प्रेमी था। उसने

अपनी राजधानी पुरुषपुर (पेशावर) में बुद्ध के अवशेषों पर 400 फुट लम्बा स्तूप बनवाया जो सिरमुख कहलाता था। उसने कश्मीर में अपने नाम पर कई नगर बसाये। मथुरा में वास्तुकला की कई सुन्दर कृतियों का निर्माण कराया। गान्धार कला शैली का विकास उसी के शासन काल में हुआ। यह शैली यूनानी तथा भारतीय शैलियों के सम्मिश्रण से उत्पन्न हुई। इस शैली में बुद्ध की अनेक मूर्तियाँ मिलती हैं। गांधार के बाहर के शिल्पियों को भी कनिष्क ने अपना संरक्षण प्रदान किया। उसके साम्राज्य के अन्तर्गत सारनाथ तथा मथुरा में तथा दक्षिण में कृष्णा नदी तट पर स्थित अमरावती में वास्तुकला की नयी शैलियाँ विकसित हुईं। वास्तव में भारतीय कला, संस्कृति तथा सभ्यता के विकास में कनिष्क ने विदेशी होते हुए भी इतना अधिक योगदान किया कि उसे भारत के महानतम शासकों में शामिल किया जाता है।

अशोक के बाद कनिष्क ही ऐसा शासक था जिसने विभिन्न सम्प्रदायों में सामंजस्य स्थापित करने का प्रयास किया। जनश्रुतियों से ज्ञात होता है कि उसके सेनापतियों ने उसके विरुद्ध षड्यन्त्र रचकर उसका वध कर दिया। कनिष्क ने 23 वर्षों तक शासन कार्य किया। 101 ई० में उसका निधन हो गया।

आर्यभट्ट

गुप्तकाल के प्रख्यात गणितज्ञ एवं ज्योतिषी आर्यभट्ट का जन्म 476 ई० में हुआ। आर्यभट्ट संभवतः कुसुमपुर या पाटलिपुत्र के निवासी थे। तेइस वर्ष की अल्पायु में ही आर्यभट्ट ने संस्कृत में 'आर्यभट्टीयम' नामक ग्रन्थ लिखा। इसमें उसने सर्वप्रथम इस तथ्य का उद्घाटन किया कि पृथ्वी एवं सूर्य के बीच में चन्द्रमा के आ जाने से सूर्यग्रहण और इसके विपरीत सूर्य और चन्द्रमा के बीच पृथ्वी के आ जाने से चन्द्रग्रहण होता है। आर्यभट्ट ने यह सिद्ध किया कि पृथ्वी गोल है और अपनी धुरी पर घूमती है। आर्यभट्टीयम में आर्यभट्ट ने अंकगणित, बीजगणित और रेखागणित के बारे में पर्याप्त जानकारी दी है। कुछ विद्वान इन्हें ही शून्य एवं दशमलव प्रणाली का आविष्कारक मानते हैं।

आर्यभट्टीयम ग्रन्थ के चार खण्ड हैं—1. गीतिका पाद, 2. गणित पाद, 3. काल क्रिया और 4. गोलपाद। गीतिका पाद में 13 श्लोक हैं। इसमें बड़ी से बड़ी संख्याओं को संक्षिप्त रूप में आदि व्यंजनों द्वारा

प्रतिरूपित करने की प्रणाली दी हुई है। 'गणितपाद' के 33 श्लोकों में आर्यभट्ट ने अंकगणित, बीजगणित और रेखागणित सम्बन्धी प्रारम्भिक सूत्रों का प्रतिपादन किया है। इसी खण्ड में दशमलव पद्धति की इकाइयों के नाम हैं तथा वर्गमूल, घनमूल, घनफल, वर्गक्षेत्र आदि निकालने की प्रणालियाँ दी हुई हैं। कालक्रिया पाद में 25 श्लोक हैं जिनमें कालगणना एवं काल विक्रिया का सूक्ष्म विवेचन है। गोलपाद में 50 श्लोक हैं जिनका विषय नक्षत्र, सूर्य, चन्द्रमा आदि खगोलशास्त्र सम्बन्धी है। आर्यभट्ट ने ही पहली बार यह बताया कि चन्द्रमा और दूसरे ग्रह स्वयं प्रकाशमान नहीं हैं तथा पृथ्वी एवं दूसरे ग्रह सूर्य के चारों ओर वृत्ताकार घूमते हैं।

चन्द्रगुप्त विक्रमादित्य

सम्राट समुद्रगुप्त का पुत्र चन्द्रगुप्त द्वितीय गुप्तवंश का तीसरा शासक था। इसने 375 ई० से 413 ई० तक शासन किया। इसने मालवा, गुजरात और काठियावाड़ पर विजय प्राप्त की, उज्जयिनी के शक क्षत्रपों को उच्छेदन किया और उनका राज्य गुप्त साम्राज्य में मिला लिया। अपनी महान विजयों के उपलक्ष्य में उसने विक्रमादित्य की उपाधि धारण की। संभवतः यह वही विक्रमादित्य है, जिसकी न्याय-नीति, उदारता और शौर्य-पराक्रम के बारे में न जाने कितनी किंवदन्तियाँ प्रचलित हैं।

चन्द्रगुप्त द्वितीय के शासनकाल में कला, स्थापत्य एवं मूर्तिकला का उल्लेखनीय विकास हुआ और भारत इस समय अपनी सांस्कृतिक विकास के चरम पर पहुँच गया। कालिदास जैसा महाकवि और नाटककार, चन्द्रगुप्त द्वितीय के दरबार में ही था। उसके शासनकाल में ही चीनी यात्री फाह्यान भारत आया और छः वर्षों (405-411 ई०) तक उसके राज्य में रहा। अपने यात्रा विवरण में फाह्यान ने तत्कालीन भारत की बहुत सुन्दर तस्वीर खींची है। उसने लिखा है कि उस समय देश का शासन अत्यन्त सुव्यवस्थित था। लोग शांतिपूर्ण, समृद्धशाली जीवन व्यतीत कर रहे थे। फाह्यान राजधानी पाटलिपुत्र के वैभव एवं सुख, सम्पन्नता से अधिक प्रभावित था। चन्द्रगुप्त द्वितीय ने धर्मार्थ औषधालयों और यात्रियों के लिए निःशुल्क विश्रामशालाओं का निर्माण कराया। चन्द्रगुप्त प्रथम एक सहिष्णु शासक था तथापि उसके काल में वैष्णव धर्म का इतने जोश-खरोश से प्रचार हुआ कि अन्य धर्मों की गति प्रायः रुक-सी गयी। इसने बौद्ध एवं जैन धर्म को भी अपना प्रश्रय प्रदान किया।

चंद्रगुप्त विक्रमादित्य स्वयं विद्वान थातथा विद्वानों का आश्रयदाता था। इसके समय में पाटलिपुत्र एवं उज्जयिनी शिक्षा के दो प्रमुख केन्द्र थे। अनुश्रुति के अनुसार चंद्रगुप्त के दरबार में नवरत्न रहा करते थे। जिनमें कालिदास, धन्वन्तरि, क्षपणक, अमरसिंह, शंकु, वेतालभट्ट, घटकर्पर, वाराहमिहिर तथा वररुचि जैसे विद्वान प्रमुख थे।

हर्षवर्द्धन

थानेश्वर के शासक प्रभाकरवर्द्धन के दूसरे पुत्र हर्षवर्द्धन ने 606 ई० में अपने बड़े भाई राज्यवर्द्धन की मृत्यु के पश्चात राज्य का शासन संभाला। हर्ष जिस समय सिंहासन पर बैठा, स्थितियाँ विषम थीं। गौड़ के राजा शंशाक ने उसके बड़े भाई का वध कर डाला और उसकी छोटी बहन राज्यश्री अपनी प्राण-रक्षा के लिए अज्ञात स्थान की ओर चली गयी थी। राज्यश्री के पति कन्नौज के राजा गृहवर्मा को मालवा के राजा ने युद्ध में हराने के बाद मार डाला था।

हर्षवर्द्धन ने शीघ्र ही बहन राज्यश्री को ढूँढ़ निकाला और कामरूप के राजा भास्करवर्मा से संधि कर शशांक के विरुद्ध एक बड़ी सेना भेज दी। हर्षवर्द्धन ने शीघ्र ही पंच हिन्दू क्षेत्र-वल्लभी, मगध, कश्मीर, गुजरात, सिन्ध को जीत लिया। दक्षिण में चालुक्य राजा पुलकेशिन द्वितीय से पराजित होना पड़ा फिर भी हर्ष ने एक विशाल साम्राज्य की स्थापना की जिसकी सीमा उत्तर में हिमालय से दक्षिण में नर्मदा नदी तट तक, पूर्व में गंजाम तथा पश्चिम में वल्लभी तक विस्तृत थी। कन्नोज इस विशाल साम्राज्य की राजधानी थी।

सम्राट हर्ष सभी धर्मों का आदर करता था। वह शिव और सूर्य के साथ-साथ बुद्ध की भी उपासना करता था। बाद में उसका झुकाव महायान बौद्ध धर्म की ओर अधिक हो गया। सम्राट अशोक की ही तरह हर्ष ने भी अपने साम्राज्य में यात्रियों, दीन-दुखियों तथा रोगियों की सेवा-सुविधा के लिए जगह-जगह पर धर्मशाला, कुआँ, चिकित्सालय आदि के प्रबन्ध किये। हर्ष की ख्याति एक दानवीर राजा के रूप में भी है। पाँच वर्षों में राजकोष में जो धन इकट्ठा होता था उसे प्रयाग में गंगा और यमुना के संगम पर एक महोत्सव करके वह दान कर डालता था। चीनी यात्री ह्वेनसांग स्वयं एक ऐसे महोत्सव में 643 ई० में शामिल हुआ था।

हर्षवर्द्धन एक उच्चकोटि का कवि भी था। उसने संस्कृत में नागानन्द, रत्नावली और प्रियदर्शिका नाम से तीन नाटकों की रचना की। वह कवियों और विद्वानों का आश्रयदाता था। कादम्बरी और हर्षचरित के लेखक बाणभट्ट सुभाषितावली के रचनाकार मयूर और भर्तृहरि को उसने अपना आश्रय प्रदान किया।

अलबरूनी (973-1048 ई०)

अलबरूनी का जन्म 973 ई० में खीवा (प्राचीन ख्वारिज़्म) में हुआ था। वह मामूनी शासक का मन्त्री था। महमूद गजनवी ने 1017 ई० में खीवा राज्य पर विजय प्राप्त कर अलबरूनी को युद्ध बन्दी बना लिया। सुल्तान महमूद गजनवी की सेना के साथ वह भारत आया और कई वर्षों तक पंजाब में रहा।

अलबरूनी का वास्तविक नाम अबु रैहान मुहम्मद था लेकिन वह अलबरूनी नाम से ही प्रसिद्ध हुआ जिसका अर्थ होता है—उस्ताद। भारत में रहते हुए अलबरूनी ने संस्कृत सीखा और हिन्दू धर्मग्रन्थों का गम्भीर अध्ययन किया। भारतीय दर्शन से वह बहुत अधिक प्रभावित हुआ। गणित और ज्योतिष का भी वह प्रकाण्ड विद्वान था। अपने अध्ययन के आधार पर उसने कई पुस्तकों की रचना की जिसमें सर्वाधिक महत्त्वपूर्ण 'तहकीक-ए-हिन्द' (भारत की खोज) है। इस पुस्तक में उसने भारत की सामाजिक, राजनीतिक, आर्थिक एवं धार्मिक परिस्थिति का वर्णन किया है। साथ ही इसमें हिन्दुओं के इतिहास चरित्र, आचार-व्यवहार, परम्पराओं तथा वैज्ञानिक ज्ञान का विशद वर्णन मिलता है। मुसलमानों के आक्रमण के पहले के भारतीय इतिहास और संस्कृति का प्रामाणिक विवरण भी इस पुस्तक में प्राप्त होता है।

अलबरूनी ने पंचतन्त्र का अरबी भाषा में अनुवाद किया। उसने अलफजारी, याकूब इब्बतारिक, अबुल हसन तथा अलकिन्दी जैसे विद्वानों से ज्ञान प्राप्त किया। उसके यात्रा वृत्तान्तों का ऐतिहासिक महत्त्व है। उसने अपने वर्णनों में कन्नौज, अयोध्या, बनारस, पाटलिपुत्र, मुंगेर आदि प्रमुख नगरों का उल्लेख किया है। अलबरूनी की अधिकांश पुस्तकें अप्राप्य हैं। लेकिन जो मिलता है उसमें सचाऊ द्वारा अंग्रेजी भाषा में अनुदित 'दि क्रोनोलॉजी ऑफ एसेज नेशन्स' अलबरूनी की विद्वता को साबित करने के लिए पर्याप्त है।

1048 ई० में अलबरूनी का निधन हो गया।

अकबर महान (1541-1605 ई०)

मुगल सम्राट हुमायूँ के पुत्र अक़्बर का जन्म 23 नवम्बर, 1541 ई० को सिन्ध के अमरकोट नामक स्थल पर हुआ। पिता की मृत्यु के पश्चात मात्र 14 वर्ष की उम्र में 1556 ई० में अकबर राजगद्दी पर बैठा। बैरम खाँ के संरक्षकत्व में अकबर ने नवम्बर 1556 ई० में सूरी वंश के अन्तिम शासक आदिलशाह के मन्त्री हेमू को पराजित किया और दिल्ली पर अधिकार कर लिया।

1556 से 1601 ई० के बीच विभिन्न अभियानों में अकबर ने अपने साम्राज्य की सीमा पूर्व में बंगाल से लेकर पश्चिम में अफ़गानिस्तान तक और उत्तर में कश्मीर से लेकर दक्षिण में गोदावरी तक विस्तृत कर लिया। अपने इस विशाल साम्राज्य को अकबर ने 18 सूबों में बाँटकर शासन किया।

अकबर ने अपने शासनकाल में हिन्दुओं को विशेष तौर पर राजपूतों के साथ मित्रता की नीति को अपनाया। उसने समानता एवं धार्मिक स्वतन्त्रता की नीति पर बल दिया और इसी क्रम में तीर्थयात्रा कर और जजिया जैसे अन्यायपूर्ण एवं भेदभावपरक करों को समाप्त कर दिया। राजपूतों का सहयोग प्राप्त करने के लिए अकबर ने उनके साथ वैवाहिक सम्बन्ध स्थापित किया और इसी क्रम में जयपुर, बीकानेर और जैसलमेर की राजपूत राजकुमारियों के साथ विवाह किया।

हिन्दू समाज में व्याप्त बुराइयों को समाप्त करने का प्रयास भी अकबर द्वारा किया गया। सती प्रथा, बाल विवाह आदि को रोकने का प्रयास किया गया जबकि विधवा विवाह को प्रोत्साहित किया गया।

अकबर ने सभी धर्मों के अच्छे सिद्धान्तों को लेकर 1582 ई० में दीन-ए-इलाही मत का प्रवर्तन किया। इसमें कुरान, हिन्दू धर्मशास्त्रों और बाइबिल के सिद्धान्तों का समन्वय किया गया। अकबर सभी धर्मों के प्रति सहिष्णुता के सिद्धान्त में विश्वास रखता था। उसने दीन-ए-इलाही को दूसरों पर लादने का कोई प्रयास नहीं किया। फलतः कुछ लोगों ने ही इसे स्वीकार किया। परन्तु अपने इस महत्त्वपूर्ण प्रयास के कारण तथा सभी धर्मों के प्रति सहिष्णुता तथा उदारता दिखाने के कारण मानव-जाति के सच्चे उपकारकों में उसने अपना प्रमुख स्थान बना लिया।

अकबर की दिलचस्पी कला एवं साहित्य में भी थी। दिल्ली स्थित हुमायूँ का मकबरा, फतेहपुर सीकरी का इबादतखाना, बुलन्द दरवाजा,

आगरा, इलाहाबाद, लाहौर, अटंक के किले तथा सिकन्दरा में अपना मकबरा बनाकर अपनी कलात्मक अभिरुचि को यथार्थ स्वरूप प्रदान किया। ये भवन अकबर के वास्तुकला के प्रति प्रेम के परिचायक हैं।

अकबर के सुयोग्य अर्थमन्त्री टोडरमल ने इस समय के राजस्व सुधारों को लागू किया। भूमि सम्बन्धी सुधारों से किसानों और आम जनता की खुशहाली में वृद्धि हुई। अकबर के दरबार में उसके समय के सुयोग्य विद्वान विराजमान रहते थे। उसके नवरत्नों में अबुल फजल, फैजी, टोडरमल, मानसिंह, अजीज कोका, अब्दुर्रहीम खानखाना, बीरबल, तानसेन तथा मुल्ला दो प्याजा का नाम उल्लेखनीय है। अबुल फजल का ग्रन्थ 'अकबरनामा' तथा 'आइने-अकबरी' से अकबर के समय की महत्त्वपूर्ण जानकारियाँ प्राप्त होती हैं। 17 अक्टूबर, 1605 ई० को अकबर का निधन हो गया और उसे आगरा के निकट सिकन्दरा में दफन कर दिया गया।

अबुल फजल

मुगल बादशाह अकबर के नवरत्नों में से एक अबुल फजल फारसी के उच्च कोटि के विद्वान थे। इनके पिता शेख मुबारक भी उच्च कोटि के विद्वान तथा उदार दृष्टिकोण रखते थे। अबुल फजल 1574-75 ई० में अकबर के दरबार में गये जहाँ बादशाह ने इन्हें राज्य की घटनाओं को लिखने का कार्य सौंप दिया। इन्हें पहले एक हजारी तथा बाद में ढाई हजारी मनसब का मनसबदार बनाया गया। ये अकबर के बहुत विश्वासपात्र वजीर और सलाहकार बन गये।

अबुल फजल ने कई महत्त्वपूर्ण पुस्तकें लिखीं। साथ ही कुछ महत्त्वपूर्ण ग्रन्थों के अनुवाद का कार्य भी किया। इनकी महत्त्वपूर्ण पुस्तकें इस प्रकार हैं—

1. आइने अकबरी—इसमें बाबर से लेकर अकबर के शासनकाल का पूर्ण विवरण मिलता है।

2. अकबरनामा—अकबर के समय का इतिहास।

3. ऐयारे दानिश—पंचतन्त्र का फारसी अनुवाद।

4. कश्कौल—सुभाषितों का फारसी संग्रह।

अबुल फजल एक योग्य सेनापति भी थे। अकबर के अहमदनगर अभियान (1598-99 ई०) के समय इन्होंने सेनापति पद का कुशल

निर्वहन किया। इन्होंने असीरगढ़ के दुर्ग और अहमदनगर पर भी अधिकार कर लिया। अबुल फजल मानवीयता में विश्वास करते थे। अकबर के पुत्र शाहजादा सलीम के उकसाने पर 1602 ई० में बुन्देला राजा वीर सिंह ने इनकी हत्या कर दी।

अकबर के आदेश पर अबुल फजल द्वारा लिखा गया ग्रन्थ अकबरनामा अकबर के शासनकाल में लिखा गया सर्वाधिक प्रामाणिक इतिहास है, क्योंकि लेखक को स्वयं बहुत-सी बातों की निजी जानकारी थी और सरकारी कागजों तक उसकी पहुँच थी। यद्यपि इस ग्रन्थ में अकबर के साथ कुछ पक्षपात दिखायी पड़ता है तथापि कई अन्य दृष्टिकोणों से यह अत्यधिक विश्वसनीय ग्रन्थ है। आइने-अकबरी में अकबर के सल्तनत; उसके सैनिक प्रबन्ध तथा शासन प्रबन्ध के बारे में सूचनाएँ मिलती हैं। इस ग्रन्थ में मुगल सल्तनत के एक-एक सूबे, जिले एवं परगनों के आंकड़े दिये गये हैं। इस ग्रन्थ से हमें मुगलकालीन आर्थिक स्थिति तथा मुगल शासन-व्यवस्था के सम्बन्ध में विस्तृत टिप्पणी मिलती है। इस ग्रन्थ का अंग्रेजी में टिप्पणी सहित अनुवाद ब्लाकमैन और जैरह ने 1873 ई० में किया था। इसी ग्रन्थ से अकबरकालीन भारत के बारे में सर्वाधिक प्रामाणिक जानकारी मिलती है।

बाल गंगाधर तिलक

प्रख्यात राष्ट्रवादी नेता एवं विद्वान तिलक का जन्म रत्नगिरि के मराठा ब्राह्मण परिवार में 1856 ई० में हुआ। 1879 ई० में ये कानून के स्नातक बने। बाद में इन्होंने फर्गुसन कालेज की स्थापना की और मराठा (अंग्रेजी) एवं केसरी (मराठी) नामक राष्ट्रवादी पत्रों के संपादक के रूप में पत्रकारिता जीवन में प्रवेश किया।

हिन्दुओं में एकता स्थापित करने के उद्देश्य से तिलक ने गणपति तथा शिवाजी महोत्सवों की शुरुआत की। 1907 ई० में विपिन चन्द्र पाल और लाला लाजपत राय के साथ मिलकर इन्होंने कांग्रेस के अन्दर गरम दल की स्थापना की। इन्होंने पूरी आजादी पर बल दिया और यह नारा दिया कि 'स्वराज्य हमारा जन्मसिद्ध अधिकार है और हम इसे लेकर रहेंगे।'

1897 ई० में फैली हुई प्लेग और अकाल की स्थिति का निवारण करने में सरकार की निष्क्रियता की तीव्र आलोचना इन्होंने अपने पत्रों में की फलस्वरूप इन्हें 18 महीने कारावास का दण्ड दिया गया। पूरे भारत

में बहिष्कार के आन्दोलन और शान्तिमय विरोध के लिए उद्बोधन देने के कारण 1908 ई० में इनको 6 वर्ष कारावास का दण्ड दिया गया। 1914 ई० में जेल से मुक्त होने के बाद इन्होंने होमरूल (स्वशासन) आन्दोलन को देशभर में फैलाया। राष्ट्रीय संघर्ष में हिन्दू और मुसलमानों को कम से कम तात्कालिक रूप से संगठित करने के लिए इनके द्वारा 1916 ई० में लखनऊ समझौता कराया गया।

अगस्त 1920 में तिलक का निधन हो गया। दिसम्बर 1920 में कांग्रेस के नागपुर अधिवेशन में यह घोषणा की गयी कि कांग्रेस का लक्ष्य डोमिनियमन स्टेट्स नहीं बल्कि सभी उचित एवं शान्तिपूर्ण उपायों के द्वारा पूर्ण स्वराज्य की स्थापना करनी है। इस प्रकार तिलक के निधन के बाद कांग्रेस ने उनकी माँग का प्रबल समर्थन किया। सर वेलेन्टाइन चिरोल ने अपनी पुस्तक 'इण्डियन अनरेस्ट' में तिलक पर जो झूठे लांछन लगाये, उनका प्रतिवाद करने के लिए उन्होंने इंग्लैण्ड जाकर उन पर मुकदमा किया, परन्तु ब्रिटिश अदालत ने उनके विरुद्ध फैसला दिया। 'गीता रहस्य' 'आर्कटिक होम इन द वेदाज', वैदिक क्रोनोलॉजी एण्ड वेदांग ज्योतिष्य' नामक ग्रन्थों से दर्शन एवं ज्योतिष के क्षेत्र में इनकी विद्वता प्रकट होती है।

मोहनदास करमचन्द गाँधी

आधुनिक विश्व की महानतम विभूतियों में शुमार महात्मा गाँधी का जन्म 2 अक्टूबर, 1869 ई० को काठियावाड़ के छोटे से नगर पोरबन्दर में हुआ। इनके पिता राजकोट में दीवान थे। तेरह वर्ष की अल्पायु में कस्तूरबा गाँधी से विवाह हो गया। इंग्लैण्ड में तीन वर्ष (1888-1891 ई०) रहकर इन्होंने बैरिस्टरी की परीक्षा पास की। भारत लौटने पर इन्होंने राजकोट और मुम्बई में वकालत चालू की किन्तु इसमें विशेष सफलता नहीं मिली।

1892 ई० में दक्षिण अफ्रीका के एक व्यापारी भारतीय मुसलमान ने अपने मुकदमें देखने का प्रस्ताव इनके सामने रखा। गाँधीजी ने इसे स्वीकार कर लिया और 1893 ई० में ये दक्षिण अफ्रीका चले गये। 1893 ई० से 1914 ई० के बीच ये दक्षिण अफ्रीका में भारतीयों के समान अधिकार प्राप्त करने के आन्दोलन के नेता रहे और वहाँ की सरकार से संघर्ष करते रहे।

गाँधीजी 1914 ई० में भारत लौट आये और यहाँ की राजनीति में प्रवेश किया। चार वर्षों तक भारतीय स्थिति का अध्ययन करने के बाद 1917 ई० में इन्होंने अपने असहयोग आन्दोलन की शुरुआत की। अप्रैल 1919 में जालियांवाला बाग हत्याकांड के पश्चात् इन्होंने लोगों से अपील की कि वे हर क्षेत्र में अंग्रेजों के विरुद्ध असहयोग आन्दोलन चलायें। परिणामस्वरूप भारत के प्रमुख नगरों में हड़तालें हुईं। 1920 ई० में गाँधी जी कांग्रेस के नेता बन गये। इन्हें 1922, 1930, 1933, 1942 ई० में बन्दी बनाया गया लेकिन हर बार कुछ समय बाद ही इन्हें जेल से छोड़ दिया गया।

गाँधी जी ने हिन्दू-मुस्लिम एकता पर बहुत बल दिया क्योंकि वे जानते थे कि राष्ट्र की एकता के लिए दोनों सम्प्रदायों का बन्धुत्व बहुत जरूरी है इसीलिए उन्होंने भारतीय मुसलमानों के खिलाफत आन्दोलन का समर्थन किया। 1925 ई० में गांधीजी सक्रिय राजनीति से अलग हो गये और ग्रामोत्थान के कार्य में लग गये। घरेलू दस्तकारी, खादी एवं चरखा को गांधी जी ने अधिक महत्त्व दिया। इस अवधि में वे गाँव-गाँव घूमे।

गोलमेज सम्मेलन में भाग लेने के लिए गाँधीजी इंग्लैण्ड गये परन्तु वहाँ उन्हें असफलता ही मिली। भारत लौटने पर उन्हें गिरफ्तार कर लिया गया परन्तु शीघ्र ही उन्हें छोड़ दिया गया। 1933 ई० में उन्हें कारागार से छोड़ दिया गया। उसके बाद कुछ वर्ष उन्होंने हरिजन कल्याण में लगाये। 1942 ई० में वे इस निष्कर्ष पर पहुँचे कि भारत को सिर्फ पूर्ण स्वतन्त्रता से ही राहत मिल सकती है इसी वर्ष उन्होंने 'भारत छोड़ो' आन्दोलन चलाया।

अन्ततः अंग्रेजों ने भारतीयों के हाथों सत्ता सौंपने का फैसला किया। इधर भारत के हिन्दू-मुसलमान नेताओं के व्यक्तिगत स्वार्थ के कारण देश विभाजन की बात स्वीकृत हुई और इसी कारण 1946 ई० में भयंकर साम्प्रदायिक दंगे हुए। गांधीजी देश विभाजन और साम्प्रदायिक दंगों के विरोधी थे। गांधीजी देश में जगह-जगह जाकर इसके विरुद्ध आवाज उठायी। अंततः 15 अगस्त, 1947 को भारत स्वतन्त्र हुआ लेकिन विभाजन के साथ। पूरे देश में साम्प्रदायिक दंगे भड़क उठे जिनके खिलाफ गाँधीजी ने उपवास किया जिससे स्थिति कुछ हद तक संभली। 30 जनवरी, 1948 को गाँधीजी जब प्रार्थनास्थल पर जा रहे थे तब नाथूराम गोडसे ने गोली मारकर उनकी हत्या कर दी। गाँधीजी ने अहिंसा के अस्त्र

द्वारा भारत को आजाद कराकर विश्व इतिहास में एक नया प्रतिमान स्थापित किया। देश को आजाद कराने के साथ ही गांधी जी ने समाज के पिछड़े वर्ग और स्त्रियों के उत्थान के लिए बहुत महत्त्वपूर्ण कार्य किये।

अरविन्द घोष (1872-1950 ई०)

प्रसिद्ध दार्शनिक योगी, क्रान्तिकारी एवं कवि अरविन्द घोष का जन्म 15 अगस्त, 1872 ई० को एक संभ्रान्त परिवार में हुआ। लन्दन के सेण्ट पॉल स्कूल तथा केम्ब्रिज के किंग्स कालेज में इनकी शिक्षा-दीक्षा सम्पन्न हुई। इसी दौरान इन्होंने लैटिन तथा ग्रीक भाषा का अच्छा अध्ययन किया। इण्डियन सिविल सर्विस की परीक्षा में सफल हुए किन्तु घुड़सवारी में असफल होने से अनुत्तीर्ण रहे। परन्तु इसका मुख्य कारण इनकी क्रान्तिकारी गतिविधियाँ थीं और जान-बूझकर वे इस परीक्षा में असफल हुए।

21 वर्ष की उम्र में ये भारत लौटे और बड़ौदा राज्य में भूमिव्यवस्था और राजस्व विभाग में काम किया। बड़ौदा कालेज में अंग्रेजी के प्राध्यापक तथा उपप्रधानाचार्य भी रहे। बड़ौदा से वे कलकत्ता आकर नेशनल कॉलेज में प्रधानाचार्य नियुक्त हो गये। यहीं पर अरविन्द ने भारतीय राजनीति में रुचि लेना शुरू कर दिया और 'इन्दुप्रकाश' पत्रिका में उनके अनेक लेख प्रकाशित हुए अपने लेखों में इन्होंने इस बात पर बल दिया कि राष्ट्र में देशभक्ति तथा बलिदान की उत्कट भावना भरकर कांग्रेस को वास्तविक जनवादी संस्था बनाया जा सकता है। इनके विचारों को लाला लाजपत राय तथा लोकमान्य बालगंगाधर तिलक ने बहुत पसन्द किया। फलस्वरूप कांग्रेस के अन्दर गरम दल बन गया जो अपने राजनीतिक उद्देश्यों को प्राप्त करने के लिए सशस्त्र मार्ग पर चलने का समर्थक था।

कलकत्ता में ही 'वन्देमातरम' तथा 'कर्मयोगी' पत्रों के माध्यम से अपने विचारों का प्रचार करने लगे जिसके फलस्वरूप बंगाल में अनेक आतंकवादी घटनाएँ घटी। अलीपुर बमकाण्ड में तो स्वयं अरविन्द पर अनेक बंगालियों के साथ मुकदमा चला। 1908 ई० में इन्हें इनके भाई बारीन्द्र के साथ बन्दी बनाकर अलीपुर जेल भेज दिया गया। वहीं पर अरविन्द को आध्यात्मिक अनुभूति हुई।

सक्रिय राजनीति को त्यागकर ये 1909 ई० में पाण्डिचेरी चले गये यहाँ इन्होंने 'अरविन्द आश्रम' की स्थापना की जो लोगों को उच्च आध्यात्मिक जीवन जीने के लिए प्रेरित करता था। इन्होंने अपने विचार 'डिवाइन लाइफ' पुस्तक में व्यक्त किये। इसके अतिरिक्त इन्होंने 'सावित्री' नाम का महाकाव्य भी लिखा।

5 दिसम्बर, 1950 को पाण्डिचेरी में ही अरविन्द का निधन हो गया। अरविन्द को श्रद्धा से लोग 'श्री अरविन्द' भी कहते हैं। सच्चे अर्थों में ये एक देशभक्त कवि, राष्ट्रवाद के देवदूत तथा मानवता के प्रेमी थे।

पं० जवाहरलाल नेहरू (1889-1964 ई०)

भारतीय स्वाधीनता संग्राम के अग्रणी सेनानी एवं स्वतन्त्र भारत के प्रथम प्रधानमन्त्री जवाहर लाल नेहरू का जन्म 14 नवम्बर, 1889 ई० को इलाहाबाद में हुआ। पिता पं० मोतीलाल नेहरू और माता श्रीमती स्वरूपरानी नेहरू के ये एकमात्र पुत्र थे। इनकी शिक्षा हैरो, कैम्ब्रिज और ट्रिनटी कॉलेजों में हुई। 1912 ई० में ये बैरिस्टर बने एवं भारत लौटकर इलाहाबाद उच्च न्यायालय में इन्होंने वकालत शुरू की। अपने पिता का अनुसरण करते हुए इन्होंने वकालत छोड़कर भारतीय स्वतन्त्रता संग्राम में भाग लेना शुरू कर दिया और आगे चलकर गांधीजी के नेतृत्व में स्वतन्त्रता आन्दोलन में प्रमुख भूमिका निभायी।

असहयोग आन्दोलन में ये पहली बार जेल गये। इनके जीवन में 9 वर्ष अंग्रेजी सरकार की जेल में ही बीते। 1921 ई० में भारतीय राष्ट्रीय कांग्रेस महामन्त्री बने और 1929 ई० के लाहौर अधिवेशन में इनकी अध्यक्षता में ही कांग्रेस ने सम्पूर्ण स्वतन्त्रता को अपना लक्ष्य स्वीकार किया। ये पुनः 1936 और 1946 ई० में कांग्रेस के अध्यक्ष बने। स्वतन्त्रता प्राप्ति के पश्चात् 1951 से 1954 ई० तक नेहरूजी कांग्रेस के अध्यक्ष चुने जाते रहे।

2 सितम्बर, 1946 को तत्कालीन वायसराय लार्ड वेवेल द्वारा स्थापित अस्थायी सरकार का नेतृत्व पं० नेहरू ने ही संभाला। प्रारम्भ में कुछ विरोध और हिचक के उपरान्त पं० नेहरू तत्कालीन वायसराय लार्ड माउण्टबेटन के इस सुझाव से सहमत हो गये कि भारत में स्वतन्त्रता और आंतरिक शान्ति तभी संभव है जब देश का विभाजन भारत और पाकिस्तान

दो भागों में कर दिया जाय। 15 अगस्त, 1947 को भारत के स्वतन्त्र होने के दिन से जीवनपर्यन्त (27 मई, 1964 ई० तक) ये भारत के प्रधानमन्त्री बने रहे।

27 मई, 1964 को पं० नेहरू का निधन हो गया। वैदेशिक सम्बन्धों में पं० नेहरू ने तटस्थता की नीति अपनायी। अमरीका एवं सोवियत संघ दोनों गुटों के देशों के साथ नेहरू जी मैत्रीपूर्ण सम्बन्ध बनाये रखे। 1962 ई० में चीन के भारत पर आक्रमण से इनको गहरा आघात लगा।

नेहरू जी प्रजातन्त्र के कट्टर समर्थक और स्वतन्त्रता प्रेमी व्यक्ति थे। विरोधी दलों के अस्तित्व को और अभिव्यक्ति की स्वतन्त्रता को किसी प्रकार की हानि न पहुँचाते हुए इन्होंने भारत के प्रजातन्त्र को सुदृढ़ बनाया। इण्डोनेशिया और कांगो जैसे औपनिवेशिक देशों के स्वतन्त्रता आन्दोलनों को अपना नैतिक समर्थन देकर इन्होंने उन्हें दासता से मुक्त कराने में महत्त्वपूर्ण योगदान दिया। देश, वर्ग, वर्ण और जाति के भेदभाव से ऊपर उठकर उन्हें समस्त मानवजाति की स्वतन्त्रता में गहरी निष्ठा थी इसी प्रकार विश्व शान्ति की स्थापना के प्रयासों में उन्हें अटूट विश्वास था और इस हेतु वे संयुक्त राष्ट्र संघ के प्रबल समर्थक थे।

एक महान राजनीतिज्ञ और प्रभावशाली वक्ता के साथ-साथ नेहरू जी एक ख्यातिलब्ध लेखक भी थे। इनकी आत्मकथा My Autobiography, 1936 में प्रकाशित हुई। इनकी अन्य प्रमुख पुस्तकों में Glimpses of World History, Discovery of India, India and the World, Independence and After विशेष उल्लेखनीय है।

डॉ० भीमराव अम्बेडकर

भारत में निम्न जातियों के उत्थान के लिए सतत संघर्ष करने वाले नेता डॉ० भीमराव अम्बेडकर का जनम 14 अप्रैल, 1891 ई० को अस्पृश्य माने जाने वाले एक महार कुल में महू में हुआ था। अम्बेडकर ने मुम्बई के एलफिन्स्टन कॉलेज से स्नातक की परीक्षा पास की। महाराजा बड़ौदा की छात्रवृत्ति से इन्होंने अमरीका के कोलम्बिया विश्वविद्यालय से एम० ए० तथा पी-एच० डी० की उपाधियाँ प्राप्त कीं। 1923 ई० में लन्दन तथा बोन विश्वविद्यालय से बार-एट-ला तथा डी० एस-सी० की उपाधि प्राप्त की और वे बैरिस्टर बन गये।

अम्बेडकर ने 1920 ई० से ही अछूतों के उद्धार के लिए कार्य करना शुरू कर दिया। इसी क्रम में जुलाई 1924 में मुम्बई में 'बहिष्कृत हितकारिणी सभा' बनायी जिसका उद्देश्य अस्पृश्य लोगों की नैतिक तथा भौतिक उन्नति करना था। इन्होंने अछूतों के मंदिरों में प्रवेश तथा जनसाधारण के कुओं से पानी भरने के अधिकारों को प्राप्त करने के लिए संघर्ष किया।

1930 ई० में इन्होंने राष्ट्रीय राजनीति में प्रवेश किया। लन्दन में आयोजित तीनों गोलमेज वार्त्ताओं में ये अछूतों के प्रतिनिधि के रूप में शामिल हुए। 24 सितम्बर, 1932 को गाँधीजी के साथ ऐतिहासिक पूना समझौता किया जिसमें दलित वर्गों के लिए अलग निर्वाचन मण्डलों की जगह साधारण वर्ग में ही सीटों के आरक्षण का प्रावधान किया गया। अप्रैल, 1942 ई० में इन्होंने अनुसूचित जाति संघ का एक अखिल भारतीय दल के रूप में गठन किया।

अम्बेडकर को संविधान सभा का सदस्य मनोनीत किया गया। स्वतन्त्र भारत के संविधान निर्माण कमेटी के ये अध्यक्ष रहे। हिन्दू कोड बिल को पारित कराने में इन्होंने अविस्मरणीय योगदान दिया। स्वतन्त्र भारत के प्रथम विधिमन्त्री के रूप में भी इन्होंने कार्य किया परन्तु 1951 ई० में इन्होंने अपने पद से त्यागपत्र दे दिया। अपने जीवन के अन्तिम वर्षों में उच्च जातियों के व्यवहार से क्षुब्ध होकर इन्होंने बौद्ध धर्म ग्रहण कर लिया।

डॉ० अम्बेडकर ने कई पुस्तकें लिखीं जिनमें 'पाकिस्तान एण्ड पार्टिशन ऑफ इण्डिया', हू वैर द अनटचेबुल्स एण्ड हाउ दे बिकम अनटचेबुल्स', 'एसेन्स ऑफ बुद्धिज्म', 'व्हाइट कांग्रेस एण्ड गाँधी हैव गिवन टु द अनटचेबुल्स', 'रानाडे, गाँधी एण्ड जिन्ना' आदि पुस्तकें महत्त्वपूर्ण हैं।

1956 ई० में डॉ० अम्बेडकर निधन हो गया।

सुभाषचन्द्र बोस (1897-1945 ई०)

नेताजी सुभाष चन्द्र बोस का जन्म 23 जनवरी, 1897 को एक मध्यवर्गीय बंगाली परिवार में हुआ। 1919 ई० में दर्शनशास्त्र में बी०ए०(आनर्स) प्रथम श्रेणी में पास किया। 1920 ई० की आई० सी० एस० परीक्षा में चतुर्थ स्थान प्राप्त किया। किन्तु देश प्रेम की भावना से

प्रेरित होकर अप्रैल 1921 ई० में आई० सी० एस० से त्यागपत्र दे दिया।

जुलाई 1921 में भारत लौटकर भारतीय राष्ट्रीय कांग्रेस में शामिल हो गये। सुभाष बाबू देशबन्धु चित्तरंजन दास से बहुत प्रभावित हुए और दो वर्षों तक उनकी देख-रेख में कार्य किया। 1924 ई० में कलकत्ता नगर निगम के मुख्य कार्यकारी अधिकारी नियुक्त किये गये। इनकी राजनीतिक गतिविधियों के लिए अक्टूबर, 1924 में बंगाल सरकार ने इन्हें बन्दी बनाकर बर्मा के मांडले जेल भेज दिया, जहाँ ये 16 मई 1927 तक रहे।

दिसम्बर 1927 में सुभाष बाबू कांग्रेस के महासचिव और 1930 ई० में कलकत्ता के मेयर बने। 1928 ई० में बोस ने गाँधीजी के सम्मुख अपनी कार्य योजना रखी जिसमें कांग्रेस की मूल नीति में बदलाव की बात की गयी। बोस भारतीय राष्ट्रीय कांग्रेस के 1938 ई० तथा 1939 ई० के हरिपुरा तथा त्रिपुरा कांग्रेस अधिवेशन के अध्यक्ष चुने गये। गाँधी जी के खुले विरोध के बावजूद ये 1939 के त्रिपुरा कांग्रेस अधिवेशन के अध्यक्ष चुने गये। परन्तु गाँधीजी के सहयोगियों के घोर विरोध के कारण अप्रैल 1939 में कांग्रेस अध्यक्ष पद से त्यागपत्र दे दिया।

सुभाष की उग्र-नीतियों के कारण ब्रिटिश सरकार ने इन्हें इनके घर में ही कैद कर दिया। परन्तु सुभाष जनवरी 1941 ई० में पुलिस को चकमा देकर काबुल होते हुए जर्मनी चले गये। 1943 ई० में वह सिंगापुर पहुँचे जहाँ उन्हें भारतीय स्वतन्त्रता लीग का प्रधान चुना गया। इन्होंने भारतीय राष्ट्रीय सेना (आई० एन० ए०) का गठन किया। 21 अक्टूबर, 1943 को सुभाष बाबू ने घोषणा की कि उन्होंने सिंगापुर में भारत की अस्थाई सरकार स्थापित कर दी है।

भारतीय राष्ट्रीय सेना को सुभाष ने 'दिल्ली चलो' का नारा दिया। आई० एन० ए० न मार्च 1944 ई० में भारत पर आक्रमण कर दिया तथा मई 1944 में कोहिमा में तिरंगा झंडा गाड़ दिया। परन्तु द्वितीय विश्वयुद्ध में जापान की पराजय से इनकी सहायता का स्रोत समाप्त हो गया। कहा जाता है कि 18 अगस्त, 1945 को जब ये सिंगापुर से जापान जा रहे थे तो रास्ते में ही जहाज के ध्वस्त हो जाने से इनकी मृत्यु हो गयी सुभाष बाबू नेताजी के नाम से प्रसिद्ध हैं। भारतीय राष्ट्रीयता पर

इन्होंने 'दि इण्डियन स्ट्रगल' नामक किताब लिखी। सुभाष बाबू अपने समय में युवकों एवं उग्र विचारधारा वाले लोगों के आदर्श थे। भारतीय स्वतन्त्रता संग्राम के इतिहास में उनका नाम स्वर्णाक्षरों में अंकित है।

चन्द्रशेखर व्यंकट रमण

भौतिक विज्ञान के मूर्धन्य विद्वान एवं अन्तर्राष्ट्रीय ख्याति प्राप्त वैज्ञानिक चन्द्रशेखर व्यंकट रमण का जन्म 1888 ई० में हुआ। इन्होंने 1907 ई० से 1917 ई० तक भारतीय वित्त विभाग में कार्य किया। सर आशुतोष मुखर्जी ने इन्हें कोलकाता विश्वविद्यालय के भौतिकी विभाग में 'पालित प्राध्यापक' के पद पर प्रतिष्ठित किया और वहीं कार्य करते हुए 1928 ई० में उन्होंने प्रकाश-किरणों की सूक्ष्म रचना के सम्बन्ध में महत्त्वपूर्ण वैज्ञानिक अनुसन्धान किया, जिसे उन्हीं के नाम पर 'रमन इम्पेक्ट' की संज्ञा दी गयी।

रमण को 1930 ई० में प्रतिष्ठित रायल एशियाटिक सोसायटी का सदस्य मनोनीत किया गया और इसी वर्ष इन्हें भौतिकी का नोबेल पुरस्कार प्रदान किया गया। एक लम्बे समय तक वे कलकत्ता स्थित वैज्ञानिक प्रगति संस्थान के अध्यक्ष रहे और कलकत्ता विश्वविद्यालय से अवकाश ग्रहण कर लेने के उपरान्त बंगलौर में इंस्टीट्यूट ऑफ साइन्स के निदेशक रहे। बंगलौर में ही इन्होंने रमण अनुसन्धान केन्द्र स्थापित किया। यूरोप और अमरीका के कई विश्वविद्यालयों में आमन्त्रित व्याख्याता भी रहे। 1930 ई० में रायल सोसायटी ने उन्हें 'मेटेन्काइ पदक' प्रदान किया और 1941 ई० में अमरीका के फ्रैंकलिन इंस्टीट्यूट द्वारा 'फ्रैंकलिन पदक' प्रदान किया गया।

1958 ई० में सोवियत रूस द्वारा इन्हें 'लेनिन पुरस्कार' प्रदान किया गया। अंग्रेजी शासनकाल में जब भारत में अनुसंधान के क्षेत्र में पर्याप्त साधन उपलब्ध नहीं थे। रमण ने अपनी वैज्ञानिक उपलब्धियों से देश का गौरव बढ़ाया और साबित किया कि भारतीय भी विज्ञान के क्षेत्र में महत्त्वपूर्ण योगदान दे सकते हैं।